GUSTAVE LE BON

L'Équitation actuelle et ses principes

OUVRAGE ILLUSTRÉ
de 50 gravures,
dont 16 photographies
instantanées.

RECHERCHES EXPÉRIMENTALES

PARIS
LIBRAIRIE DE FIRMIN-DIDOT ET Cie
IMPRIMEURS DE L'INSTITUT, RUE JACOB, 56

L'ÉQUITATION ACTUELLE

ET SES PRINCIPES

RECHERCHES EXPÉRIMENTALES

DERNIÈRES PUBLICATIONS DU D' GUSTAVE LE BON

Officier de la Légion d'honneur, etc.

La Fumée du Tabac. 2ᵉ édition augmentée de recherches nouvelles sur le dosage de l'acide prussique, de l'oxyde de carbone et de divers alcaloïdes autres que la nicotine que la fumée du tabac contient.

Recherches expérimentales sur l'Asphyxie. (Comptes rendus de l'Académie des sciences.)

Recherches anatomiques et mathématiques sur les lois des variations du volume du crâne. (Mémoire couronné par l'*Académie des sciences* et par la *Société d'Anthropologie de Paris.*) In-8°.

La Méthode graphique et les Appareils Enregistreurs. contenant la description de nouveaux instruments. Un vol. in-8°, avec 63 figures dessinées au laboratoire de l'auteur. (Lacroix.)

Les Levers Photographiques. Exposé des nouvelles méthodes de levers de cartes et de plans employés par l'auteur pendant ses voyages (Gauthier-Villars).

Voyage aux monts Tatras. avec une carte et un panorama dressés par l'auteur (publié par la *Société géographique de Paris*).

Voyage au Népal, avec nombreuses illustrations, d'après les photographies et dessins exécutés par l'auteur pendant son exploration (publié par le *Tour du Monde*).

La Vie. — Traité de physiologie humaine. — Un volume in-8° de 900 pages, illustré de 300 gravures. (Rothschild.)

L'Homme et les Sociétés. — Leurs origines et leur histoire. Tome Iᵉʳ. Développement physique et intellectuel de l'homme. In-8° de 500 pages. — Tome II. Développement des sociétés. In-8° de 450 pages. (Rothschild.)

Les Premières Civilisations de l'Orient (Égypte, Assyrie, Judée, etc.). Grand in-4° illustré de 430 gravures, 2 cartes et 9 photographies. (Marpon.)

Les Civilisations de l'Inde, grand in-4° illustré de 350 photogravures, 2 cartes et 7 planches en couleur, d'après les photographies, dessins et aquarelles de l'auteur. (Firmin-Didot.)

La Civilisation des Arabes, grand in-4° illustré de 366 gravures, 4 cartes et 11 planches en couleur, d'après les photographies et aquarelles de l'auteur. (Firmin-Didot.)

GUSTAVE LE BON

L'ÉQUITATION ACTUELLE

ET SES PRINCIPES

RECHERCHES EXPÉRIMENTALES

OUVRAGE ILLUSTRÉ

de 50 gravures, dont 16 photographies instantanées.

PARIS

LIBRAIRIE DE FIRMIN-DIDOT ET Cie

IMPRIMEURS DE L'INSTITUT, RUE JACOB, 56

1892

A MON ÉMINENT AMI

LE GÉNÉRAL ARTHUR LYTTELTON ANNESLEY

Général Commandant en Écosse, ancien Colonel de Hussards,
ancien Adjudant Général de l'armée de Bombay,

CE PETIT LIVRE EST DÉDIÉ,

En souvenir reconnaissant pour sa précieuse collaboration et pour toutes les preuves d'amitié que j'ai reçues de lui, en Europe et aux Indes, depuis de nombreuses années.

GUSTAVE LE BON.

L'ÉQUITATION ACTUELLE

ET SES PRINCIPES.

RECHERCHES EXPÉRIMENTALES.

LIVRE PREMIER.

LA MÉTHODE.

INTRODUCTION.

L'ÉTUDE SCIENTIFIQUE DE L'ÉQUITATION.

But de cet ouvrage. Recherches nouvelles auxquelles il est consacré. Nécessité de donner des bases scientifiques à l'équitation. Résultats auxquels les méthodes scientifiques conduisent.

Cet ouvrage n'a nullement la prétention d'être un traité d'équitation, mais simplement l'exposé d'une série de recherches scientifiques nouvelles sur divers points de l'équitation.

L'équitation est restée jusqu'ici un art, tout

comme la musique et la sculpture; et ce n'est pas dans les livres qu'on apprend la pratique des arts. Les sciences seules, en raison des principes définis sur lesquels elles reposent, peuvent à la rigueur s'apprendre dans les livres.

C'est précisément parce que l'équitation est un art n'ayant d'autres guides que la fantaisie personnelle, l'instinct, le sentiment, la mode, que ses règles sont changeantes et contradictoires. Il en a été de même pour l'alchimie jusqu'au jour où elle est devenue la chimie. Il en sera ainsi pour l'équitation, jusqu'au jour où des méthodes scientifiques en auront établi les bases d'une façon inébranlable.

Étant donné que l'homme monte à cheval depuis bien des siècles et qu'il y a plus de deux mille ans que Xénophon écrivait le premier traité d'équitation, il semblerait que les règles concernant cet art devraient être fixées depuis longtemps; cependant il n'en est rien. Les idées et les méthodes ont varié et varient encore d'une façon fondamentale d'un pays à l'autre, et, dans le même pays, d'un professeur à l'autre (1). Sur des ques-

(1) On n'a pour s'en convaincre qu'à parcourir l'intéressant ouvrage du capitaine Picard sur notre école de cavalerie de Saumur, on y verra que les idées et les méthodes d'enseignement y

tions de pratique, d'un intérêt capital pour la durée du cheval de guerre, telles, par exemple, que savoir si le trot enlevé est moins fatigant pour l'animal que le trop assis, il a fallu plus de cinquante ans de dissertations avant d'arriver à s'entendre; et c'est d'hier seulement que la première des deux allures, rigoureusement proscrite autrefois dans notre armée, est devenue réglementaire.

De telles divergences se produisent d'ailleurs dans tous les arts, ainsi que sur tous les sujets où le sentiment individuel seul fait loi. Ce n'est que lorsque des méthodes scientifiques interviennent que l'on peut songer à poser des règles définitives.

La seule application qui ait été faite jusqu'ici des méthodes scientifiques modernes à une des branches de l'équitation, l'étude des allures du cheval, fournit un exemple frappant de la facilité avec laquelle les méthodes scientifiques arrivent à changer instantanément des opinions bien des fois séculaires.

Depuis les Égyptiens et les Chaldéens, c'est-à-dire depuis plusieurs milliers d'années, d'innom-

changent entièrement tous les dix ans ou, pour être plus exact, toutes les fois que change la direction de l'école.

brables générations d'hommes avaient vu galoper des chevaux, et tous les avaient vus galoper de la même façon, comme le prouvent les œuvres des peintres et des sculpteurs de tous les pays. Un suffrage aussi universel à travers les civilisations et les âges semblait mettre ces œuvres à l'abri de la critique; et cependant il s'est trouvé que pendant des milliers d'années tous ces millions d'hommes, regardant uniquement avec leurs yeux, avaient mal vu. Aussitôt que des méthodes scientifiques ont été appliquées à cette étude, elles ont montré que des diverses positions, pourtant assez variées, que le cheval peut prendre au galop, aucune ne se rapproche de celles qu'adoptèrent durant tant de siècles les sculpteurs et les peintres. Devant les résultats de la photographie instantanée, toute interprétation personnelle a dû s'évanouir, et l'instrument scientifique a rectifié l'œil, à ce point qu'avec un peu d'expérience on arrive aujourd'hui à voir le cheval au galop tel que la science a montré qu'il galopait réellement. Une simple expérience scientifique a ainsi ruiné en un instant des opinions formulées pendant plus de trois mille ans et considérées comme indiscutables.

La tendance de l'esprit moderne, celle à laquelle sont dus ses plus manifestes progrès, est de confier autant que possible à des instruments scientifiques, au lieu de l'abandonner à nos sens, la constatation des phénomènes. Les premiers, en effet, ne connaissent pas l'erreur, les seconds y sont exposés toujours.

C'est à la suite de nombreux voyages, après avoir été obligé de monter, et par conséquent d'observer bien des chevaux différents, et après avoir entendu soutenir dans des pays divers, et souvent dans le même pays, les opinions équestres les plus dissemblables, que l'auteur de cet ouvrage s'est demandé s'il ne serait pas possible de trouver des méthodes scientifiques permettant de jeter quelque clarté dans ce labyrinthe d'opinions contradictoires. Il s'est alors souvenu de ses travaux de laboratoire, souvenu aussi que les instruments scientifiques seuls pouvaient voir les choses comme elles sont, et donner aux théories une base indiscutable.

C'est par des méthodes exclusivement scientifiques, qu'ont été abordées dans cet ouvrage diverses questions sur lesquelles les professeurs et les livres n'avaient pu fournir que les renseignements les plus contradictoires. Continuées pendant longtemps sur plusieurs chevaux, ces méthodes ont conduit à des résultats d'un intérêt pratique évident, mais dont le seul énoncé provoquait l'étonnement des écuyers auxquels ils étaient exposés. Les conseils dictés par les instruments scientifiques et par l'analyse des phénomènes étaient en effet généralement le contre-pied exact de ce qui s'enseigne encore en France dans la plupart des manèges.

Voici, comme exemple, quelques-uns de ces conseils s'appliquant à une des allures les plus étudiées et les plus employées, le trot enlevé. Allonger les étriers et non les raccourcir; avoir le corps vertical et non le porter en avant; avoir les pieds tournés en dehors et non tournés en dedans; maintenir les avant-bras fixés au corps et non les coudes; obtenir l'arrêt du cheval par rotation du poignet dans un plan horizontal et non par une élévation de la main vers le haut du corps; obtenir la fixité de l'assiette par une certaine position du pied et non par la pression de la cuisse, etc. Nos conclusions générales sur l'équitation étaient d'ailleurs bien plus révolutionnaires encore : elles proclamaient en effet l'inutilité à peu près complète de l'enseignement tel qu'il est donné actuellement dans les manèges; la nécessité de faire instruire le cavalier par le cheval dressé et non par le professeur; la nécessité de commencer, et non de finir, l'étude de l'équitation par les airs dits de haute école, qui seuls peuvent apprendre l'accord des aides et le maniement du cheval; la possibilité d'abréger considérablement le dressage du cheval en lui donnant pour bases les lois fondamentales de la psychologie moderne au lieu des recettes empiriques en usage aujourd'hui.

Ces résultats, et bien d'autres, étaient trop en contradiction avec les idées reçues pour que l'auteur ait songé tout d'abord à les publier; mais s'étant avisé de rechercher ce qui s'enseigne dans diverses cavaleries de l'Europe, en Allemagne et en Angleterre notamment, il eut la satisfaction de constater que quelques-uns des principes auxquels il était arrivé par des méthodes scientifiques avaient été trouvés ailleurs par la simple pratique. Plusieurs de ses expériences recevaient ainsi un solide appui, et leur publication pouvait devenir utile.

Le nombre des personnes appelées à pratiquer l'équitation se chiffre aujourd'hui par centaines de mille. Avec les conditions de la guerre moderne, avec l'obligation pour tous les officiers d'infanterie d'être montés à partir du grade de capitaine, avec la nécessité d'avoir une nombreuse cavalerie de réserve, l'équitation n'est plus un art de luxe, mais un art essentiellement démocratique et d'une utilité nationale.

Publié d'abord dans la « *Revue scientifique* » sous forme de mémoire, ce travail n'était guère destiné à sortir du monde des savants, où se recrutent les lecteurs de cette importante Revue; mais il a reçu des officiers les plus autorisés de l'armée, et des journaux spéciaux, un accueil si bienveillant, que l'auteur a cru devoir céder à de nombreuses sollicitations en publiant à part son travail. Les développements qu'il a dû subir, — pour présenter une utilité pratique, — ont eu pour résultat d'en tripler la longueur. Dans ces diverses additions on a essayé de soumettre à l'expérimentation, ou, quand la chose était impossible, à l'analyse, les idées généralement reçues sur les points les plus fondamentaux de l'équitation.

Parmi les parties ajoutées, je mentionnerai la technique du dressage, dont il n'avait d'abord été donné que la théorie; et la discussion des moyens pratiques à employer pour la conduite du cheval dans les diverses circonstances qui peuvent se présenter. La première de ces additions a été faite en partie pour répondre à la demande d'un savant écuyer, M. le capitaine de cavalerie Bellard, auteur de remarquables ouvrages sur l'équitation. « Je regrette, nous écrivait cet habile professeur, que vous n'ayez pas fait pour le dressage du cheval le même travail que pour le cavalier. L'art gagnerait beaucoup à ce que les règles qui doivent le régir soient enfin établies sur une base irréfutable. Les écuyers ont besoin que la voie leur soit tracée scientifiquement. Je suis d'avis, avec vous, de n'accepter que les procédés équestres que la science peut expliquer. »

On ne saurait mieux dire; mais pour répondre à ces *desiderata,* il aurait fallu entreprendre bien des expériences nouvelles. J'ai dû me borner souvent à indiquer les méthodes à employer pour rechercher la solution des questions.

Je souhaite que plus d'un expérimentateur s'engage dans la voie que j'ai essayé d'ouvrir, et qui est trop féconde pour ne pas donner bientôt une riche moisson. Il s'en faut que le sujet soit épuisé; c'est à peine si nous l'avons effleuré. Nous avons touché à des questions que bien des générations de physiologistes, de mathématiciens, de psychologues et d'écuyers pourront traiter pendant longtemps encore avant que l'étude en soit achevée. Notre but sera rempli si nous avons réussi à montrer que l'équitation, considérée jusqu'ici comme le plus empirique et le plus incertain des arts, peut être étudiée à l'aide de ces méthodes scientifiques précises qui ont donné aux connaissances modernes des bases inébranlables. Ce n'est qu'en les prenant exclusivement pour guides que l'équitation pourra sortir de l'état d'infériorité et de décadence où elle se trouve en France aujourd'hui.

J'espère que les écuyers liront ce modeste travail avec autant d'indulgence qu'ils en ont accordé aux articles d'où il dérive lorsqu'ils furent publiés sous le voile de l'anonyme, dans la *Revue scientifique*. Les méthodes employées et les résultats des expériences pouvant seuls présenter de l'intérêt, la signature d'un auteur dépourvu de toute prétention équestre avait semblé absolument inutile. La paternité de ces articles ayant été attribuée à des personnes dont la situation n'autorise pas une indépendance illimitée dans l'expression de leurs opinions, je n'ai plus hésité à y mettre mon nom,

Voilà comment des expériences qui n'étaient pour l'auteur qu'une occupation scientifique destinée à remplir de courts loisirs, ont fini par former un volume. J'en demande un peu pardon à mes vieux lecteurs, à ces amis fidèles qui, depuis quinze ans, veulent bien me suivre dans mes longues études sur l'évolution des races, des religions et des empires. Qu'ils ne s'étonnent pas trop de voir encore une fois l'auteur de l'*Histoire des Civilisations* aborder un sujet étranger au but habituel de ses études. De tels travaux, où la précision scientifique est de rigueur, constituent à la fois une gymnastique cérébrale fort utile et un délassement intellectuel fort précieux. D'ailleurs, quand on a un peu parcouru le monde, étudié des peuples divers, essayé de comprendre la genèse et le développement de leurs institutions et de leurs croyances, on finit par arriver à cette conclusion, que les sciences, en apparence les plus différentes, ont entre elles la plus étroite parenté, et que pour déchiffrer un peuple, une croyance, une architecture, un animal ou une plante, il peut y avoir sans doute des procédés fort divers, mais qu'il n'y a en réalité qu'une méthode.

CHAPITRE PREMIER.

MÉTHODES ET INSTRUMENTS.

Nécessité des mesures précises dans les choses équestres. — Instruments à employer. — Chronographe enregistreur. — Roulette métrique. — Dynamomètres inscripteurs des pressions et des tractions. — Appareils photographiques. — Leur emploi pour l'étude des allures et des transformations que fait subir au cheval le dressage. — Monographie du cheval effectuée avec ces instruments.

Nous avons déjà insisté sur la nécessité de remplacer par des méthodes scientifiques les évaluations toutes de sentiment, et partant fort contradictoires, qui ont cours chez les hommes de cheval, et qui font de l'équitation le plus incertain et le plus changeant des arts. Telle méthode de dressage, déclarée excellente par un écuyer, est considérée comme détestable par un autre. Le premier affirmera avec conviction qu'elle donne du perçant à un cheval et le rend obéissant, le second soutiendra avec non moins de conviction qu'elle lui enlève tout perçant et le rend rétif. Aucun des deux, bien entendu, n'a jamais essayé de donner un argument scientifique à l'appui de ses assertions, en prenant la peine de mesurer la vitesse de l'animal aux diverses allures dans les mêmes circonstances avant et après le dressage. Le même vague dans les appréciations s'observe d'ailleurs pour tout ce qui concerne les diverses modifications que peut éprouver le cheval, la légèreté aux aides, par exemple. Des expressions comme celles-ci : un cheval très léger aux mains et aux jambes, assez léger, pas léger, sont aussi dépourvues de précision que celles par lesquelles on évaluait la température avant l'invention du thermomètre; une température très froide pour l'un était modérément froide pour un autre. La précision naît, et les changeantes explications uniquement basées sur le sentiment s'évanouissent lorsque apparaît l'instrument précis dont les indications sont aussi nettes que celles du thermomètre. Alors, et seulement alors, ce qui était un art peut devenir une science.

Je n'ai pas la prétention d'énumérer ici tous les instruments qui permettront de donner des bases scientifiques indiscutables à l'équitation et au dressage, mais simplement d'indiquer la voie dans laquelle il me paraît indispensable d'entrer, pour étudier d'une façon scientifique toutes les questions relatives à l'équitation. Je me borne ici à citer les divers instruments dont j'ai fait usage, avec les applications de chacun d'eux.

Chronographe enregistreur. — Cet instrument très connu des personnes s'occupant de courses (1), est une sorte de montre marquant les minutes, les secondes et les cinquièmes de seconde. Il suffit d'appuyer sur un bouton quand on veut mettre l'instrument en marche, et sur le même bouton pour l'arrêter : les aiguilles, rendues alors immobiles, indiquent en minutes, secondes et fractions de seconde le temps pendant lequel l'instrument a fonctionné, c'est-à-dire le temps écoulé entre le commencement et la fin d'un phénomène; par exemple, le temps qu'a mis un cheval pour franchir une certaine distance.

(1) On trouve de ces instruments depuis 25 francs; mais leur exactitude est insuffisante. Les meilleurs sont ceux dont une face constitue une montre ordinaire, et dont l'autre face enregistre les minutes, secondes et fractions de seconde. Le prix de ces derniers est 7 à 8 fois plus élevé.

Cet instrument m'a rendu de nombreux services et permis de mesurer, notamment, les variations de vitesse d'allures au pas et au trot, non seulement sous l'influence du dressage, mais encore sous celle de divers facteurs tels que les pentes du terrain parcouru, le régime, la nourriture, etc. Qu'un palefrenier réduise un peu trop la ration d'avoine d'un cheval, l'instrument l'indiquera nettement.

Roulette métrique. — C'est un simple ruban gradué de 25 ou de 50 mètres enroulé dans une boîte en cuir très légère. Son prix est de 3 à 4 francs environ, et il constitue le complément nécessaire du chronographe. Il sert, en effet, à mesurer les distances, alors que l'instrument qui précède indique les temps employés à les franchir : on n'a pas toujours à sa disposition des bornes kilométriques, et souvent on trouvera avantage à faire ses expériences dans des chemins peu fréquentés. Avec la roulette métrique on étalonnera une fois pour toutes, en quelques minutes, 100, 200 ou 300 mètres jalonnés par des piquets tous les 25 mètres. La précision du chronographe permet de se contenter de faibles distances. J'ai fait la plupart de mes expériences dans une allée retirée du parc de Saint-Cloud, voisine de Garches, dont j'avais ainsi mesuré la longueur.

Dynamomètres. — Le dynamomètre a une utilité au moins aussi grande que le chronographe. Il permet de mesurer avec précision le degré plus ou moins grand de légèreté du cheval aux mains et aux jambes et de constater ainsi jour par jour les progrès du dressage. Il est bien visible par exemple, que lorsque pour arrêter en 10 mètres, au galop, un cheval marchant à une vitesse donnée, on a besoin d'une traction de 30 kilogrammes, et qu'on arrive progressivement à réduire cette traction à 20, 10, 5 kilogrammes, et finalement à moins d'un kilogramme, on aura obtenu des résultats faciles à apprécier et qui ne prêtent guère à l'illusion.

Le dynamomètre dont je me suis servi pour les expériences consignées dans cet ouvrage se composait de lames parallèles embrassant un ressort elliptique dont l'écrasement était indiqué sur un cadran gradué, au moyen d'une aiguille et d'un index. Ce dernier, déplacé par l'aiguille, indique après l'expérience la pression maxima subie par l'instrument. On place ce dynamomètre, suivant les besoins, soit entre les genoux et la selle, soit entre l'étrier et le pied, soit entre les rênes et la main. Je ne le décris pas plus longuement, parce qu'il n'est pas suffisamment pratique, et que, si j'avais à recommencer mes expériences, je ferais construire un autre instrument. L'appareil idéal serait constitué par un anneau métallique circulaire de 4 à 5 centimètres de diamètre qui passerait entre l'anneau du mors et la boucle de la bride. Un cadran intérieur gradué indiquerait en kilogrammes et fractions de kilogramme, au moyen d'une aiguille et d'un index, les flexions du ressort produites par la traction des rênes. Un tel instrument n'existant pas, il faudrait le faire construire, ce qui pourrait demander de nombreuses recherches. Je conseillerai donc d'employer simplement les pesons cylindriques à ressort d'origine anglaise, qu'on trouve dans les bazars pour un prix insignifiant. Il n'y aurait qu'à y faire ajouter, par le premier horloger venu, un index mobile pouvant indiquer, quand l'appareil est revenu au repos, le maximum de traction qu'on lui a fait subir. Le crochet et l'anneau, dont l'intrument est muni à ses extrémités, permettent de le fixer au mors de bride ou de filet.

Je ne saurais trop insister sur l'utilité du dynamomètre destiné à mesurer les variations de la force de traction sur les mors, c'est-à-dire les variations de sensibilité de la bouche. Avec des dynamomètres à anneaux, comme ceux dont j'ai parlé plus haut, installés sur un anneau et mors de bride et de filet, ce qui implique par conséquent quatre dynamomètres, il y aurait à exécuter les recherches scientifiques les plus intéressantes.

Quant aux dynamomètres servant à mesurer la pression des genoux, des pieds, la répartition du poids du cavalier, etc., le modèle dont j'ai fait usage, et qu'il est bien facile de faire construire, suffit parfaitement. Son utilité pratique est d'ailleurs moins importante que celle du dynamomètre servant à mesurer la traction exercée sur les rênes.

L'emploi des dynamomètres permettrait de simplifier énormément une des parties les plus difficiles de l'enseignement de l'équitation, celle qui consiste à donner à l'élève une main légère, c'est-à-dire une main n'employant juste que le degré de force nécessaire. Étant donné un cheval quelconque à une allure déterminée, et le professeur ayant expérimentalement constaté le degré de traction nécessaire pour arrêter l'animal à cette allure, dans un espace donné, en employant convenablement les mains et les jambes, l'élève verra par lui-même de combien il a dépassé cette traction, et recommencera jusqu'à ce qu'il l'ait réduite au chiffre nécessaire. Naturellement s'il s'agissait d'animaux qu'on arrête par l'action des jambes, ou simplement à la voix, et dont la bouche est infiniment sensible, les indications de l'instrument seraient peu utiles, mais nous sommes si loin de l'époque où de tels chevaux se rencontrèrent fréquemment en France, qu'il n'y a pas lieu de s'en préoccuper (1).

Appareils photographiques. — La photographie instantanée constitue le seul moyen précis de fixer les formes extérieures du cheval pendant les diverses allures. Elle seule fournit également les moyens de constater avec précision les modifications d'allures obtenues par le dressage.

Je donne dans cet ouvrage des exemples de ces applications de la photographie, en montrant

---

(1) Si les lignes qui précèdent tombent par hasard sous les yeux d'un constructeur d'instruments, je puis l'assurer qu'en réussissant à fabriquer à un prix modéré des dynamomètres à anneaux, conformes au modèle indiqué plus haut, il rendrait un véritable service à l'équitation. .

les transformations de l'allure par le dressage sur une jument que j'ai eu occasion de dresser, et dont je parlerai ailleurs.

En principe, un appareil photographique quelconque muni d'un obturateur instantané peut suffire. Il n'y a d'autre précaution à prendre que d'opérer en plein soleil, et ne pas essayer d'avoir des images dans lesquelles l'animal ait plus de 3 centimètres de hauteur (1).

Pour des recherches scientifiques très précises, il est nécessaire d'avoir un instrument donnant au moins douze images par seconde, afin de pouvoir suivre toutes les phases d'une allure. Le seul instrument portatif de cette sorte existant actuellement est celui qu'a inventé M. Londe; c'est avec lui qu'ont été faites la plupart des photographies de cet ouvrage. Je le considère comme tout à fait indispensable pour les grands établissements s'occupant de l'enseignement de l'équitation et du dressage : écoles de cavalerie, haras, etc.

(1) Ce chiffre est le résultat de recherches mathématiques qui me sont personnelles et que j'ai exposées dans le second volume de mon ouvrage. « *Les Levers photographiques.* » On y trouvera une formule permettant de calculer les dimensions possibles d'une image instantanée en fonction de l'objectif, de la distance à l'objet, etc.

C'est à la suite des études faites avec l'instrument de M. Londe, et le concours de ce savant praticien, que je suis arrivé aux conclusions formulées dans cet ouvrage relativement à l'insuffisance des notions actuelles sur la théorie des diverses formes de galop.

Monographie du cheval. — Tous les instruments qui précèdent permettront à l'écuyer qui dresse un cheval de faire sa monographie, et de la faire d'une façon qui renseignera bien vite sur la valeur des divers procédés de dressage employés, les modifications qu'il faut leur apporter suivant l'espèce des chevaux, etc. Lorsqu'un certain nombre de ces monographies auront été publiées, l'art du dressage sera appuyé sur des bases indiscutables.

Je suppose donc l'écuyer muni de tous ces instruments, et possédant l'instruction et l'esprit scientifique nécessaires pour s'en servir. Aussitôt que le cheval pourra être monté, il mesurera plusieurs fois, de façon à obtenir des moyennes, sa vitesse aux trois allures du pas, du trot et du galop, mesurera en même temps les résistances de la bouche, fera prendre des photographies de l'animal aux diverses allures, et commencera le dressage en inscrivant jour par jour les difficultés qui se sont présentées, les moyens qu'il a employés pour les résoudre. De temps à autre il répétera les mensurations et photographies décrites précédemment, et, le dressage terminé, il aura une sorte de tableau avec texte descriptif et photographies, qui formera un des éléments avec lesquels s'écrira la science hippique de l'avenir, et qui servira de base à sa transformation. Ce n'est évidemment que dans des établissements ayant une certaine organisation, les écoles de cavalerie, par exemple, que de telles méthodes pourront être appliquées. Le premier qui en fera usage en retirera trop de profit pour ne pas avoir de nombreux imitateurs.

On trouvera dans une autre partie de cet ouvrage l'exemple d'une monographie de cheval pendant le dressage; on y trouvera également de nombreuses applications des méthodes et des instruments décrits dans ce chapitre.

LIVRE II.

LES THÉORIES ACTUELLES DE L'ÉQUITATION

CHAPITRE PREMIER.

PRINCIPES D'ÉQUITATION ADOPTÉS DANS DIVERSES CAVALERIES DE L'EUROPE.

L'Équitation militaire en Angleterre, en Allemagne et en France. Les méthodes d'équitation actuelles se ramenant à deux systèmes tout à fait opposés. — L'enseignement du cavalier allemand. — Enseignement du cavalier français. Divergences fondamentales qui séparent l'équitation française de l'équitation anglaise et allemande.

L'Équitation militaire en Angleterre, en Allemagne et en France.

Pour connaître les principes d'équitation adoptés dans un pays, il faut y étudier nécessairement son équitation militaire. Elle seule possède des règles fixes, un corps de doctrine, des traditions, des livres écrits par des hommes instruits. L'équitation civile n'est d'ailleurs le plus souvent qu'une copie plus ou moins affaiblie de l'équitation militaire. Une étude préalable des principes d'équitation adoptés dans quelques grandes cavaleries de l'Europe, était donc indispensable pour saisir les divergences existant entre les divers systèmes d'équitation.

L'art de se tenir solidement à cheval, l'art de manier habilement le cheval, et enfin l'art de dresser le cheval, constituent les trois branches fondamentales de l'équitation. Le premier s'acquiert spontanément par la pratique, les deux autres ne peuvent s'apprendre que par l'éducation.

Par le fait seul qu'on monte fréquemment à cheval, la solidité s'obtient d'une façon instinctive. Un palefrenier quelconque possède cette solidité sans avoir jamais reçu d'autre enseignement que celui de la pratique. Mais ce n'est jamais par la seule pratique et d'une façon purement instinctive, que peut s'acquérir l'art de manier le cheval assez habilement pour obtenir le maximum de résultats avec le minimum d'efforts pour l'animal et pour l'homme. Ce n'est pas non plus d'une façon instinctive que peut s'apprendre l'art de dresser le cheval, c'est-à-dire de transformer ses allures et de le rendre obéissant à toutes les exigences du cavalier. Les méthodes qui conduisent à ce double but sont le fruit de plusieurs siècles d'expériences et de traditions, et ne sauraient se transmettre que par l'enseignement.

Les méthodes actuelles d'équitation et de dressage présentent de nombreuses divergences, mais, dans les grandes lignes, on peut les ramener à deux méthodes fondamentales que je dois exposer d'abord brièvement pour mettre le lecteur au courant de la question.

L'une est adoptée en Angleterre et en Allemagne, l'autre en France.

Pour simplifier le langage, je désignerai ces deux méthodes générales sous les noms de méthode française et de méthode allemande, tout en sachant parfaitement qu'elles n'ont ni l'une ni l'autre une origine particulièrement allemande ou française. Si dès à présent je donne, en les définissant, mon opinion sur leur valeur respective, c'est que cette opinion est le résultat final de toutes les expériences que j'exposerai dans ce travail et d'un grand nombre d'autres qui n'ont pu y trouver place.

Les deux méthodes sont très clairement expliquées dans deux ouvrages (1) adoptés officiellement pour l'enseignement de l'équitation dans la cavalerie allemande et dans la cavalerie française. Il suffit de les parcourir pour voir que les deux systèmes sont absolument dissemblables.

Tandis que la méthode allemande pousse aussi loin que possible le dressage du cheval et du cavalier, et exige que ce dernier connaisse à fond les finesses de la haute école, la méthode française réduit à sa plus simple expression l'éducation du cheval et du cavalier, et ne demande à celui-ci que de la solidité. Par une

---

(1) *Règlement sur les exercices de la cavalerie française* (décret de 1882). — 2 vol. in-18. Paris, 1889.

Manuel d'équitation de la cavalerie allemande (adopté « à l'exclusion de tous les autres écrits sur le même sujet », par ordre de l'empereur). Traduction française, 2 vol. Paris, 1888.

L'armée anglaise possède aussi un ouvrage officiel : *Regulation for the Instruction and Movements of Cavalry* (Londres, 1885). L'équitation anglaise se rapproche beaucoup de l'équitation allemande, comme on le verra plus loin, et c'est pourquoi j'aurais aussi bien pu dire équitation anglaise qu'équitation allemande si je n'avais préféré citer l'ouvrage allemand, supérieur pour les détails à l'ouvrage anglais. J'ajouterai que, pour tous les renseignements relatifs à l'équitation anglaise, j'ai eu recours à l'inépuisable obligeance de mon éminent ami le général A. Lyttelton Annesley, un des officiers les plus distingués de l'armée anglaise.

sorte de contagion morale, cette méthode a passé des militaires dans le civil, et l'équitation sommaire, qu'on suppose, tout à fait à tort, être d'origine anglaise, est aussi générale aujourd'hui en France chez les civils que chez les militaires.

Pour montrer les avantages ou les inconvénients de ces deux méthodes, il est nécessaire d'entrer dans quelques détails. Nous prendrons pour guides, dans notre exposé, les règlements officiels auxquels il a été fait allusion plus haut, et qui régissent avec précision l'enseignement de l'équitation dans la cavalerie allemande et dans la cavalerie française.

L'enseignement de l'équitation dans la cavalerie allemande comprend pour les *simples cavaliers,* aussi bien que pour les officiers, non seulement, bien entendu, les principes élémentaires de l'équitation courante, mais en outre tout ce qu'on enseigne habituellement sous le nom de haute école (1). C'est ainsi que le ca-

(1) Il ne faut pas comprendre dans l'équitation de haute école les tours qu'on voit dans les cirques et qui sont absolument dépourvus d'intérêt pratique, comme obliger un cheval à se mettre à genoux, à marcher debout sur les pieds de derrière, etc. « La belle et bonne haute école, écrit avec raison le colonel Bonnal, réside surtout dans le travail de deux pistes aux trois allures normales. Si l'on ajoute à ce travail le passage, le

valier apprend, outre la mise en main à toutes les allures, les changements de pied et les pirouettes au galop, le travail sur deux pistes au pas, au trot et au galop, le galop à faux, le petit galop rassemblé, les voltes et les huit de chiffres au galop, etc. Ces exercices sont enseignés, non pas seulement pour instruire le cavalier et assouplir le cheval, mais aussi parce que tous ces mouvements sont considérés comme indispensables dans le combat individuel. Si l'on voulait établir un combat au sabre en champ clos entre quatre cavaliers ne connaissant que les principes de l'équitation élémentaire, et un cavalier assez maître de son cheval pour lui faire exécuter des pirouettes au galop, des appuyés, des voltes raccourcies, etc., ce cavalier exercé pourrait se défaire successivement de ses adversaires sans courir la chance de recevoir la plus légère blessure. Sa tactique serait très simple : il n'aurait qu'à laisser fondre sur lui le groupe des cavaliers, les laisser passer à main droite en exécutant une volte au galop quand il serait à quelques mètres d'eux, puis revenir par une brusque pirouette sur le dos

piaffer et le petit galop très rassemblé, on a la série complète des exercices de la haute école moderne d'équitation. »

du cavalier choisi pour première victime et le frapper à son aise par derrière sans courir aucun risque, en admettant qu'il n'ait pas déjà eu le temps de lui abattre au passage la main gauche qui tient les rênes, comme cherchent à le faire en pareil cas les cavaliers hindous. Il aurait ensuite tout le temps nécessaire pour fuir et recommencer le même manège avant que les autres cavaliers, incapables de tourner au galop autrement que dans un grand cercle, aient réussi à faire un demi-tour pour revenir sur leur adversaire.

Les méthodes d'équitation aujourd'hui réglementaires dans notre cavalerie diffèrent de fond en comble de celles que préconise l'équitation allemande. Alors que depuis vingt ans les instructeurs allemands ont considérablement affiné le dressage de leurs chevaux et de leurs cavaliers, les nôtres se sont soigneusement gardés de toute évolution analogue, et ils semblent le proclamer avec fierté. Après avoir hardiment déclaré « superflu, sinon impossible, de prétendre enseigner au soldat des finesses d'équitation », le règlements a soin de remarquer (1) que « les seules

---

(1) *Loc. cit.*, t. 1ᵉʳ, p. 50.

innovations apportées (depuis un siècle) dans les pratiques de l'équitation consistent dans l'adoption du trot enlevé et de la conduite à deux mains ».

En ce qui concerne le trot enlevé, il n'y a rien à dire, sinon qu'il est bizarre que nous ayons attendu si longtemps pour découvrir ce que tout le monde à l'étranger savait depuis plus de cinquante ans : que le trot enlevé pratiqué avec méthode fatigue moins le cavalier et le cheval que le trot assis. Quant à la substitution de la conduite à deux mains à la conduite à une main, elle ne peut que prouver l'insuffisance véritablement excessive du dressage du cheval et du cavalier. Cette conduite du cheval à deux mains a paru cependant tellement importante aux rédacteurs des instructions, qu'ils y reviennent constamment. « Cette position à deux mains, est-il dit (p. 72) doit être habituelle au cavalier ne faisant pas usage de son sabre » ; et comme le cavalier ainsi habitué à conduire à deux mains doit être forcément bien peu expérimenté, quand le port du sabre l'oblige à conduire à une main, a soin de lui expliquer (p. 49) comment, même avec le sabre, il peut conduire à deux mains.

Les Anglais qui ne passent pas précisément

pour des cavaliers médiocres, professent, comme les Allemands, une opinion diamétralement contraire. « Une complète connaissance de l'équitation militaire, est-il dit dans l'instruction anglaise, est nécessaire au cavalier, afin qu'étant capable de gouverner le cheval avec les jambes et la main de bride, il puisse avoir la main droite parfaitement libre pour l'usage de ses armes (1). »

Pas plus que les Allemands, les Anglais ne pensent que les finesses de l'équitation soient, comme le prétendent nos instructeurs, « superflues, sinon impossibles pour le simple soldat ». Elles sont au contraire considérées comme absolument indispensables. La divergence entre notre système et celui des Anglais et des Allemands est, comme on le voit, tout à fait complète.

Les auteurs de l'*Instruction* pour notre cavalerie n'ont cherché évidemment qu'à donner beaucoup de solidité au cavalier en sacrifiant tout le reste, et, grâce à l'exercice prolongé de l'équitation sans étriers, ils y arrivent ; mais, en dehors de la solidité, l'éducation de nos ca-

---

(1) *Regulations for the Instruction and Movements of Cavalry*, p. 1, Londres, 1885.

valiers est absolument sommaire. Le plus compliqué des exercices consiste à leur faire faire de grands huit de chiffres; mais comme ce serait sans doute trop difficile au galop, même à deux mains, l'*Instruction* (t. II, p. 65) a soin de dire que « les changements de cercle, comme tous les changements de main, ne s'exécutent qu'au pas et au trot ». De la mise en main, même au pas, du travail au galop sur deux pistes, du changement de pied, des pirouettes au galop, etc., il n'est pas question, et l'on se demande ce que deviendrait le cavalier ainsi éduqué, les deux mains embarrassées par les rênes, dans le cas du combat individuel dont je parlais plus haut.

Il ne faut pas croire que l'insuffisance extrême de cette éducation équestre du cavalier français, n'ait pas frappé nos officiers. Le savant rédacteur des leçons du commandant Dutilh, ancien écuyer en chef à l'École de Saumur, s'exprime ainsi : « L'absence presque totale de chevaux véritablement justes dans leur obéissance, soit aux rênes, soit aux jambes, se fait cruellement sentir dans la plupart de nos escadrons, et elle constitue une grosse difficulté pour les officiers... » Et il conclut en constatant la nécessité de « relever notre cavalerie de la place d'infériorité que plusieurs auteurs lui attribuent actuellement vis-à-vis de certaines cavaleries étrangères (1) ».

Il y a déjà vingt ans d'ailleurs que l'un des plus célèbres écuyers de cette époque, le capitaine Raabe, signalait en termes énergiques cet état d'infériorité de notre équitation dans le passage que je vais reproduire :

« Que dire du cheval de la cavalerie fran« çaise! Roide d'encolure, la tête levée, les
« yeux en l'air, le nez au vent, il est constam« ment en opposition de force avec la main du
« cavalier; aussi, pour le mouvement le plus
« simple, le voit-on, la bouche contractée, les
« lèvres hautes, les yeux effarés, la physionomie
« craintive, indice de la gêne et de la souffrance.
« Tels sont les résultats de l'équitation de la ca« valerie; c'est ainsi qu'est instruit le cavalier! »
(*Théorie du cavalier*, p. 168.)

Je n'ai pas besoin d'ajouter que l'enseignement sommaire de l'équitation, dont je viens de parler, ne s'applique dans notre armée qu'à l'éducation des simples soldats. Nos officiers re-

(1) *Dressage du cheval de guerre et de chasse*, p. 137, 1888.

çoivent à Saumur une éducation tout autre, qui en fait souvent d'excellents cavaliers n'ignorant aucune des finesses de l'équitation. De fait, leur éducation équestre est celle des simples cavaliers allemands ou anglais. Pourquoi nos soldats sont-ils jugés incapables de recevoir l'éducation que reçoivent tous les cavaliers anglais et allemands? C'est là un mystère que mon intelligence ne me permet pas de résoudre. Il faut souhaiter que la prochaine guerre ne nous montre pas trop le danger de tels errements. Aujourd'hui notre budget est seul à en souffrir largement, par suite de l'usure prématurée des chevaux, aussi mal dressés que leurs cavaliers.

Ce qui semble le plus attristant quand on lit le traité officiel d'équitation allemande, c'est de constater que ses principes dérivent entièrement des méthodes créées par les anciens écuyers français, et que nous avons abandonnées entièrement. La volumineuse partie de l'ouvrage allemand qui traite du dressage semble avoir été écrite par un élève de Baucher.

Naturellement le dressage du cheval de guerre français est tout aussi rudimentaire que celui de son cavalier. Il comprend simplement d'après l'instruction, le travail à la longe aux trois allures, la leçon de l'éperon et les sauts d'obstacles. Les assouplissements de l'avant-main et de l'arrière-main qui transforment le cheval, comme la gymnastique transforme un lourd paysan breton à la démarche traînante en un agile et vigoureux chasseur à pied, et qui sont si longuement expliqués dans le livre allemand, ne sont même pas mentionnés dans nos deux volumes d'*instructions*. On pourrait croire que tout ce qui concerne l'équitation et le dressage a été écrit il y a plus de soixante ans. Sans doute les cavaliers de Napoléon avaient une éducation tout aussi sommaire, mais leurs adversaires n'en avaient pas une meilleure (1) ; et, avec les charges par masses et à petite distance, elle était suffisante. Les Allemands ont parfaitement compris qu'avec les conditions de la guerre actuelle, ces principes élémentaires étaient trop insuffisants pour qu'il ne fût pas périlleux de s'y renfermer.

(1) On peut juger du degré d'instruction de la cavalerie allemande à cette époque par l'anecdote suivante rapportée par le général allemand Marwitz. Pendant l'armistice de 1813, ce général fit exécuter à son régiment deux charges devant le roi. Dans les deux charges les 4 escadrons ne purent maîtriser leurs chevaux qui s'emballèrent et allèrent se jeter à toute vitesse contre les murs de la ville. « Il est heureux que ces murs soient aussi solides,. » dit philosophiquement le souverain.

L'instruction de la cavalerie allemande a été constatée par tous les officiers qui l'ont vue manœuvrer. Voici comment s'exprime à ce sujet un officier supérieur français, auteur de la remarquable étude publiée en 1886 par le *Spectateur militaire* sous ce titre : *Manœuvres militaires impériales en Alsace :* « La cavalerie al-
« lemande dépasse en savoir-faire, audace,
« entrain *rapidité* et sûreté d'exécution, tout ce
« que l'on peut imaginer. Elle réalise l'idéal
« pour le cavalier sans parti pris. »

L'auteur attribue naturellement cette grande supériorité à la perfection du dressage du cavalier et du cheval, et il lui semble évident qu'avec un dressage convenable « la rapidité et la sûreté de manœuvre de la cavalerie allemande pourraient être atteintes par notre cavalerie ».

C'est principalement au général Schmidt, puissamment patronné par le prince Frédéric-Charles, que sont dus les immenses progrès réalisés par la cavalerie allemande. C'est lui qui, s'inspirant des méthodes de nos compatriotes Baucher et Raabe, fit comprendre l'importance des assouplissements de l'encolure et de la position de la tête, et montra que pour obtenir les allures rapides, « objet final de l'instruction » ce que l'on appelle volontiers aujourd'hui en France l'équitation perçante, l'équitation large, il était indispensable que le cheval fût d'abord, par une gymnastique spéciale pratiquée à de très petites allures, assoupli, convenablement équilibré, et capable avant tout de pouvoir tomber instantanément en main à la volonté du cavalier. Il avait parfaitement compris que ces allures courtes et relevées sont mères des allures allongées.

Beaucoup de cavaliers civils, imitant en cela ce qui se fait dans notre armée, semblent considérer le dressage complet du cheval — dressage qui ne demande pourtant que trois ou quatre mois au plus — comme chose superflue. Il ne sera donc pas inutile, pour bien achever de faire comprendre la différence des deux équitations, allemande et française, d'examiner en quoi le cheval bien dressé diffère de celui qui n'a reçu qu'une éducation sommaire, et quels avantages réels résultent du dressage.

CHAPITRE II.

VALEUR COMPARATIVE DU CHEVAL DRESSÉ SUIVANT LES DIVERS SYSTÈMES D'ÉQUITATION.

§ 1. *Le cheval sommairement dressé.* Son défaut d'équilibre. Dangers qu'il présente pour le cavalier. Rapide usure de l'animal sommairement dressé. — § 2. *Le cheval bien dressé.* Modifications de l'équilibre produites par le dressage. Transformation complète des allures. Souplesse et obéissance de l'animal. Accroissement de la durée du cheval. Dressage du cheval en Allemagne, en Angleterre et en France.

§ 1. — Le cheval sommairement dressé.

A l'état de nature, le cheval, animal herbivore, habitué à brouter, tient la tête horizontale ou inclinée en avant; quand il trotte ou galope, il charge surtout son avant-main, ce qui n'a d'ailleurs aucun inconvénient pour lui tant qu'il n'a aucun poids sur le dos.

Lorsqu'on le monte comme on le fait aujourd'hui en France après un dressage sommaire, consistant simplement à lui apprendre à supporter le mors et le poids d'un cavalier et à tourner à droite ou à gauche quand on tire les rênes correspondantes, ses allures naturelles ne sont pas modifiées, mais simplement gênées. Son avant-main, déjà chargée par la position naturelle du cou allongé, se trouve alors surchargée par le poids du cavalier, surtout lorsque ce dernier se penche en avant comme c'est l'habitude au trot enlevé. L'animal fatigue très vite alors ses jambes de devant et butte facilement au premier obstacle. Son trot d'ailleurs est dur et inégal, son galop très fatigant. Son arrière-main n'ayant subi aucune gymnastique spéciale, il ne peut tourner que dans un grand rayon, et si le cavalier essaye de le faire changer brusquement de direction à angle droit, le cheval tombe presque infailliblement.

Le cheval sommairement dressé a généralement les articulations du cou et des mâchoires très raides, la bouche très dure; ce n'est que par des tractions énergiques que le cavalier peut agir sur lui. Vainement il essayerait, pour mobiliser le cheval, de déplacer l'arrière-main avec ses jambes, l'animal n'en comprendrait pas l'action.

Si le cheval ainsi dressé a très bon caractère, le cavalier ne court d'autres risques, en dehors de la fatigue due à la dureté des réactions, que celui des chutes provoquées par la trop grande surcharge de l'avant-main ou les changements trop brusques de direction; mais si l'animal est ombrageux, ce n'est plus le cavalier qui est maître du cheval, c'est le cheval qui est le maître du cavalier, car ce dernier n'a sur l'animal aucun des moyens d'action que donne le dressage. Que le cheval fasse un écart, pointe, s'emballe, le cavalier est incapable de lui résister. Il est dans le cas du pilote dont le bateau n'obéirait que faiblement à l'action du gouvernail par un temps calme, et pas du tout par un temps orageux. Les neuf dixièmes des accidents, surtout les chutes sur les jambes de devant et l'emballement au galop, sont les résultats du dressage insuffisant du cheval.

Mais ce n'est pas seulement pour le cavalier que le défaut de dressage a des inconvénients sérieux; il en a aussi pour le cheval, qui s'use prématurément, comme un homme qui voudrait entreprendre une longue marche, ou porter pendant longtemps des fardeaux, sans avoir exercé ses membres par une gymnastique spéciale.

La plupart des chevaux non dressés sont trop portés sur leurs épaules. Les pousser aux allures vives sans les avoir préalablement équilibrés, comme on le fait dans notre cavalerie, c'est exagérer, avec cette surcharge de l'avant-main, le défaut d'obéissance aux aides qui en est la conséquence et l'absence de souplesse de l'animal. Comme résultat présent, on arrive à l'impossibilité de manœuvrer facilement le cheval, et, comme résultat final, à son usure prématurée. Nous aurons à revenir plus longuement sur ce point dans un chapitre spécial.

L'usure prématurée des chevaux mal dressés est sans grande importance dans la vie civile, parce que ce n'est qu'une question d'argent. Il en est tout autrement dans l'armée, où la moindre dépense devient énorme quand elle est multipliée par les chiffres considérables qu'atteignent aujourd'hui nos effectifs. Or, tous nos officiers ont été frappés de l'usure prématurée de nos chevaux par suite de l'insuffisance du dressage. C'est avec raison que l'officier cité plus haut déplore, dans l'ouvrage résumant les instructions de l'ancien écuyer en chef de Saumur, l'insuffisance de ce dressage sommaire; il en montre les conséquences en disant: « Que de chevaux ardents et vigoureux, les meilleurs de nos rangs par conséquent, se tarent rapidement quand ils ne deviennent pas absolument rétifs! »

Telles ne sont pas malheureusement les idées des rédacteurs des règlements pour notre cavalerie. Un dressage dépassant les limites de l'éducation extrêmement sommaire, dont j'ai dit plus haut les bornes, leur semble si nuisible qu'ils en sont arrivés à l'interdire d'une façon absolue. L'interdiction est brève, mais catégorique. Il est dit, en effet, dans le chapitre du dressage (t. Ier, p. 68) : « Les exercices qui dépassent les limites fixées à l'*école du cavalier* sont proscrits. »

§ 2. — Le Cheval bien dressé.

Nous venons de voir ce qu'était le cheval sommairement dressé suivant les principes adoptés en France aujourd'hui ; voyons maintenant ce qu'est le cheval dressé tel que l'exigent les Anglais et les Allemands pour leur cavalerie, et tel que l'exigeaient encore en France, il y a quelques années, nos cavaliers civils, avant la disparition presque complète des écuyers capables de dressage.

Nous avons dit que le cheval, à l'état naturel,

se porte surtout sur l'avant-main, et exagère encore cette tendance quand il supporte le poids d'un cavalier, ce qui diminue sa solidité et l'expose aux chutes en avant. Dans le dressage, on arrive à un équilibre nouveau en rapport avec la destination nouvelle de l'animal, qui est de porter un cavalier au lieu de passer son temps à brouter. En relevant l'encolure et en fléchissant la tête par une gymnastique spéciale, le poids de l'avant-main est reporté sur le centre et l'arrière-main de l'animal, et sa solidité est très accrue. En outre, comme suivant le travail qui est demandé au cheval, il est nécessaire qu'il surcharge tantôt son avant-main, tantôt son arrière-main, ou répartisse également l'effort sur ses deux extrémités, on le met en état de modifier son équilibre au gré du cavalier. Ce dernier pourra alors, dans l'allure de promenade, obliger le cheval à répartir également son poids sur l'avant-main et l'arrière-main ; dans un galop de charge, il surchargera l'avant-main ; dans le petit galop rassemblé, il surchargera au contraire l'arrière-main, et tout cela sans fatigue pour le cheval ou pour lui.

Avec le nouvel équilibre donné par le dressage, le cheval modifie entièrement ses allures :

au lieu d'un pas traînant, d'un trot sec et court, d'un galop dur et précipité, il a un pas rapide et cadencé, un trot allongé sans réactions désa-

Fig. 1. — Allure au trot du cheval non assoupli par le dressage
(D'après le *Manuel d'équitation de la cavalerie allemande*.)

gréables, un galop très doux dont la vitesse est exactement graduée par la volonté de celui qui le monte. Mais ce n'est pas tout. En même temps que le dressage a modifié les allures de l'animal, il l'a rendu très léger aux aides, c'est-à-dire très obéissant aux plus légères indications de la main ou des jambes ; il lui a appris à pouvoir se mettre en main à toutes les allures, ce qui

Fig. 2. — Allure que peut prendre au trot le cheval assoupli par le dressage. (D'après le même ouvrage.)

veut dire que l'animal a les articulations du cou très assouplies, la tête verticale, la mâchoire inférieure prête à céder à la moindre action des rênes. Arrivé à cette phase de son éducation, l'animal travaille sans contracter inutilement ses muscles, sans gêne, sans perte de forces; il produit par conséquent le maximum d'effet utile avec la moindre dépense possible de force. Son obéissance aux aides est telle que, suivant l'ingénieuse expression du traité d'équitation allemande, il suffit que le cavalier pense au mouvement qu'il veut exécuter pour l'obtenir. C'est avec raison que le général Von Schmidt dit que « l'on peut tout faire dès que le cheval est léger à la main. S'il en est autrement, le cavalier ne peut pas se servir de son arme ». Cela paraît évident à tout cavalier un peu expérimenté; mais cette évidence ne semble pas près de s'imposer dans notre armée, à en juger par les chevaux que montent nos soldats.

Avec le cheval bien dressé, la fatigue du cavalier et les chances d'accidents sont réduites à leur minimum, alors qu'elles sont portées à leur maximum avec le cheval sommairement dressé. Avec un animal bien dressé, le cavalier peut, étant au trot ou au galop, tourner brusquement, même à faux, sans chances de chute, ne pas modérer son allure dans les descentes, arrêter brusquement son cheval lancé au galop si un obstacle imprévu surgit, déplacer l'animal parallèlement à lui-même à toutes les allures, de manière à passer entre des obstacles pour peu qu'il y ait juste la place. Des défenses inopinées produites par un accident imprévu, il a peu à craindre, car, grâce à l'obéissance du cheval aux jambes et aux mains, elles sont réprimées immédiatement. Que le cheval s'arrête devant un obstacle, veuille ruer, se cabrer, le cavalier le paralyse immédiatement en l'obligeant à exécuter une pirouette ou partir au galop sur deux pistes, c'est-à-dire parallèlement à lui-même; et tout cela, je le répète, sans fatigue pour le cheval ni pour l'homme, et avec la certitude de conserver l'animal sans infirmités bien plus longtemps que s'il n'eût pas été dressé.

C'est sur ce dernier point qu'il faut bien insister, car l'ignorance de certains écuyers est telle, qu'ils en sont arrivés à qualifier d'équitation de cirque cette gymnastique du cheval, et ont fini par croire, à force de le répéter, qu'elle use l'animal. C'est absolument comme si l'on disait que la gymnastique use les muscles qu'elle est destinée à fortifier.

Chez le cheval, comme chez l'homme, la gymnastique, une des bases du dressage, fortifie au contraire les muscles et permet de faire aisément et sans dépense de force des mouvements qui ne s'obtenaient d'abord que lourdement et avec fatigue. Dresser un cheval, c'est, je le répète, et j'aurai occasion d'y revenir encore, prolonger sa durée, parce que cela réduit pour lui la somme d'efforts qu'il dépense dans chaque travail et les chances d'accidents.

Bien que le dressage du cheval soit une opération assez rapide, puisqu'il peut aisément être terminé en deux ou trois mois, il demande beaucoup d'intelligence. Aujourd'hui, en France, à mesure que l'équitation sommaire se répand, les écuyers capables de bien dresser un cheval sont à l'état d'infime exception; et, d'une façon générale, on peut dire qu'il n'y a plus guère que quelques officiers de cavalerie qui possèdent des chevaux convenablement dressés.

En Allemagne, le dressage est considéré comme tellement important, qu'il n'est confié, d'après les instructions, qu'aux officiers, et exceptionnellement à des sous-officiers possédant une aptitude spéciale. En Angleterre, le dressage est confié aux simples soldats, sous la direction de bons instructeurs. Je recommande à ce sujet le passage suivant de l'instruction officielle anglaise : « Les meilleures leçons d'équitation sont acquises par le dressage du jeune cheval, que le cavalier doit entreprendre sous une direction convenable, aussitôt qu'il y est préparé par de précédents exercices avec des chevaux dressés. *Il doit dresser entièrement le cheval qu'il montera définitivement ensuite.* Cette observation est aussi bien applicable aux officiers qu'aux soldats. C'est ainsi que s'établit entre l'homme et le cheval un mutuel attachement qui ne saurait être trop encouragé. »

Le dressage du cheval, en Angleterre, est conduit, par de simples cavaliers, aussi loin qu'il l'est en Allemagne par les officiers, c'est-à-dire jusqu'aux raffinements de la haute école, considérés, aussi bien en Allemagne qu'en Angleterre, comme la base de l'équitation. Il suffit de jeter un coup d'œil sur les dessins représentant les exercices compliqués que doit exécuter le cavalier anglais dans le manège pour être fixé sur le degré de dressage du cheval.

L'éducation équestre du cavalier me semble du reste poussée plus loin encore en Angleterre qu'en Allemagne. Dans les notes qu'il a bien voulu me transmettre, le général Annesley caractérise de la façon suivante les deux équitations : « En Angleterre, le dressage du cavalier est poussé assez loin pour qu'il puisse monter tous les chevaux ; en Allemagne, le dressage du cheval est poussé jusqu'au point où il peut être monté par tous les cavaliers. »

L'exposé contenu dans ce chapitre, et celui qui précède, suffit à montrer clairement les divergences profondes qui séparent les divers systèmes fondamentaux d'équitation en usage aujourd'hui. Cette étude préalable était indispensable pour la lecture de cet ouvrage. Il suffisait pour le but que nous nous proposions d'étudier les principales cavaleries de l'Europe où se pratiquent les deux méthodes fondamentales de l'équitation que nous avons décrites. Si notre intention avait été d'entreprendre l'étude de l'équitation dans toutes les cavaleries, notre exposé eût été évidemment insuffisant, car nous avons laissé de côté des pays fort importants. Mais l'équitation qui s'y pratique appartient à une des deux méthodes que nous avons décrites, ou oscille entre elles. C'est ainsi, par exemple, que l'équitation de la cavalerie autrichienne est moins raffinée (1) que l'équitation de la cavale-

---

(1) Moins raffinée, mais, bien entendu, le ramener de la tête, base fondamentale du dressage, et sur lequel nos règlements sont muets, y est considéré comme chose fondamentale. On y

rie allemande; mais ce défaut de raffinement est compensé par l'habileté et l'initiative qu'on donne aux chevaux par du travail extérieur dans les chemins difficiles coupés de larges fossés, d'inégalités de toute sorte, de pentes abruptes que l'animal doit descendre ou gravir, les rênes presque toujours flottantes. Ce qu'on exige du cheval de cavalerie autrichienne surtout, c'est beaucoup de perçant, d'habileté et d'obéissance. Il est moins fin, sans doute, mais, en campagne, il vaudrait probablement autant que le cheval de cavalerie anglaise ou allemande.

Quelque court qu'ait été notre exposé, il suffit largement, je l'espère, pour faire comprendre les principes fondamentaux qui régissent aujourd'hui l'équitation des divers pays de l'Europe. Nous avons montré les divergences profondes qui les séparent. Nous en verrons mieux encore l'importance dans les chapitres de cet ouvrage relatifs à la conduite du cheval bien dressé et du cheval

indique soigneusement, dans les instructions, les flexions qui doivent rendre la tête verticale. Or, nous verrons ailleurs que lorsque cette position essentielle est obtenue à volonté, tout le reste du dressage est peu de chose : « Le ramener de la tête, écrit avec raison Raabe, est le plus sûr moyen, le seul qui puisse faire cesser la médiocrité de l'équitation militaire. »

sommairement dressé, et dans celui où sera étudiée la différence de durée du cheval, suivant son degré de dressage et l'habileté du cavalier.

LIVRE III.

LE CHEVAL.

CHAPITRE I.

CONSTITUTION MENTALE DU CHEVAL.

Caractères généraux du cheval. Variétés de caractères d'un cheval à l'autre. Mémoire du cheval. En quoi elle rend fort dangereuses les erreurs du dressage. Douceur des chevaux quand ils ne sont pas maltraités. Amitiés qu'ils contractent. Émulation et amour-propre. Caractère craintif du cheval. Degré d'intelligence du cheval. Ruses variées dont il est susceptible. Côtés vindicatifs de son caractère. Ses tendances à l'imitation. Sa sensibilité aux bons traitements. Ses sentiments à l'égard de son cavalier. Le cheval reflète toujours l'intelligence et le caractère du cavalier.

L'exposé qui précède a montré l'utilité de pousser le dressage du cheval et du cavalier beaucoup plus loin qu'ils ne le sont aujourd'hui. Avant d'étudier avec des méthodes scientifiques les moyens qui permettent d'arriver à ces résultats nous devons d'abord établir certains principes fondamentaux. Nous commencerons par étudier la constitution mentale du cheval. Cette étude préparatoire est indispensable, car nous comptons démontrer bientôt que le dressage du cheval doit avoir pour base essentielle certains principes de psychologie, et qu'une application intelligente de ces principes permet de réduire énormément la durée du dressage. Pour savoir dans quelles limites ces principes peuvent être utilisés, il est nécessaire d'avoir quelques notions sur l'intelligence et le caractère du cheval. Je me bornerai à des indications très brèves et exposées à un point de vue exclusivement pratique. Il s'en faut de beaucoup d'ailleurs que, dans l'état actuel de nos connaissances, il soit possible d'écrire un travail complet sur la psychologie du cheval ou d'un animal quelconque. Le jour où cette tâche serait accomplie pour le plus modeste des animaux de la création, la psychologie de l'homme serait beaucoup plus avancée qu'elle ne l'est aujourd'hui.

La caractéristique la plus fondamentale de la psychologie du cheval est la mémoire. Il est

peu intelligent, mais sa mémoire représentative
paraît supérieure à celle de l'homme, et s'il savait parler, il obtiendrait vraisemblablement tous
les prix dans les concours. Le cheval retrouve
beaucoup mieux que nous les chemins où il a
déjà passé dans une forêt, et, dans les régiments,
il retient souvent plus vite que les recrues le sens
des diverses sonneries. Il lui suffit de quelques
jours de manège pour comprendre et exécuter, à
la voix de l'écuyer et malgré les indications maladroites ou contraires de son cavalier, des ordres très variés : pas, trot, galop, arrêt, changement de main, voltes, etc. Si on a pris cinq ou
six fois sur une route l'habitude de faire partir
un cheval au galop à un endroit déterminé, il
galope de lui-même en arrivant à cet endroit.

Fort utile pour l'éducation du cheval, cette
mémoire rend très dangereuses les erreurs du
dressage et les maladresses du cavalier inexpérimenté. Qu'un cheval traversant une route dirigée du côté de l'écurie ait la tentation de la
prendre, et que son cavalier finisse, après quelques faibles tentatives de résistance, par céder,
l'animal recommencera sûrement la fois suivante, sachant parfaitement qu'il n'a qu'à accuser ses défenses pour être maître de son

cavalier, et alors il devient rapidement rétif.

Les aptitudes du cheval et les dispositions de son caractère présentent de grandes variétés d'un animal à l'autre. On rencontre des chevaux très bons et des chevaux très méchants. Il y en a de très doux, et il y en a aussi d'irascibles et de vindicatifs. Leurs variétés d'intelligence sont également très grandes : on en trouve de très compréhensifs, et de très bornés.

Quand on ne le maltraite pas, et quand il n'est pas effrayé, le cheval est le plus souvent un animal doux et bienveillant. Je connais plusieurs exemples de palefreniers ivrognes ayant passé la nuit entre les pieds d'un cheval, dans des positions très gênantes pour l'animal, et sans que ce dernier, malgré la gêne et la fatigue, ait essayé de faire un mouvement, de peur de blesser l'homme couché entre ses jambes et appuyé sur elles.

La bienveillance des chevaux n'est pas d'ailleurs collective, et ne s'adresse pas à tous les hommes ni à tous les individus de leur espèce. Un cheval qui aimera beaucoup un palefrenier pourra ne pas en supporter un autre. Réunis dans un pré, les chevaux contractent entre eux — abstraction faite du sexe — des amitiés très vives qui les font se rechercher et se caresser, alors qu'ils envoient des ruades aux autres chevaux qui les approchent.

Beaucoup de chevaux, les pur sang surtout, sont doués d'une forte dose d'émulation et d'amour-propre. Certains chevaux sont, pour cette raison, fort ennuyeux à monter quand on est en compagnie d'autres chevaux; la crainte qu'ils ont d'être dépassés rend leur allure irrégulière; ils traquenardent au trot, se désunissent au galop, et oublient leur obéissance habituelle à leur cavalier.

Le cheval est un animal fort craintif. Lorsqu'il est dominé par la peur, il cesse généralement d'obéir à son cavalier, fait des écarts, des tête-à-queue, et devient fort dangereux. Il est heureusement assez facile de l'habituer par un dressage régulier, et suivant la méthode indiquée plus loin, à devenir indifférent à la vue des choses qui l'effrayaient tout d'abord. Pour les objets trop imprévus, le cavalier n'a que la ressource, assez insuffisante d'ailleurs, de tâcher de calmer l'animal par la voix et les caresses, s'il ne lui a pas donné par un dressage convenable l'habitude de l'obéissance absolue. Dans ce dernier cas tous ses mouvements sont trop faciles à paralyser pour qu'il puisse devenir dangereux.

Malgré le peu de développement de son intelligence — très supérieure cependant à ce qu'on croit généralement — le cheval est susceptible de ruses ingénieuses. Je connais une écurie où des chevaux savent très bien défaire eux-mêmes ou faire défaire leur licol par leurs voisins, pour aller retrouver un ami dans sa stalle : opération qu'ils ne font jamais quand on les regarde. Des faits de cette nature sont d'ailleurs rapportés par plusieurs auteurs, Samson et Romanes notamment. Tous les cochers qui ont eu occasion de conduire une voiture à deux chevaux, savent fort bien qu'il y a souvent un des deux chevaux assez rusé pour faire exécuter la plus grande partie du travail à son camarade, en se bornant à donner à la chaîne qui le relie au brancard la tension nécessaire pour avoir l'air de tirer, simulation que l'animal cesse d'ailleurs dès qu'un coup de fouet lui apprend que le cocher n'est pas dupe de sa ruse.

Le cheval est très souvent vindicatif et se venge des injures longtemps après qu'il les a reçues. Les histoires de chevaux maltraités par les charretiers qui les conduisent, et qui, un jour, quand l'occasion est propice, mordent et piétinent leurs persécuteurs, sont nombreuses.

Le cheval a une grande tendance à l'imitation. Il suffit que dans une écurie un cheval ait un tic, le balancement de la tête par exemple, pour que tous les chevaux voisins imitent le même tic.

Cette tendance à l'imitation est très utilisée par les Allemands et les Autrichiens dans le dressage. Pendant les débuts du dressage, ils font toujours accompagner le jeune animal par un vieux cheval dressé, fidèlement suivi et imité par le cheval inexpérimenté.

Le cheval est fort sensible aux bons traitements, et surtout à la voix ou aux caresses. On le rend beaucoup plus familier, et bien moins facile à s'effrayer, en lui parlant et en le caressant fréquemment. Un bon écuyer qui monte un cheval pendant quelque temps arrive bientôt à l'arrêter à la voix. Les coups et les mauvais traitements ne font que le rendre irritable et craintif. Il est facile, en entrant dans une écurie, de voir par la physionomie que prennent les chevaux quand on s'approche d'eux comment ils sont habituellement traités par le palefrenier qui les soigne.

L'attachement du cheval à son maître ne paraît pas bien vif; mais il le reconnaît parfaitement, sait la mesure de ses exigences, et aussi ce qu'il peut espérer ou craindre avec lui; il n'osera jamais tenter, pour s'en débarrasser, ce qu'il essayera avec un cavalier novice qui le montera pour la première fois.

Le cheval comprend parfaitement, lorsqu'ils sont bien clairs, le sens des châtiments et le sens des récompenses. Il ne se révoltera guère contre les châtiments mérités, mais regimbera vivement contre la punition donnée mal à propos, c'est-à-dire dont il ne peut saisir le motif. Il sait très bien tâter son cavalier, voir si ce dernier sera effrayé par telle ou telle défense, et celle devant laquelle il cédera. On ne doit jamais donner à un cheval un châtiment dont il ne comprend pas le sens; mais il ne faut jamais, sous aucun prétexte, lui céder, c'est-à-dire renoncer à lui faire exécuter ce qu'on lui a demandé, si on est certain qu'il a bien compris le sens de l'ordre donné.

Le cheval est un animal généralement fort patient; mais cette patience n'est pas illimitée. Lorsqu'on a dépassé les bornes de sa tolérance, l'animal entre en pleine révolte, ne supporte plus rien, refuse d'obéir et tâche, par tous les moyens possibles, de se débarrasser de son cavalier. Connaître la limite des exigences que le cheval peut supporter pendant chaque période du dressage, est une des grosses difficultés de cette opération. Si la limite est dépassée, et que le cavalier ait le dessous, ainsi que cela arrive le plus souvent, dans la lutte qu'il lui faut entreprendre avec le cheval, le dressage est sérieusement compromis pour longtemps. L'expérience a appris à l'animal les moyens de se débarrasser d'un cavalier gênant, et désormais les bornes de sa patience seront beaucoup moins étendues qu'auparavant.

Je ne veux tirer des très courtes indications pratiques qui précèdent qu'une conclusion essentielle : c'est que, pour tirer du cheval tout le parti possible, il faut prendre la peine d'étudier son caractère; ne pas le considérer, suivant la manière de faire de beaucoup de cavaliers, comme une sorte de machine sur laquelle il n'y a qu'à taper pour la faire marcher.

Le cheval reflète toujours par son obéissance, par ses résistances ou ses hésitations, par le degré de perfection de son dressage, par ses allures, le caractère de son cavalier. Il n'est pas généralement très difficile, étant donné un cheval, de diagnostiquer non seulement le caractère, mais encore l'intelligence de celui qui le monte habituellement.

CHAPITRE II.

ROLE ET MANIEMENT DES AIDES CHEZ LE CHEVAL BIEN DRESSÉ.

§ 1. *Principes fondamentaux du rôle des aides dans la conduite du cheval.* Les jambes donnent l'impulsion, les mains règlent la forme sous laquelle est dépensée cette impulsion. Comment la même action des jambes peut produire l'accélération ou le ralentissement de l'allure. Rôle des jambes dans l'équitation ancienne et dans l'équitation moderne. — § 2. *Du degré de traction à exercer sur les rênes suivant les allures. Du prétendu soutien que le cavalier peut donner au cheval.* Opinion des écuyers les plus éminents sur la tension constante et énergique qu'il faut exercer sur les rênes. En quoi cette opinion est erronée. Impossibilité de soutenir le cheval. Limites précises auxquelles la tension des rênes doit être réduite. Énumération des inconvénients qui résultent pour le cheval de la tension habituelle des rênes. Loin de prévenir les chutes, cette tension les provoque. Les maladresses du cheval tiennent surtout à la gêne que lui imposent les mains du cavalier. — § 3. *Recherches sur le degré de mobilité ou de fixité que doit avoir la main.* Importance donnée en Allemagne à la fixité de la main. Limites dans lesquelles cette fixité est possible. Démonstrations géométriques.

§ 1. — Principes fondamentaux du rôle des aides dans la conduite du cheval.

Supposons le cheval convenablement dressé, c'est-à-dire capable de modifier, à la volonté du cavalier, son équilibre sous l'influence du dressage, et voyons quel est, d'une façon générale, le rôle que peut exercer le cavalier par l'emploi judicieux des aides.

Le rôle des aides dans la conduite du cheval bien dressé me semble pouvoir être résumé dans la formule suivante :

Les jambes du cavalier donnent au cheval l'impulsion, les mains règlent par l'intermédiaire des rênes la forme sous laquelle sera dépensée cette impulsion.

Pour rendre très clair le sens de cette formule, choisissons un exemple. Supposons les jambes bien rapprochées et poussant activement le cheval en avant. Si en même temps les rênes sont relâchées, l'animal dépensera son impulsion sous forme d'accélération de l'allure. Si au contraire les rênes sont tendues, les jambes donnant toujours la même impulsion, le cheval paralysé dans ses mouvements d'extension dépensera une partie de son impulsion en hauteur, c'est-à-dire élévera fortement ses membres. Suivant les variations d'action des rênes il passera du grand trot au trot moyen puis au trot cadencé ou passage, et enfin au trot sur place ou piaffer. C'est également ainsi qu'il passera du galop allongé au galop moyen, au galop raccourci et enfin au galop sur place sans avancer. Dans ces différents cas, les jambes ont donné l'impulsion, et, suivant la définition précédente, les rênes ont réglé la forme sous laquelle a été dépensée cette impulsion.

Dans toutes ces variations d'allure l'action des jambes, contrairement à ce qu'on pourrait supposer, doit être d'autant plus énergique qu'on ralentit d'avantage l'allure afin de combattre la tendance à l'arrêt que produit l'action des rênes.

Il résulte de ce qui précède que, chez le cheval, l'impulsion donnée par les jambes se traduit à volonté par de l'accélération ou au contraire par du ralentissement d'allure suivant la façon dont les rênes sont maniées (1).

(1) Très simples en théorie, les principes que je viens d'exposer sont d'une application pratique fort difficile. Ils exigent beaucoup de tact équestre, sont peu susceptibles de mensurations scientifiques, et en dehors, par conséquent, des tendances générales de cet ouvrage, qui sont de n'accepter en équitation, que ce qui est susceptible de mesure et d'un enseignement facile. Je ne les mentionne que pour montrer avec quelle facilité s'obtiennent les variations les plus savantes d'allures chez le cheval suffisamment dressé. C'est en appliquant ces principes — mais avec un tact trop délicat pour être susceptible d'enseignement, — qu'un officier distingué, M. X***, qui est en même temps un des plus remarquables écuyers que je connaisse, arrive à transformer en quelques semaines des chevaux très ordinaires en che-

Ce n'est que dans les temps très modernes que le rôle des jambes en équitation a été bien compris et que les écuyers en sont arrivés aux associations d'aides dont je viens d'exposer les principes fondamentaux.

Au moyen âge, et jusqu'à une époque relativement récente, la position du cavalier sur son cheval ne lui permettait pas de se servir de ses jambes, ou du moins ne lui permettait guère de s'en servir que par à-coups ; la jambe, en réalité, agissait presque exclusivement pour amener l'éperon au contact des flancs du cheval. Les rênes étaient à peu près l'unique moyen de conduite du cavalier. Or, tout cheval conduit uniquement avec les mains est presque toujours mal équilibré et finit forcément par avoir la bouche dure. Il suffit de regarder sur d'anciennes gravures la longueur du mors de tous les chevaux, pour être certain que des animaux capables de supporter de pareils instruments de

---

vaux exécutant les airs les plus difficiles de la haute école. C'est également de ces principes qu'il a déduit certaines idées sur la fixité de la main que j'aurai occasion de discuter dans un autre paragraphe. J'ai beaucoup appris en pratiquant l'équitation avec ce savant écuyer, et je regrette vivement que sa trop grande modestie m'interdise de lui restituer la paternité des emprunts que j'ai eu plusieurs fois l'occasion de lui faire.

torture devaient avoir des bouches extraordinairement peu sensibles.

Aujourd'hui le rôle des jambes, — surtout depuis les travaux de Baucher, — commence à être bien compris; et, grâce à leur emploi judicieux, on est parvenu à avoir des chevaux possédant à la fois beaucoup de perçant et une bouche très légère. On n'y arrive cependant qu'avec des chevaux et des cavaliers bien dressés, et les premiers sont aussi rares aujourd'hui en France que les seconds. L'éducation des mains étant d'ailleurs beaucoup plus générale que celle des jambes, c'est surtout avec leurs mains, et très peu avec leurs jambes, que la grande majorité des cavaliers conduisent leurs chevaux; et c'est en grande partie pour cette raison que la plupart des chevaux que l'on rencontre ont la bouche si dure, sont si mal équilibrés et ont des allures si peu moelleuses.

La théorie générale du rôle des aides chez le cheval bien dressé, qui vient d'être exposée, va nous permettre d'aborder l'étude de certains points importants qui n'eussent pas été compréhensibles sans elle.

§ 2. — Du degré de traction à exercer sur les rênes suivant les allures. Du prétendu soutien que le cavalier peut donner au cheval.

Tous les auteurs sont d'accord pour considérer l'encolure comme un gouvernail qui règle les mouvements du cheval, et en même temps un balancier dont les déplacements peuvent faire refluer le poids de l'animal de l'avant-main sur l'arrière-main, ou réciproquement, et par conséquent régler la vitesse de l'allure. Chacun sait, d'ailleurs, que le cheval allonge son encolure pour accélérer sa vitesse, et la raccourcit pour la ralentir. Le cavalier qui est maître de la longueur de l'encolure est généralement maître de la vitesse de l'animal.

Il résulte de ce qui précède que le cavalier doit d'abord être en communication constante, par les rênes, avec la bouche du cheval, et ensuite exercer sur elles une certaine tension destinée à régler la vitesse de l'allure. Mais quel doit être ce degré de tension ? C'est ce que nous allons rechercher.

L'opinion des écuyers les plus éminents depuis le comte d'Aure jusqu'à Duthil, est que cette tension, surtout aux grandes allures, doit être assez énergique. « Les mains du cavalier, écrit le comte d'Aure, doivent offrir un fort soutien à l'avant-main. »

L'ancien écuyer en chef de Saumur, M. Duthil, professe une opinion semblable. « Il faut, « dit-il, s'efforcer patiemment d'habituer la « bouche à accepter la tension constante « des rênes... Cet appui franc, constant et « élastique, que nous devons faire accepter « par la bouche, est la base même sur la- « quelle nous nous appuierons plus tard pour « nous emparer du mouvement d'extension et « de redressement de l'encolure. »

L'opinion des jockeys, notamment ceux qui montent des trotteurs, est analogue. Tous sont convaincus qu'il faut une très forte tension des rênes pour « soutenir » le cheval, et lui donner de la vitesse. Dans la pratique, ils exercent sur la bouche de l'animal une traction énorme atteignant souvent les limites de leurs forces.

J'ai moi-même pendant longtemps partagé les opinions précédentes; je tâchais de donner à la bouche ce « fort soutien », dont il est parlé plus haut. Je tirais consciencieusement, et le cheval accélérait généralement sa vitesse : la théorie du « fort soutien » paraissait donc exacte. Comme conséquence accessoire, j'avais des chevaux dont la bouche présentait une élasticité voisine de celle d'une solide barre de fer. Mais comme tous les chevaux que j'avais occasion de monter présentaient la même particularité, j'en concluais logiquement qu'elle était le résultat d'un mystérieux dessein de la nature. J'aurais volontiers béni ce dessein, me disant : si les chevaux avaient la bouche sensible, on ne pourrait pas tirer dessus de toutes ses forces, et si on ne pouvait pas tirer dessus, il serait impossible de leur donner une grande vitesse.

Mes idées sur ce sujet commencèrent à se modifier sensiblement lorsque j'eus l'occasion de monter des chevaux bien dressés. Elles se modifièrent tout à fait lorsque, ayant approfondi le sujet, je réussis à donner une bouche très fine, nécessitant par conséquent des tractions de rênes très légères, à des chevaux qui avaient eu jusque là une bouche très dure nécessitant des tractions très fortes. J'en arrivai alors à conclure que cette dureté de bouche était une simple conséquence de la maladresse des cavaliers et pas du tout d'un dessein particulier de la Providence.

Le but que recherchent les écuyers en donnant un « fort soutien » à la bouche du cheval paraît avoir été double. D'abord de « soutenir » le cheval, puis d'arriver, ainsi qu'il est dit plus haut, à « s'emparer du mouvement d'extension et de redressement de l'encolure », c'est-à-dire à permettre de faire varier à volonté la longueur de cette dernière.

En ce qui concerne le premier point, il est évident que les écuyers et jockeys qui professent l'opinion qu'on soutient un cheval, en tirant sur sa bouche, sont victimes d'une illusion pure, et confondent ce qui est chez le cheval un effet d'éducation, un stimulant, avec un effet mécanique. Le mors, ainsi que l'éperon peuvent être des stimulants, ils ne sauraient être des soutiens. L'idée qu'un individu placé sur un corps mobile, et n'ayant aucun appui extérieur, puisse soutenir le corps mobile sur lequel il est placé est absolument contraire aux lois les plus élémentaires de la physiologie et de la mécanique. Très certainement, le cheval, habitué à cette traction énergique sur la bouche, modifiera son allure dès que le cavalier réduira sa traction, mais ce ne sera pas parce que le cavalier lui retirera un imaginaire soutien, ce sera parce que son dressage lui aura appris qu'il doit d'autant plus accélérer son allure que son cavalier tire davantage sur les rênes. L'action du mors est pour lui, je le répète, un simple excitant dont le rôle est analogue à celui de la cravache.

Le fait suivant, rapporté par le célèbre écuyer Fillis, est une preuve évidente de ce qui précède. Un de ses amis, nommé Pascal, possédait deux trotteurs que les deux cavaliers montaient alternativement en luttant de vitesse au trot. Or, pendant quinze jours consécutifs, et bien que changeant de cheval chaque jour, Fillis était régulièrement battu à chaque course. La raison que donnait Pascal de sa supériorité était bien simple : il tirait à plein bras sur les rênes et donnait de violentes saccades sur la bouche, alors que Fillis, habitué aux chevaux bien dressés, ne tirait presque pas. Pascal avait raison ; mais ce qu'il ignorait, c'est que si ses chevaux ne couraient rapidement que lorsqu'on tirait sur leurs rênes, le dressage seul en était cause. Fillis lui en donna une preuve éclatante, en consacrant une quinzaine de jours à habituer ces chevaux à se passer de la traction énergique du mors. Ce fut lui alors, à son tour, qui gagna toutes les courses, en n'exerçant qu'une très légère action sur les rênes. Il les gagnait d'autant plus facilement que le cheval, n'ayant pas à dépenser d'efforts pour lutter contre les mains du cavalier, pouvait consacrer toutes ses forces à accélérer sa vitesse.

La question de soutien à donner au cheval ne résiste donc pas à l'examen. Reste la nécessité de tirer sur les rênes pour faire varier la longueur de l'encolure.

Je ne rechercherai pas ici si ce n'est pas plutôt au cheval qu'à son cavalier à régler la longueur de l'encolure nécessaire pour une allure donnée et j'admettrai la nécessité de pouvoir modifier à volonté avec les rênes la longueur de l'encolure, mais il est absolument évident alors que l'effort à exercer sur le mors doit avoir pour limite exacte la force nécessaire pour que le cheval obéisse. Or, comme un dressage convenable amène le cheval à céder aux plus légères tractions des rênes, « le fort soutien », « l'appui franc », dont nous parlions plus haut, devient un très faible soutien, une traction si légère qu'en tenant les rênes entre deux doigts on dispose d'une force très largement suffisante.

Des raisonnements qui précèdent on conclura

que le but que doit se proposer le cavalier n'est pas du tout de donner un « fort soutien » à la bouche du cheval, mais bien de rendre le cheval assez souple et obéissant pour ne pas avoir du tout besoin de ce fort soutien et céder au contraire aux plus légères tractions des rênes. Il y arrivera vite en observant une règle exactement contraire à celle suivie par la plupart des cavaliers. Au lieu de beaucoup de mains et peu de jambes, ce qu'il faut avoir, surtout, c'est *beaucoup de jambes et peu de mains*. C'est là peut-être un des principes les plus fondamentaux de l'équitation : beaucoup de mains et peu de jambes donnent au cheval un mauvais équilibre, une bouche dure et pas d'obéissance ; beaucoup de jambes et peu de mains rendent le cheval extrêmement obéissant et léger. Il est douteux d'ailleurs que les préceptes qui précèdent arrivent jamais à être suivis par la majorité des cavaliers. Il est beaucoup plus facile pour eux, en effet, d'écouter le conseil d'exercer une « tension constante » sur les rênes car, s'ils ne donnent pas ainsi au cheval le « fort soutien » qu'on suppose, ils se donnent à eux-mêmes un excellent point d'appui pour assurer leur équilibre.

Le cheval habitué à subir cette forte traction des rênes ne sera jamais un animal dressé, ce sera toujours une lourde bête portée sur son avant-main, disposée aux chutes ou à l'emballement et sur laquelle son cavalier n'a aucune puissance.

La tension habituelle des rênes a du reste bien d'autres inconvénients, mais comme ils sont fort bien indiqués dans l'ouvrage du général de Hohenlohe (1), je me bornerai à reproduire ce passage pour l'édification des écuyers qui répètent sans cesse à leurs élèves « de bien tenir leurs chevaux ».

Voici, suivant l'auteur, les inconvénients de la tension habituelle des rênes.

1° Le cheval ne peut se développer, s'étendre, chercher l'endroit où il veut poser ses pieds. On lui enlève dès les débuts son initiative, on le rend systématiquement peu sûr.

2° Aux allures vives la bouche du cheval s'égare, le cheval est gêné dans son équilibre.

3° Le cavalier perd la position, l'assiette. Il a la main trop en avant, il contracte le côté gauche et penche le corps vers la droite.

4° Les chances de chute sont augmentées. Chaque fois

(1) *Entretien sur la cavalerie*, par le général prince de Hohenlohe, aide de camp général de l'empereur d'Allemagne, 1887.

qu'un cheval butte, il s'étale sur les jambes de devant et étend l'encolure pour ne pas tomber. Or il est gêné dans ces mouvements si les rênes sont trop courtes. De son côté le cavalier est attiré en avant et ne peut pas, comme il le devrait, faire une retraite de corps et décharger l'avant-main du cheval.

5° L'instinct du cheval n'est plus éveillé, l'animal devient inintelligent et maladroit, le cavalier devient craintif et timide, il perd la confiance en lui-même et en son cheval.

Le cheval, dit le même auteur dans un autre passage, doit être habitué à se porter lui-même avec les rênes lâches, c'est-à-dire avec un très léger point d'appui et à veiller lui-même à sa sûreté. Que le jeune cavalier apprenne sur le terrain accidenté à s'abandonner en toute confiance au cheval, à s'en rapporter à lui pour la façon de traverser les terrains et à n'employer d'autres aides que les retraites du corps s'il fait une faute. Il reconnaîtra alors ce dont le cheval est capable quand il n'est pas gêné par son cavalier.

Rien n'est plus sage que ces conseils; ils mériteraient d'être gravés en lettres d'or dans toutes les écoles de cavalerie et les manège. Les chevaux ainsi conduits avec peu de rênes ont énormément de perçant, une grande sensibilité de bouche et ce sont ceux qu'il est le plus facile de mettre en main lorsque le besoin s'en fait sentir. Le cheval bien dressé prend du reste le mors de lui-même et conserve sans traction des rênes cette attitude élevée de l'encolure que les

Allemands désignent sous le nom d'attitude de service.

§ 3. — Recherches sur le degré de mobilité ou de fixité que doit avoir la main.

Le lecteur pourra voir dans les instructions du manuel officiel allemand, citées plus loin que l'on revient souvent sur la nécessité pour le cavalier d'une main fixe, et que, pour la rendre plus fixe encore, on oblige l'avant-bras à rester appuyé contre le corps. Cette fixité de la main est considérée comme « la première des conditions d'une conduite régulière ».

On a soin d'ailleurs de bien définir ce qu'on entend par une main fixe : « Une main fixe, disent les instructions, est celle qui ne quitte jamais la place qui lui est assignée. »

La prescription de la main fixe semblera certainement singulière aux écuyers habitués à « prendre et rendre » constamment les rênes, suivant l'expression classique, et surtout à ceux habitués à suivre par des mouvements de va-et-vient assez étendus les mouvements de la tête du cheval.

Le principe de la main fixe classique en Allemagne est professé en France depuis longtemps par un officier qui est un de nos plus habiles écuyers, M. X. Je crois que cet écuyer est peut-être le seul en France qui considère la fixité de la main comme un des principes fondamentaux de l'équitation; mais comme ses chevaux sont admirablement dressés, son opinion est d'un grand poids.

Le principe de la main fixe ne s'applique naturellement que lorsque le cavalier a donné aux rênes, et par conséquent à l'encolure, la longueur choisie par lui pour une allure déterminée. Tant que l'allure ne change pas, la main reste absolument fixe. Veut-on allonger ou ralentir l'allure, on allonge ou on raccourcit les rênes, pour laisser à l'encolure son rôle de gouvernail de l'allure, puis la main redevient fixe.

Loin de conduire d'ailleurs le cavalier à exercer une traction permanente sur la bouche du cheval, comme on pourrait le croire, le principe de la main fixe aurait plutôt pour résultat final le relâchement des rênes, si les jambes du cavalier n'obligeaient pas sans cesse le cheval à venir prendre un léger point d'appui sur le mors (1). Ce point d'appui est léger et moelleux, car c'est le cheval qui le règle lui-même et non plus la main, forcément toujours un peu incertaine, du cavalier. L'écuyer militaire auquel je faisais allusion plus haut, compare la main fixe à un anneau solidement soudé dans un mur, et auquel le cheval serait attaché par une corde. Le premier mouvement de l'animal est de tirer sur la corde pour pouvoir s'échapper. Mais, comme après avoir tiré pendant quelque temps, il finit par se convaincre que l'anneau ne cède pas, et que la traction de la corde est fort gênante, il se rapproche du mur pour la relâcher. Il en serait tout autrement si l'anneau, au lieu d'être fixé au mur, était fixé à un corps mobile, qui finirait par céder. L'animal, constatant alors l'utilité de son effort, continuerait à tirer dessus pour l'entraîner.

(1) C'est là ce que le manuel allemand appelle faire agir les rênes passivement; « les poignets étant tenus immobiles, l'assiette « et les jambes poussent le cheval sur les rênes. On dit dans ce « cas que la rêne agit passivement. »

Il n'y a qu'avec les chevaux dressés qui prennent d'eux-mêmes le mors, que les poignets, toujours d'après le même ouvrage, n'ont pas à agir en marchant. « Avec les chevaux qui s'appuient « sur le mors et pèsent à la main en raidissant l'encolure; il faut « de temps en temps rendre un peu les rênes, puis fermer les « jambes et reprendre un même temps dans les deux poignets. »

L'anneau soudé dans le mur représente la main fixe du cavalier, qui ne se déplace ni en avant ni en arrière, quand elle a donné aux rênes la tension en rapport avec une allure voulue. Toutes les fois que le cheval veut tirer, il éprouve une résistance, et finit bientôt, pour éviter la traction du mors sur les barres, par relâcher un peu son encolure. Bien entendu, à ce moment, le cavalier ne retire pas la main, car le cheval, sentant une résistance, se remettrait à tirer comme dans le cas de l'anneau porté par un corps mobile. La main restant fixe, le cheval sent que, toutes les fois qu'il relâchera un peu son encolure, les rênes deviendront lâches, et qu'il ne sentira plus l'action du mors. Il arriverait même à les maintenir entièrement relâchées, si les jambes ne l'obligeaient à prendre sur le mors le point d'appui léger et moelleux dont je parlais plus haut. Au point de vue physiologique, le résultat est le même que celui obtenu par les cavaliers qui « prennent et rendent constamment ». Au point de vue de la régularité de l'allure, le résultat obtenu par la fixité de la main semble meilleur. Ce qui est incontestable en tout cas, c'est que cette méthode bien que d'un emploi plus difficile qu'on ne pourrait le croire au premier abord, est cependant plus facile à enseigner et à apprendre que la méthode classique. Le cavalier qui réussit à en prendre l'habitude est sûr d'éviter ces à-coups dangereux sur la bouche du cheval qui sont une des pierres d'achoppement de l'équitation. Avec l'enseignement de la main fixe disparaîtraient les subtilités byzantines et en tout cas fort peu précises des professeurs sur la finesse de la main, qu'ils considèrent généralement comme quelque chose de très mystérieux, inaccessible aux profanes.

Je n'ai pas un nombre suffisant d'expériences personnelles à invoquer pour pouvoir démontrer les avantages ou les inconvénients de la main fixe. L'objection la plus sérieuse qu'on puisse y faire est certainement relative à la difficulté qu'il peut y avoir à maintenir la main fixe alors que la longueur de l'encolure du cheval semble varier constamment; mais à cette objection je crois qu'il est possible de répondre par des arguments d'ordre géométrique.

Soit AB' le cou du cheval, $B'C'$ sa tête, A le centre des mouvements de rotation que l'encolure exécute pour amener l'extrémité inférieure de la tête de la position C' dans la position C pendant ses mouvement de balancier. Soient AC et

AC' la longueur des rênes dans les positions extrêmes de la tête. Supposons la main placée en A au centre des mouvements d'oscillation de l'encolure. L'identité des deux triangles ABC, AB'C' prouve qu'en portant alternativement la tête de C en C' et de C' en C, le cheval ne fait pas varier la longueur AC, toujours égale à AC'. Dans ces

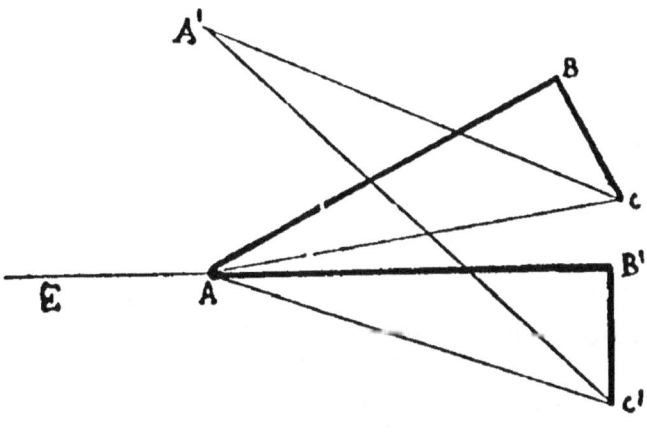

Fig. 3.

conditions, la main peut et même doit rester fixe, car toute autre position que la position en A entraînerait des variations de longueur de rênes qui modifieraient l'allure. Donc, si la main était au centre des mouvements d'oscillation de l'encolure, elle pourrait rester rigoureusement immobile. Mais le plus souvent elle n'est pas au centre de ces mouvements, et nous allons voir que, suivant la position de la main du cavalier, c'est-à-dire suivant qu'il a la main haute ou la main basse, la longueur des rênes devient très variable dans les positions extrêmes que la tête peut occuper, et, par conséquent, que le cavalier serait obligé, dans certains cas, de suivre les mouvements de la tête par un mouvement de va-et-vient de son bras.

Le cas dans lequel les variations de longueur de AC et AC′, c'est-à-dire les variations de longueur des rênes deviennent le plus grandes, se présente quand la main, au lieu d'être placée en A près du garrot, est placé au-dessus, en A′, ce qui est la position du cavalier conduisant avec la main haute. A′C′ correspondant à la position de la tête en C′ a évidemment une longueur beaucoup plus grande que A′C′ correspondant à la position de la tête en C′. D'après des calculs que j'ai effectués, la différence pourrait atteindre 10 centimètres. Dans des conditions semblables, le cavalier ne saurait songer à avoir la main fixe; il devrait se résigner à allonger et à raccourcir les bras constamment pour suivre les mouvements de la tête, ou se résoudre à avoir les rênes tantôt flottantes, tantôt tendues.

Mais il est facile de trouver une position de la main où les variations de position de la tête du cheval ne fassent pas varier sensiblement la longueur des rênes. C'est précisément celle que nous avons recommandée dans cet ouvrage, c'est-à-dire la position de la main basse, presque au contact du pommeau de la selle. Elle n'est pas alors, sans doute, tout à fait au centre du mouvement d'oscillation de l'encolure, mais elle est presque sur la ligne horizontale passant par ce centre, et des considérations de géométrie élémentaire prouvent que si la main est quelque part entre E et A, les variations de longueur des rênes pour les positions extrêmes de la tête sont très faibles. Dans ces conditions, la main peut rester fixe, puisque la longueur de l'encolure ne varie pas.

On pourrait traduire les considérations géométriques qui précèdent par la formule suivante : *La main peut rester d'autant plus fixe, quelles que soient les oscillations de la tête du cheval, qu'elle se rapproche de la ligne horizontale passant par le centre du mouvement d'oscillation de l'encolure. La main doit être d'autant plus mobile qu'elle s'éloigne verticalement de cette même ligne.*

Il n'est pas inutile d'ajouter qu'aux grandes allures l'encolure ne subit qu'exceptionnellement, et seulement avec certains chevaux, les variations extrêmes de position supposées dans la démonstration qui précède. Il suffit d'examiner des chevaux passant dans la rue pour constater que c'est seulement l'allure du pas accéléré que la tête exécute de grands mouvements de balancier. Si le même cheval se met à trotter, sa tête se fixe aussitôt et devient presque immobile. Le cavalier n'a donc aucune raison de déplacer sa main.

Je n'ai examiné, dans ce qui précède, que la possibilité d'avoir la main fixe au pas et au trot. Au galop, ou du moins à certains galops, la fixité de la main semble plus difficile à obtenir. Alors même que la tête du cheval ne se déplacerait pas, le corps du cavalier est obligé, à moins d'une habileté exceptionnelle, d'osciller un peu en avant et en arrière aux divers temps du galop. Le manuel allemand, si exigeant pour la fixité de la main, ne la recommande pas au galop allongé. Voici du reste comment il s'exprime :

« Au galop allongé, le cavalier ne fera pas agir les poignets, mais les laissera suivre les mouvements du cheval, afin que celui-ci puisse s'étendre à chaque battue de galop et rester cependant dans les rênes. Le cavalier sera ainsi maître de son cheval et se réservera la faculté de l'arrêter à tout instant, tout en pouvant soit allonger la foulée au moyen d'une pression plus énergique des jambes, soit la raccourcir avec les poignets, qui suivront le reflux du poids en arrière et de concert avec l'assiette forceront l'arrière-main à s'infléchir. »

CHAPITRE III.

ROLE ET MANIEMENT DES AIDES CHEZ LE CHEVAL SOMMAIREMENT DRESSÉ.

§ 1. *Variations produites dans la puissance du cavalier par la position du mors et le plus ou moins d'obliquité des rênes*. Influence du mors et de la gourmette. Expériences dynamométriques. Force nécessaire pour arrêter le cheval aux diverses allures. — § 2. *Influence de l'angle sous lequel se fait la traction des rênes*. Recherches géométriques. Expériences dynamométriques. Influence de la position des bras sur la force dont dispose le cavalier sur la bouche du cheval. — § 3. *Influence de la tenue des rênes et de la façon de les manier*. Tenues diverses des rênes. Centres des mouvements du cavalier. Expériences sur le raccourcissement des rênes obtenu par rotation du poignet. — § 4. *Influence de l'élévation et de l'abaissement des mains sur le mors*. Erreurs des opinions généralement professées sur ce point. Démonstration géométrique.

Les observations contenues dans le chapitre précédent ne s'appliquent qu'au cheval bien dressé, monté par un cavalier également bien dressé, mais ce sont là deux cas en réalité exceptionnels ; la plupart des chevaux qu'on rencontre en France aujourd'hui sont des animaux sommairement dressés, n'obéissant qu'à des tractions énergiques dela main et auxquels on n'a pas appris à comprendre l'action des jambes. Il est donc utile de connaître quels sont les meilleurs moyens d'augmenter la puissance du cavalier sur eux, et c'est surtout à ce genre de recherches que sera consacré ce chapitre. Elles seront faites au point de vue du cavalier ordinaire sachant se servir passablement de sa main, très peu de ses jambes, et obligé de remplacer l'habileté par la force. Nos expériences montreront les conséquences variées et parfois inattendues qui peuvent résulter de la façon dont les rênes sont maniées.

§ 1. — **Variations produites dans la puissance du cavalier par la position du mors et le plus ou moins d'obliquité des rênes.**

Le mors constitue une des principales ressources dont le cavalier dispose pour diriger et surtout arrêter le cheval; la façon dont il est placé et manié permet au cavalier de faire varier dans des limites étendues la puissance qu'il possède sur l'animal. Ces limites n'ayant été l'objet d'aucune recherche numérique, nous avons essayé de les déterminer par l'expérience.

Le cheval de selle est, comme on le sait, conduit avec deux mors, l'un formé de deux tiges cylindriques reliées par une sorte de charnière et qu'on nomme mors de filet. Il agit surtout sur les commissures des lèvres et tend à relever la tête de l'animal. Son action est très douce, relativement faible, ce qui permet aux cavaliers peu expérimentés de le manœuvrer brusquement sans provoquer de défenses. La façon dont on le place ne peut pas faire varier dans de grandes limites la puissance du cavalier sur la bouche.

Le mors de bride a une action tout autrement considérable que celle du mors de filet. On peut le considérer comme un levier permettant de multiplier la force du cavalier. Il est constitué par une pièce rigide nommée *embouchure*, comprenant deux extrémités horizontales nommées *canons*, reliées par une arcade nommée *liberté de langue*. Chaque extrémité externe des canons est soudée à une branche verticale dont la partie supérieure est attachée à une bande de cuir nommée *montant de la bride*, et la partie inférieure aux extrémités des rênes de bride.

Le mors de bride se place dans la bouche, sur une région dépourvue de dents, nommée les barres, comprise entre les dents nommées crochets et les molaires. On le pose habituellement à un ou deux travers de doigts des crochets ; mais, comme la région dépourvue de dents est assez longue, la place du mors peut varier beaucoup : c'est là un premier point fondamental à noter.

Si le mors de bride se bornait aux pièces qui viennent d'être énumérées, il n'aurait pas sur la bouche du cheval une action bien supérieure à celle du mors de filet. Pour augmenter sa puissance, on le transforme en levier au moyen d'une chaînette de métal, nommée *gourmette*, passant sous la mâchoire et s'attachant aux branches du mors. Elle est formée d'anneaux qu'on accroche plus ou moins haut, ce qui permet de faire varier sa tension et ses effets, second point fondamental à noter.

Tout étant ainsi disposé, aussitôt que le cavalier tire sur les rênes, les branches du mors tendent à basculer et à exercer sur la bouche une pression qui dépend : 1° de la longueur des grandes branches du mors, longueur invariable et qui n'est pas à examiner ici, puisque le cavalier ne peut la modifier; 2° de la position plus ou moins avancée du mors sur les barres ; 3° de la tension de la gourmette. — Le cheval éprouvant une douleur plus ou moins vive sur les barres, tend à s'y soustraire en fléchissant la tête, entr'ouvrant la mâchoire et s'arrêtant, puis en se cabrant ou en reculant si la traction continue.

Avec un cheval un peu dressé, une indication, si légère qu'elle soit, suffit, grâce à l'éducation qu'il a reçue ; mais il en est tout autrement avec le cheval mal dressé. C'est sur celui-ci que la façon d'emboucher l'animal a une importance fondamentale pour la sûreté du cavalier.

Admettons le mors bien proportionné à la bouche du cheval, c'est-à-dire assez large pour ne pas dépasser les lèvres de plus de quelques millimètres, et voyons successivement les effets : 1° de la tension de la gourmette ; 2° de la position du mors.

Supposons d'abord la gourmette très relâchée. Dans ce cas, aussitôt qu'on tirera sur les rênes, les grandes branches se placeront perpendiculairement aux montants de la bride, l'instrument n'agira plus comme levier, mais simplement ou à peu près comme le mors de filet.

Supposons maintenant la gourmette très serrée. Dans ce cas, lorsqu'on agira sur les rênes, les branches du mors ne formeront aucun angle avec les montants de la bride ; elles resteront dans leur prolongement. Le mors aura alors son maximum de puissance ; mais comme il agirait d'une façon constante sur les barres et que, par conséquent, suivant des lois physiologiques bien connues, leur sensibilité s'émousserait très vite, son emploi sous cette forme serait dangereux d'abord, en provoquant des défenses de l'animal, puis inutile ensuite.

En pratique, on place la gourmette de façon à ce que les grandes branches du mors fassent un angle intermédiaire entre les deux angles que nous venons d'indiquer (angle 0° et angle 90°), c'est-à-dire un angle de 45°, avec les montants de la bride.

Les grandes branches du mors peuvent donc, suivant la position de la gourmette, occuper des positions très variées, et ce sont ces positions intermédiaires que le cavalier doit régler suivant la sensibilité et le dressage du cheval.

Mais l'action du mors ne dépend pas seulement de la position de la gourmette, elle dépend aussi, comme nous l'avons dit, de l'abaissement plus ou moins grand du mors dans la mâchoire. Placé très près des crochets, c'est-à-dire très près de l'extrémité inférieure de la bouche, son action est beaucoup plus grande que si on le place très loin de cette extrémité, c'est-à-dire près des molaires. Il en est ainsi, non seulement parce que la sensibilité de la bouche paraît généralement plus grande dans sa partie inférieure, mais surtout parce que, dans le premier cas, on agit le plus loin possible de l'articulation des mâchoires, c'est-à-dire à la plus grande extrémité possible du levier qu'elles forment par leur articulation.

Les expériences dynamométriques qui suivent indiquent dans quelles limites ces diverses façons d'emboucher le cheval peuvent faire varier la puissance du cavalier (1).

Nos expériences ont porté principalement sur trois chevaux représentant à peu près les trois variétés qu'on peut être appelé à rencontrer : 1° cheval presque dressé; 2° vieux cheval de manège à bouche moyenne; 3° cheval de voiture mis depuis peu de jours à la selle.

J'ai mesuré successivement la force nécessaire

(1) J'ai été aidé dans ces difficiles expériences par un obligeant écuyer, M. Lafay, que je remercie de son assistance.

pour arrêter uniquement avec les mains ces animaux au trot et au galop : 1° avec le mors placé très bas et la gourmette bien serrée ; 2° avec le mors très haut et la gourmette peu serrée.

Le cheval à peu près dressé ne figure dans le tableau que comme terme de comparaison, comme unité, si je puis m'exprimer ainsi ; mais certainement les chiffres donnés pour cette unité, si faibles qu'ils soient, sont encore trop forts. Le cheval dressé, s'arrêtant à la moindre indication, il n'est possible d'obtenir de résultats au dynamomètre qu'en essayant de tromper l'animal sur les intentions du cavalier, par exemple en le poussant en avant avec les jambes en même temps qu'on le retient avec les rênes. Même dans ces conditions peu naturelles, la force de traction a toujours été très faible, alors qu'avec les autres chevaux elle a été très forte :

1° *Cheval à peu près dressé* : Embouchure moyenne, c'est-à-dire branches du mors s'inclinant à 45° pendant la traction des rênes.

	Force nécessaire pour arrêter le cheval.	
	avec la bride.	avec le filet seulement.
Au trot..................	1 kilog.	3 kilog.
Au galop moyen...........	2 —	6 —
Au grand galop	6 —	15 —

La force déployée dans tous les cas pour arrêter ce cheval est très faible et au-dessous de celle que pourrait déployer une main d'enfant. Un tel cheval doit donc être embouché fort légèrement.

2° *Vieux cheval de manège :* Embouché comme le précédent.

	Force déployée pour arrêter le cheval en ne se servant que de la bride.
Au trot........................	12 à 15 kilog.
Au petit galop.................	13 à 16 —
Au grand galop.................	29 à 35 —

Nous arrivons ici à un déploiement de force déjà grand pour un cavalier de force musculaire moyenne, et supérieur à ce que pourraient déployer beaucoup de femmes et d'enfants. Un tel cheval commencerait donc à devenir dangereux aux grandes allures s'il n'était pas embouché beaucoup plus sévèrement qu'on ne le fait habituellement.

3° *Cheval carrossier de huit ans,* mis à la selle seulement depuis quelques semaines. Animal très doux :

	Force nécessaire pour arrêter le cheval en ne se servant que de la bride et suivant la façon dont il est embouché.	
	Mors très bas, et gourmette serrée.	Mors très haut, et gourmette lâche.
Au trot ou au petit galop..	28 à 32 kilog.	50 à 60 kilog.
Au grand galop	30 à 35 —	60 à 70 —

4° *Force de traction que peut déployer un individu assez vigoureux en tirant sur un mors fixé à un mur, dans les conditions où le cavalier se trouve en étant à cheval :*

58 à 65 kilogrammes :

Les deux expériences comparatives, n° 3, sur

le cheval carrossier mis à la selle, mettent en évidence les effets de l'embouchure. Il a suffi de varier la position du mors et le serrage de la gourmette pour faire baisser de moitié la force nécessaire pour arrêter l'animal.

Cette force — dans le cas d'embouchure insuffisante — était énorme et dépassait notablement, comme le montre l'expérience n° 4, la force que peut dépenser, et encore pendant un temps très court, un cavalier de vigueur moyenne. Supposons un médiocre cavalier sur un tel cheval. On revient de la promenade; le cavalier, qui a constaté que l'animal était très doux, essaye un petit temps de galop. Pas bien sûr de son assiette, il serre les mollets avec énergie, ce qui détermine naturellement une accélération rapide de l'allure. Inquiet, le cavalier se pend aux rênes pour arrêter le cheval; mais comme il ne dispose que d'une force de traction insuffisante, que d'ailleurs il continue de se cramponner avec ses mollets aux flancs de l'animal, celui-ci continue à se diriger d'un train précipité vers l'écurie. Persuadé que son cheval est emballé, le cavalier se croit perdu, renonce à se servir des rênes, et pour peu qu'il n'ait pas de sang-froid, saute ou tombe à terre, et se casse généralement quelque chose, la tête fréquemment.

Le prétendu emballement des chevaux de manège, quand ils reviennent à l'écurie, n'a pas, neuf fois sur dix, d'autre cause que la façon défectueuse dont ils sont embouchés, et serait prévenu par un embouchage qui rendrait leur bouche plus sensible. Lorsqu'on monte un cheval inconnu, en voyage par exemple, la première chose à faire est de se rendre compte de l'état de sa bouche, et de la façon dont il est embouché. Autant une embouchure sévère est nécessaire pour les chevaux ayant la bouche dure — et ce sont les plus communs — autant elle serait dangereuse avec des chevaux ayant la bouche fine. Dans ce dernier cas, le cavalier inexpérimenté a d'ailleurs une ressource sûre, c'est de ne se servir que des rênes de filet et de ne toucher qu'exceptionnellement à celles de bride.

§ 2. — Influence de l'angle sous lequel se fait la traction des rênes.

Nous venons de voir que la façon de placer le mors dans la bouche fait varier la puissance du cavalier du simple au double. Nous allons voir que cette force varie encore suivant la direction dans laquelle se fait la traction des rênes, c'est-à-dire suivant l'angle β que font les rênes avec les montants de la bride et, par conséquent, avec l'axe de la tête. Cet angle β dépend de la position des mains du cavalier; il diminue ou grandit suivant qu'il a les mains hautes ou les mains basses.

On sait, en mécanique, que la direction suivant laquelle agit la puissance sur les bras d'un levier a une importance considérable. Plus cette direction est oblique, plus il y a de force perdue. Ce n'est que quand la puissance est perpendiculaire au levier qu'elle produit son maximum d'action. En supposant, bien entendu, la force initiale identique, la direction dans laquelle les rênes auront le plus de puissance sur la bouche sera celle où les rênes seront perpendiculaires à l'axe de la tête. Leur puissance diminuera à mesure que leur obliquité augmentera.

Il est aisé de traduire exactement en chiffres la réduction de puissance du cavalier, suivant l'angle sous lequel se fait la traction des rênes. Nous ne considérerons, pour simplifier la démonstration, que les rênes de filet. Désignons par AC la ligne diagonale formée par une rêne, appelons β l'angle que fait cette ligne avec l'axe de la tête, assez bien représentée par le montant de la bride. Conformément à des principes de mécanique bien connus, la traction exercée par le cavalier suivant la ligne AC peut se décomposer en deux composantes. L'une dirigée suivant l'axe de la tête et proportionnelle au cosinus de β est à peu près perdue pour l'arrêt, puisqu'elle ne sert qu'à relever la tête du cheval; l'autre, que nous nommerons AD, perpendiculaire à l'axe de la bouche, est la seule utile et par conséquent la seule à considérer. Sa puissance est évidemment exprimée par la relation suivante :

$$AD = AC \sinus \beta,$$

formule qui peut se traduire par la loi suivante :

L'action exercée par une force donnée sur la bouche d'un cheval est réduite proportionnellement au sinus de l'angle formé par la direction des rênes avec l'axe de la tête de l'animal.

La formule précédente montre que quand l'angle β est de 45°, direction habituelle chez la plupart des cavaliers, et très suffisante d'ailleurs avec un cheval bien dressé, la force des mains du cavalier est réduite d'un tiers. En passant de cette position à celle où les rênes sont perpendiculaires aux montants de la bride, sa puissance augmente d'un tiers, et la composante verticale s'annule; ce qui veut dire que toute la force déployée par le cavalier est utilisée pour arrêter le cheval. On peut donc instantanément, et par le fait seul qu'on change la direction angulaire des rênes, accroître d'un tiers la puissance qu'on exerce sur la bouche d'un cheval. Sur un animal emporté ou sur un cheval qu'il faut arrêter brusquement devant un obstacle, il est très utile de savoir augmenter à volonté la force dont on dispose. L'indication est surtout précieuse pour le cavalier arrivé à la limite extrême de son effort.

Le cheval sait parfaitement réduire l'angle β de façon à annuler les efforts de traction du cavalier. C'est ce qu'il fait en mettant la tête horizontale, c'est-à-dire en portant le nez au vent comme on le dit vulgairement. Dans ces conditions, la puissance de traction du cavalier est réduite à peu près à rien, et il est inutile de continuer à tirer avant d'avoir réussi à ramener la tête dans une position voisine de la verticale.

Le cheval possède encore un autre moyen d'annuler l'action du mors sans réduire l'angle β, mais, au contraire, en l'augmentant. Il lui suffit de ramener la mâchoire inférieure contre le poitrail par une inflexion exagérée du cou. On dit alors, en langage équestre, qu'il s'encapuchonne. Dans ces conditions, la mâchoire inférieure et même les branches du mors étant appuyées contre le poitrail, le cavalier n'a plus d'action sur la bouche de l'animal jusqu'à ce qu'il ait réussi à lui relever la tête.

La démonstration qui précède prouve que c'est avec raison que, dans la plupart des cavaleries de l'Europe, on exige que le cavalier tienne les mains le plus bas possible, c'est-à-dire presque au contact de la selle. Cette prescription est due, je crois, à d'autres motifs que la raison indiquée plus haut; mais peu importe son origine, puisqu'elle est excellente. Ce n'est plus guère que dans nos manèges civils que l'on voit les écuyers enseigner à leurs élèves à arrêter leurs chevaux en exerçant des tractions les mains hautes (1).

(1) Voici la définition de l'arrêt, telle que je la trouve dans un livre d'équitation tout récent : « Tirer également et progressivement les deux rênes en rapprochant les poignets du haut

6.

Nous venons de voir que l'obliquité des rênes relativement à l'axe de la tête du cheval, réduit la puissance que le cavalier peut exercer sur le mors; mais on pourrait objecter que cette perte est compensée par une plus grande puissance musculaire résultant de la position des bras. Les muscles du bras et de l'épaule ont, en effet, des puissances variables suivant la direction donnée aux os sur lesquels agissent ces muscles. Il importe donc de vérifier cette objection, et de la vérifier autrement que par la théorie. Or nos expériences vont nous montrer que c'est précisément en mettant les bras dans la position nécessaire pour la traction horizontale, que les muscles possèdent leur maximum de puissance. Il en résulte qu'alors même que les raisons mécaniques invoquées n'existeraient point, les raisons physiologiques prouveraient la nécessité de cette position des rênes, lorsqu'on est obligé d'exercer une forte traction sur la bouche d'un cheval.

Dans cette traction horizontale, les bras, ou plutôt les avant-bras, peuvent occuper deux

du corps, sans écarter les coudes. » Il résulte de nos explications que c'est de la façon presque exactement contraire qu'il faut le plus souvent opérer.

positions fort différentes. Supposons les rênes tenues à deux mains de chaque côté du cou, dans la position dite à l'anglaise. Le bras et l'avant-bras peuvent alors être placés de façon à former une ligne verticale continue perpendiculaire à la bride. Nos expériences prouvent que, dans ce cas, la puissance du cavalier serait assez faible. Le cavalier peut, au contraire, laissant ses bras fixés verticalement contre le corps, fléchir ses avant-bras de façon à ce que ces derniers fassent avec les bras un angle un peu supérieur à 90° (suivant la taille du cavalier, la hauteur de l'encolure, etc.). Dans cette position, les rênes peuvent être presque horizontales, et le cavalier donne son maximum de puissance.

Voici d'ailleurs les résultats des expériences. Elles ont été faites en fixant les rênes à un mur et en plaçant le cavalier exactement dans la position qu'il occupe à cheval :

Influence du degré d'obliquité des rênes et de la position des avant-bras sur la force dont dispose le cavalier sur la bouche du cheval.

1. Traction perpendiculaire à l'axe de la tête : bras vertical, avant-bras faisant un angle d'environ 90° avec le bras. — Puissance de la traction . . . . 54 kil.

2. Traction perpendiculaire à l'axe de la tête :
bras et avant-bras sur une ligne verticale,
c'est-à-dire avant-bras non fléchi . . . . . . 31 —
3. Traction oblique, c'est-à-dire sur des rênes
inclinées à 45°; position habituelle du cavalier
qui arrête un cheval avec les mains hautes. 39 —

Dans la position 1, le cavalier présente, conformément d'ailleurs aux données théoriques du calcul, une puissance de près d'un tiers plus grande que dans la position 3.

§ 3. — Influence de la tenue des rênes et la façon de les manier.

Nous avons, dans ce qui précède, raisonné à un point de vue tout à fait mathématique, comme si nous opérions sur des appareils mécaniques insensibles; mais il n'en est pas ainsi de la bouche du cheval. C'est un organe fort sensible, soumis pour cette raison à certaines lois physiologiques qui peuvent parfaitement contrarier l'effet des lois mécaniques. C'est ainsi par exemple, qu'un cheval qui sera amené aisément à supporter une traction de 40 kilogrammes sur la bouche, si cette traction est faite d'une façon progressive, ne supportera pas sans défense dangereuse une traction moitié moindre faite brusquement. Le maniement intempestif des forces dont le cavalier dispose est une des sources de danger les plus sérieuses. Il est donc intéressant de rechercher quels sont les moyens qui permettent de manier ces forces le plus utilement possible.

A ce point de vue, la façon de tenir les rênes a certainement de l'importance; mais cette importance dépend elle-même de trop de facteurs pour que l'on puisse la traduire en chiffres, et nous sommes obligés de l'examiner en nous guidant surtout sur des principes physiologiques.

D'une façon générale, on peut dire qu'il n'y a pas de tenue de rênes absolument supérieure dans tous les cas à une autre, parce que, en réalité, la tenue des rênes doit varier suivant le degré d'éducation du cheval et du cavalier. Les diverses tenues se ramènent, d'ailleurs, à deux types fondamentaux : l'ancienne tenue à la française, et celle à l'anglaise.

La tenue des rênes à la française n'exige l'emploi que d'une seule main : les rênes de bride sont séparées par le petit doigt de la main gauche, et celles du filet passent par-dessus, réunies entre le pouce et l'index.

La tenue des rênes dite à l'anglaise (1) se fait à deux mains; chaque main tient une rêne de bride et une rêne de filet séparées par le petit doigt.

La tenue à la française n'est applicable qu'aux chevaux bien dressés. C'est la seule qui permette de séparer nettement, et surtout de faire alterner l'action des rênes de bride et de filet, soit en les tenant dans la même main, soit en séparant dans une main les deux rênes de bride, et dans l'autre main les deux rênes de filet, ce qui permet des effets alternatifs très puissants.

La tenue à l'anglaise est excellente pour les chevaux mal dressés ou peu sûrs, et pour le dressage. Elle permet, en outre, de réunir très rapidement toutes les rênes dans une seule main ; mais elle ne permet que difficilement l'emploi séparé des rênes de bride et de filet, et pas du tout leur emploi alternatif et successif. C'est la méthode à recommander à tous les débutants ou au cavalier qui monte un cheval inconnu.

(1) Je mets « dite » à l'anglaise, parce que cette tenue, très employée en France aujourd'hui, n'est pas adoptée par la cavalerie anglaise.

La tenue des rênes dite à l'allemande, est définie de la façon suivante dans l'instruction officielle dont j'ai plusieurs fois parlé.

Fig. 4. — Tenue réglementaire des rênes et position des jambes du cavalier. (D'après le *Manuel d'équitation de la cavalerie allemande*.)

« Le cavalier sépare les rênes de bride avec le troisième doigt de la main gauche, leurs extrémités descendant le long de l'épaule droite du cheval, après être venues passer sur la phalange moyenne de l'index. Il tient les rênes du filet à pleine main par le milieu, par-dessus les rênes de bride. »

C'est à tort qu'on répète dans plusieurs livres, et notamment dans l'ouvrage : *Réponses au questionnaire d'équitation de l'École d'application de cavalerie* (Saumur, 1890), que « cette méthode a le grand inconvénient d'embarrasser les deux mains ». Il n'y a qu'à jeter les yeux sur le texte du traité d'équitation allemande cité plus haut, ou simplement sur les planches de l'ouvrage (pl. 3, t. II, *attitude de service,*) ou encore sur la figure de la page précédente, pour voir que les cavaliers, en dehors des exercices de manège, conduisent d'une seule main.

Quelle que soit la tenue des rênes, ce qui importe surtout, c'est la façon plus ou moins progressive dont elles sont maniées. Chaque à-coup sur la bouche d'un cheval un peu sensible est l'équivalent d'un coup d'éperon et le point de départ d'un désordre.

Le maniement des rênes est une des principales difficultés de l'équitation, mais en même temps une de celles où l'enseignement du professeur, si peu utile en général, peut avoir de l'influence. Il s'en faut de beaucoup, malheureusement, que dans nos manèges cet enseignement si important soit donné correctement.

Les conseils classiques se ramènent à ceci : conserver le coude au corps, l'avant-bras bien en avant, « tirer sur les rênes de bas en haut en rapprochant la main du haut du corps ».

Il y a, sans doute, bien des façons maladroites d'agir sur la bouche d'un cheval, mais celle que je viens d'indiquer est de beaucoup la plus maladroite, et c'est certainement à de tels conseils que les élèves doivent d'avoir la main aussi dure et les mouvements aussi saccadés.

Les conséquences fâcheuses de ces prescriptions sont faciles à énumérer. Les coudes serrés contre le corps font remonter les épaules, et donnent à la main, dans la tenue des rênes d'une seule main, une position oblique relativement à l'axe du cheval ce qui amène invariablement la dissymétrie du cavalier et du cheval. Les bras en avant accroissent la tendance du cavalier à se pencher sur le cou de l'animal, ce qui surcharge son avant-main ; enfin, le cavalier qui tire sur les rênes de bas en haut ne pouvant le faire, à moins d'une très grande habitude, que d'une façon saccadée, inflige sans cesse des à-coups à la bouche du cheval. Les forces agissantes, en effet, sont produites au niveau de l'épaule ou du coude, c'est-à-dire à l'extrémité d'un grand bras de levier dont les mains forment l'autre extrémité. On conçoit aisément que, dans des conditions pareilles, il faille un très long exercice pour arriver à produire avec la main des mouvements progressifs et non saccadés.

Des considérations théoriques, vérifiées d'ailleurs par l'expérience, m'avaient conduit depuis longtemps à une façon d'agir sur les rênes entièrement différente. Il m'avait été facile de constater que, pour avoir des mouvements progressifs, il faut que le centre de ces mouvements soit au niveau de l'articulation du poignet, et non au niveau de l'articulation du coude, moins encore au niveau de celle de l'épaule. Or il s'est trouvé que ma théorie, — d'ailleurs déclarée absurde par les écuyers de manège à qui j'essayais vainement d'en faire comprendre les avantages, — est précisément celle que l'on suit aujourd'hui dans l'armée allemande. Elle est l'antipode du système préconisé dans nos manèges. Loin d'être fixés au corps, les coudes doivent en être détachés ; loin d'être portés en avant, les avant-bras sont ramenés contre le corps et appuyés contre lui ; la main est très basse et non pas très haute ; de plus, — et ceci est la partie tout à fait essentielle, — la traction sur les rênes, au lieu d'être produite par des mouvements de retrait de l'avant-bras, l'est uniquement par des mouvements de rotation et de torsion du poignet, *l'avant-bras restant toujours appuyé contre le corps.* Dans ces conditions, les mouvements brusques, que déterminent les retraits de l'avant-bras par la méthode ordinaire, sont impossibles, et le cavalier acquiert rapidement par cette pratique la légèreté de main qu'on ne rencontre pour ainsi dire jamais chez les élèves de nos manèges.

Ce point est d'ailleurs si important, que je crois utile de reproduire le texte même du règlement allemand :

« La conduite régulière du cheval repose sur les conditions suivantes : toutes les tensions de rênes seront exécutées peu à peu par torsion de l'articulation du poignet... Les deux rênes devront agir avec ensemble, *l'avant-bras gardant le contact avec le ventre et le poignet restant à sa hauteur première.* A une main fixe correspond une assiette fixe. » (T. Ier, p. 11.)

Pour l'arrêt, l'*Instruction* donne les indications suivantes :

« Faire exécuter au poignet, sur son articulation et d'avant en arrière, une torsion en forme de vis, en rapprochant les articulations moyennes des doigts du ventre du cavalier et remontant les petits doigts. Cette torsion du poignet raccourcira les rênes également. » (T. Ier, p. 108.)

L'*Instruction* revient fréquemment sur ce principe fondamental que :

« Dans tous les mouvements de la main, l'avant-bras doit rester appuyé contre le corps. L'observation de cette règle rendra la main du cavalier tranquille et fixe, la première des conditions principales d'une conduite régulière. » (T. Ier, p. 108.)

L'origine de la façon d'agir sur les rênes encore enseignée dans nos manèges est assez facile à déterminer. Le mouvement le plus simple qui se présente à l'esprit pour arrêter un cheval est de tirer d'avant en arrière et de bas en haut sur les rênes, en mettant d'abord les bras le plus en avant possible pour avoir le plus de recul possible. Ce qui se présente beaucoup moins à l'esprit, et ce qui n'est pas surtout à la portée d'un écuyer quelconque, c'est que la rotation du poignet donnerait le même raccourcissement des rênes, et cela d'une façon progressive et non saccadée.

Les expériences suivantes justifient la dernière des propositions qui viennent d'être énoncées relativement au raccourcissement des rênes :

Raccourcissement des rênes obtenu par simple rotation du poignet.................................. 0^m,12
Raccourcissement des rênes obtenu par rotation et torsion du poignet.................................. 0^m,20
Raccourcissement des rênes obtenu par élévation complète des mains vers le haut du corps, suivant la méthode des manèges........................ 0^m,25

La réduction de longueur des rênes par rotation et torsion du poignet est donc à peine inférieure à la réduction obtenue par l'élévation des poignets, en supposant même ces derniers élevés jusqu'à toucher le menton. D'ailleurs les 20 centimètres de raccourcissement, obtenus sans élévation du poignet, donnent sur la bouche, — abstraction faite des avantages produits par un mouvement progressif, — un effet bien supérieur à la réduction de 25 centimètres obtenue en élevant les poignets jusqu'au menton. Dans ce dernier cas, en effet, la traction se fait obliquement, direction dont nous avons montré plus haut les inconvénients.

§ I. — Influence de l'élévation et de l'abaissement des mains sur le mors.

Les premiers écuyers qui ont prescrit l'arrêt du cheval par l'élévation des poignets sont sans doute partis de ce principe, que l'élévation des mains détermine un accroissement de la distance qui sépare la main de la bouche ce qui équivaut naturellement au raccourcissement des rênes. Il s'en faut le plus souvent qu'il en soit ainsi; et nous allons le démontrer.

Supposons donc que le cavalier ait invariablement fixé ses rênes entre les doigts à une longueur donnée, et recherchons les effets de l'élévation des mains sur le mors du cheval. Deux cas peuvent se présenter : le cheval a l'encolure horizontale, ou, au contraire, élevée. Nous allons voir que, suivant ces deux cas, les effets de l'élévation des mains seront fort différents.

Supposons d'abord l'encolure horizontale. Soit AB' cette encolure, et $B'C'$ la tête, et admettons la main aussi basse que possible, c'est-à-dire sur la ligne EA, en A par exemple. Levons maintenant la main verticalement, de façon à la faire passer de la position A à la position A'. $A'C'$ étant visiblement plus grand que AC', la distance entre le mors et la main est accrue. Cela revient évidemment à un raccourcissement des rênes, ou, si l'on veut, à une traction sur elles, et par conséquent à l'obligation pour le cheval de s'arrêter. Le raccourcissement est même assez grand. Le moyen indiqué dans les livres d'arrêter le cheval par élévation de la main serait donc en apparence excellent.

Il ne l'est qu'en apparence, car un examen plus attentif va nous montrer que le plus souvent il n'y a pas de raccourcissement du tout. Nous avons supposé, en effet, que le cheval avait l'encolure tout à fait horizontale, ce qui est évi-

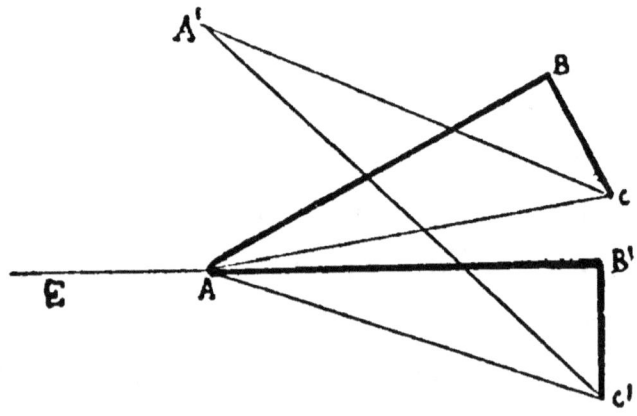

Fig. 5.

demment l'exception. Le plus souvent son encolure occupera une position voisine de BC. Or, dans ces conditions, des considérations géométriques élémentaires prouvent que AC et A'c ont des longueurs presque égales. Par conséquent, en passant de A en A' la main n'exerce aucune action sur le mors. Pour qu'elle en exerçât une un peu sensible, il faudrait l'élever jusqu'aux yeux, ce qui serait assez peu pratique.

Comme conclusion générale de ce qui précède nous voyons que l'élévation des mains n'a d'effet que sur le cas exceptionnel du cheval ayant l'encolure tout à fait horizontale. Cette élévation du mors constitue alors un bon moyen d'obliger l'animal à relever la tête, seul recours qu'il possède pour se soustraire à la traction sur le mors consécutive à l'élévation de la main. Mais, ainsi que nous venons de le démontrer, l'élévation de la main n'exerce aucune action sur le mors quand l'encolure n'est pas horizontale, c'est-à-dire dans la majorité des cas.

Si malgré la démonstration précédente le cheval s'arrête généralement quand on élève la main, c'est que cette élévation constitue pour lui un langage conventionnel auquel il obéit; de même qu'il tourne à droite quand on frôle son encolure avec la rêne gauche. Il obéit à ce langage parce qu'il le veut bien, mais il n'y est pas forcé comme il l'est lorsqu'on exerce une traction réelle sur le mors.

Je dois répéter encore en terminant que toutes les démonstrations contenues dans ce chapitre ne s'appliquent qu'au cheval ordinaire sommairement dressé, c'est-à-dire au cheval porté sur l'avant-main et mal équilibré qu'on rencontre habituellement. Chez le cheval dressé en haute école, l'élévation des mains est pour lui un langage conventionnel avec lequel on modifie à volonté son équilibre. Si on élève un peu le filet, l'animal reporte son poids sur l'arrière-main ; si en même temps on l'oblige avec les jambes à engager ses jarrets sous le centre, il suffit d'une très légère action sur le mors de bride pour que le changement d'équilibre amène l'arrêt. Chez le cheval ainsi dressé l'élévation verticale de la main est souvent fort utile pour l'obliger à opérer très haut la flexion de son encolure. En descendant ensuite verticalement le poignet et tirant un peu sur la bride on obtient la flexion de la mâchoire. Si, dans cette position, les poignets restant fixes, on pousse l'animal avec les jambes on obtient l'engagement des postérieurs, c'est-à-dire le rassemble avec élévation de l'avant-main et flexion de la nuque.

On voit que ce maniement délicat des rênes chez un cheval finement dressé est fort différent des effets obtenus par l'élévation pure et simple des mains chez le cheval ordinaire. Pour ce dernier les démonstrations qui précèdent subsistent tout entières.

CHAPITRE IV.

DE LA DURÉE DU CHEVAL, SUIVANT LE DEGRÉ DE DRESSAGE DE L'ANIMAL ET DE SON CAVALIER.

Durée du cheval dans diverses cavaleries de l'Europe. — Documents statistiques. — Importance des économies budgétaires réalisées par le dressage. — Tableau des causes d'usure prématurée du cheval.

Nous avons consacré deux chapitres à étudier le maniement du cheval, suivant qu'il a été bien dressé ou sommairement dressé. Il ne sera pas inutile de rechercher l'influence du dressage, et de la façon dont est manié le cheval, sur la durée de l'animal.

Il serait très intéressant de connaître la différence de durée des chevaux dans les diverses cavaleries de l'Europe, suivant qu'on y pratique le dressage complet du cheval et du cavalier, comme en Allemagne ou en Angleterre, ou le dressage sommaire, comme en France. Mais le problème comporte trop d'éléments variables et sujets à discussion, pour qu'on puisse donner des chiffres précis. Il paraît résulter de certaines indications, que la durée du cheval de guerre est de sept ans en France et neuf ans en Allemagne. Il y aurait une étude des plus intéressantes et des plus pratiques à faire pour arriver à préciser ces chiffres (1). Cette différence de deux ans de durée entre le cheval bien dressé et celui sommairement dressé, me paraît d'ailleurs très faible, et probablement au-dessous de la réalité. Ce qui fait la difficulté des statistiques sur ce point, c'est l'appréciation de la limite à laquelle on doit s'arrêter dans l'emploi du cheval. Un cheval âgé ou usé peut encore faire un bon service pourvu qu'il soit ménagé. Son insuffisance ne se manifeste que pendant une campagne ou à la suite de grandes manœuvres. Une armée voulant n'avoir que des

---

(1) Si l'on suppose deux armées, comprenant chacune 200,000 chevaux (cavalerie, artillerie, etc.) du prix moyen de 1,000 francs chacun, il est facile de voir, par un calcul très simple, que celle dont les chevaux durent neuf ans dépense pendant cette période 57 millions de francs de moins que celle dont les chevaux ne durent que sept ans. On voit quelles conséquences indirectes peut avoir sur le budget l'étude du dressage.

chevaux toujours prêts à entrer en campagne est forcément obligée de réformer des chevaux qui, pour un service journalier ordinaire seraient encore excellents.

D'une façon générale, on peut dire que la durée du cheval dépend en très grande partie du dressage de l'animal et du dressage du cavalier. Le même cheval, qui durera dix ans dans les mains d'un cavalier, sera taré et ruiné en deux ou trois ans dans les mains d'un autre.

Les causes d'usure prématurée du cheval — en dehors de celles qui, touchant à l'hygiène, à la nourriture, peuvent être considérées comme indépendantes du dressage et de l'habileté équestre du cavalier — sont nombreuses, et, comme on les chercherait vainement dans les livres d'équitation, il ne sera pas inutile, je crois, de les résumer dans un court tableau.

TABLEAU DES CAUSES D'USURE PRÉMATURÉE DU CHEVAL.

Cheval monté avec les mains trop dures et les rênes trop tendues. — Le cheval ainsi monté — et c'est ainsi que le montent la plupart des cavaliers civils ou militaires — prend l'habitude de relever la tête pour se soustraire à l'action du mors. Il en résulte un équilibre particulier dont la conséquence est que l'animal s'accule et écrase son arrière-main. Résultat final : tares des articulations des membres postérieurs et usure prématurée de ces membres.

Cheval poussé aux allures vives sans avoir été équilibré d'abord par le dressage. — Le cheval exagère sa tendance naturelle à se porter sur l'avant-main, ses mouvements se font sans souplesse. Il dépense, pour un travail donné, beaucoup plus d'efforts que cela ne serait nécessaire. Ses membres antérieurs se fatiguent et s'usent prématurément. L'animal perd beaucoup de sa solidité, butte et tombe facilement.

Cheval dont le cavalier retombe au trot enlevé toujours sur le même diagonal. — Fatigue et usure prématurée des membres composant ce diagonal. Le cheval se trouve dans le cas d'un porteur obligé de faire une longue route sans pouvoir changer son paquet d'épaule (1).

(1) Cette nécessité de trotter tantôt sur un bipède diagonal, tantôt sur un autre est enseignée aujourd'hui dans toutes les écoles militaires. Il faut croire qu'elle n'a pas encore pénétré dans les manèges civils, à en juger par ce passage que je trouve dans l'ouvrage de l'un de nos plus célèbres professeurs civils, M. Pellier : « On a parlé de la nécessité pour le cavalier de

Cheval galopant toujours du même côté. — Même usure prématurée que dans le cas précédent.

Cheval monté avec les étriers trop courts. — Nos expériences, consignées dans cet ouvrage, montrent que dans le trot à l'anglaise, le raccourcissement des étriers augmente dans une proportion énorme la pression exercée par le cavalier sur l'étrier à chaque enlevée. Il en résulte pour le cheval un travail supplémentaire, accru d'ailleurs d'autre part par ce fait que le cavalier, ayant les étriers courts, s'enlève plus haut, et par conséquent retombe d'une hauteur plus grande que le cavalier portant les étriers longs (1).

« chercher à s'enlever sur tel ou tel bipède diagonal du cheval.
« Ce sont là des subtilités dont je cherche encore l'utilité
« pratique. » (*Le Langage équestre*, 1889, p. 369.) Je suis persuadé qu'en continuant à chercher encore pendant quelque temps l'auteur découvrira sûrement l'utilité de ce qu'il prend aujourd'hui pour d'inutiles subtilités.

(1) Plusieurs cavaliers, peu au courant des principes généraux de la mécanique et à qui j'expliquais ce qui précède, m'ont objecté que le poids du corps du cavalier étant invariable, le travail dépensé par le cheval devait être invariable. Le moyen de leur faire comprendre sans calcul ce qui se passe est fort simple. Il n'y a qu'à les placer sur le plateau d'une de ces balances automatiques qu'on trouve aujourd'hui dans toutes les salles d'attente des chemins de fer, et d'attendre que l'aiguille soit au

Il est assez difficile d'évaluer en chiffres le supplément de travail imposé ainsi au cheval. Des calculs approximatifs montrent qu'il peut être au moins doublé. Deux cavaliers de même poids, montant le même cheval, arriveront donc à des résultats fort différents au point de vue de la fatigue à imposer à l'animal, suivant la façon dont ils allongeront leurs étriers. Je connais un écuyer, d'une habileté supérieure il est vrai, qui, malgré son poids de 100 kilog., fatigue beaucoup moins ses chevaux que des cavaliers bien plus légers.

Pour peu que le cavalier, trottant les étriers courts, ait l'habitude d'ailleurs générale, de s'enlever toujours sur le même diagonal, l'usure de son cheval sera fort rapide. Le trot enlevé est un peu comme la langue d'Ésope, la meilleure et la pire des choses, suivant la façon

repos. Le poids de l'opérateur est alors comme celui du cavalier quelque chose d'invariable, et cependant l'aiguille indiquera une augmentation de poids, si l'individu placé sur le plateau se replie fortement sur lui-même pour sauter au-dessus du plateau Lorsqu'ensuite il retombera, l'aiguille indiquera une nouvelle augmentation de poids, et d'autant plus grande que l'opérateur s'est élevé plus haut en sautant. La dépense de travail qu'indique en dernière analyse l'aiguille de l'instrument a, en effet pour mesure la masse du corps multipliée par la hauteur de chute.

dont on s'en sert ; et on comprend aisément que pendant si longtemps il ait été proscrit. Pratiqué, comme le font encore la plupart des cavaliers, c'est très justement qu'il méritait d'être proscrit. Le bon trot assis est très préférable pour la durée de l'animal que le mauvais trot enlevé.

Cheval poussé pendant trop longtemps à de vives allures. — C'est le meilleur moyen de ruiner complètement un cheval en un temps très court. Si l'animal, grâce à sa grande résistance, n'est pas immédiatement victime des exigences de son cavalier, et n'est pas atteint d'emphysème pulmonaire, ou de tares diverses des articulations et des tendons, il reste détraqué dans ses allures, et constitue bientôt une bête dépourvue de tout moelleux, et fort désagréable à monter. C'est là le cas de la plupart des trotteurs de courses dont, pour un motif quelconque, on fait des chevaux de selle. Il faut tout un dressage spécial pour leur rendre la régularité de leurs allures.

Cheval n'ayant reçu qu'un dressage sommaire. — Indépendamment des chutes fréquentes auxquelles l'animal — toujours mal équilibré — est exposé par suite de la surchage de son avant-main, du mauvais engagement de ses postérieurs et de son défaut de souplesse, le cheval qui n'a pas été équilibré par le dressage, dépense toujours plus de forces pour exécuter un travail donné que le cheval bien dressé. Il en résulte en dehors de l'usure générale une usure des membres qui se manifeste surtout par une grande faiblesse des membres antérieurs, aussitôt que l'animal commence à vieillir. Le cheval mal dressé n'a plus ni solidité ni fond à un âge où un cheval bien dressé possède encore toute sa solidité et tout son fond. Le second supportera aisément une longue étape qui rendra le premier fourbu.

Dissymétrie du cheval et du cavalier. — La dissymétrie du cheval est le plus souvent la conséquence de la dissymétrie des aides du cavalier. Il est rare que le cavalier n'ait pas la main tenant les rênes trop portée d'un côté, ce qui entraîne une déviation de la tête du cheval et une gêne sensible de ses allures. Il est rare aussi qu'il n'ait pas l'habitude de dévier un peu l'axe du corps d'un côté, ce qui entraîne une pesée plus forte sur l'un des étriers, et une répartition inégale du poids du corps sur le cheval. Le cavalier se corrige aisément de ces défauts quand on les lui signale. Si on ne les lui signale pas, ils constituent à la longue une cause sérieuse de fatigue, et par conséquent d'usure pour le cheval.

Cheval dressé trop jeune. — Avant l'âge de cinq ans, il ne faut guère demander au cheval que du travail en ligne droite et de peu de durée. Les longues courses de même que les airs artificiels, notamment le petit galop rassemblé, déterminent rapidement chez le jeune cheval des tares aux membres postérieurs (éparvins, molettes, suros etc.) Les pur-sang seuls, en raison de leurs résistances héréditaires, peuvent être dressés à un âge moins avancé, mais l'état de leurs membres doit être surveillé journellement.

LIVRE IV.

LE DRESSAGE DU CHEVAL.

CHAPITRE PREMIER.

BASES PSYCHOLOGIQUES DU DRESSAGE.

§ 1. *Application de la loi des associations par contiguïté au dressage*. Établissement d'un langage conventionnel entre le cheval et le cavalier. Le dressage du cheval est une opération de psychologie. Exemples divers. Sentiments artificiels que peut créer le dressage chez l'animal. — § 2. *Théorie psychologique de l'obéissance*. Les châtiments, la récompense, la répétition. Comment se produisent les domptages instantanés. — § 3. *Influences de la répétition et de l'intensité des impressions associées*. Substitution de l'intensité à la répétition dans les associations. Exemples divers. — § 4. *Transformation des associations conscientes en associations inconscientes*. L'éducation du cheval ou d'un animal quelconque n'est complète que quand les associations sont devenues automatiques. Exemples divers.

§ 1. — **Application de la loi des associations par contiguïté au dressage. Établissement d'un langage conventionnel entre le cheval et le cavalier.**

Nous aurons à examiner dans d'autres chapitres le but et l'utilité du dressage et les procédés techniques qui permettent de le conduire rapidement à bonne fin. Ce que nous voulons montrer actuellement, c'est que, en dehors de certains exercices gymnastiques qui ne sont que des exercices d'assouplissement, le dressage proprement dit repose entièrement sur des principes fondamentaux de psychologie. On peut dire qu'en réalité le dressage du cheval n'est qu'une opération de psychologie. Il l'est à ce point qu'il suffit d'appliquer avec méthode certaines lois psychologiques pour réduire énormément la durée de l'éducation de cet animal.

Quel que soit l'exercice qu'on demande à un cheval, depuis le plus simple jusqu'au plus compliqué, cet exercice ne peut être obtenu que sous les deux conditions suivantes : d'abord enseigner au cheval un langage conventionnel qu'il comprenne facilement et ensuite l'amener à obéir d'une façon absolue aux signes qui constituent ce langage. Ce n'est que par l'application d'une des lois les plus fondamentales de la psychologie, celle des associations, que ce double résultat peut être atteint.

Personne n'ignore aujourd'hui que la loi d'association est la pierre angulaire de la psychologie moderne. Elle a ruiné les vieilles théories des facultés mentales, et nous a donné la clef de phénomènes jadis inexplicables. Supposant qu'elle est connue de tous mes lecteurs, je me bornerai à rappeler que les deux formes de l'association, auxquelles se ramènent toutes les autres, sont les associations par contiguïté et les associations par ressemblance.

Le principe des associations par contiguïté est le suivant :

Lorsque des impressions ont été produites simultanément ou se sont succédé immédiatement, il suffit que l'une soit présentée à l'esprit pour que les autres s'y représentent aussitôt.

Le principe des associations par ressemblance peut se formuler de la façon suivante :

Les impressions présentes ravivent les impressions passées qui leur ressemblent (1).

C'est surtout sur le principe des associations par contiguïté qu'est basée toute l'éducation du cheval.

Pour faire comprendre ses applications, nous choisirons quelques exemples.

---

(1) Pour les lecteurs peu initiés à ces questions, je renvoie au premier volume de mon ouvrage : *L'Homme et les Sociétés, leurs origines et leur histoire*.

Je rappellerai tout d'abord ce qui a été déjà dit plus haut, que tous les exercices depuis les plus simples jusqu'aux tours de cirque les plus compliqués, exigent d'abord l'établissement d'un langage conventionnel entre le cavalier et le cheval.

En dehors de très rares mouvements qu'il fait naturellement, comme de tourner la tête à droite quand on tire sur la rêne droite, le cheval non dressé, si obéissant qu'on le suppose, ne pourrait se conformer, faute de les comprendre, aux diverses exigences du cavalier. Le meilleur cavalier sur un cheval non dressé ne se fera pas mieux comprendre de lui qu'un Japonais n'arriverait à se faire entendre d'un Espagnol, en parlant le japonais. Il faut d'abord qu'il s'établisse entre le cheval et son cavalier un langage conventionnel, et c'est en s'appuyant sur le principe cité plus haut, des associations par contiguïté, qu'on peut arriver à faire comprendre au cheval les signes qui sont la base de ce langage ; comprendre, par exemple, que, quand le cavalier appuie légèrement la rêne gauche sur son encolure, et même sans agir sur le mors, cela signifie qu'il faut tourner à droite ; que, si en même temps le cavalier appuie la jambe gauche, il doit se déplacer parallèlement à lui-même, c'est-à-dire exécuter un mouvement tout à fait artificiel, etc.

Pour montrer comment le principe des associations par contiguïté permet d'apprendre au cheval à comprendre le langage du cavalier, prenons un cas réputé difficile : apprendre, par exemple, au cheval au trot ou au galop à s'arrêter immédiatement quand il reçoit sur l'épaule un coup de cravache. La chose est assurément aussi peu naturelle que possible, et cependant elle est très simple et ne demande que de la patience. Il suffit d'arriver à faire comprendre au cheval que ce coup de cravache est un signe exprimant la volonté du cavalier qu'il s'arrête. Pour y arriver, le cheval étant en marche, on touche le cou avec la cravache et immédiatement après on l'arrête brusquement avec la bride. On répète cette double opération un nombre de fois suffisant, c'est-à-dire jusqu'à ce que le cheval ayant bien associé ces deux opérations successives : coup de cravache, puis arrêt brusque avec la bride ; la première opération, le coup de cravache, suffise à déterminer l'arrêt sans que l'on ait besoin de passer à la seconde. C'est par une opération analogue qu'on arrive, et en très peu de temps, à arrêter un cheval au trot ou au galop, simplement en tirant légèrement sur la crinière.

C'est par l'application de cette loi des associations que se pratique le dressage de tous les animaux, quel que soit l'exercice qu'on leur demande. Les résultats obtenus par les dresseurs de profession sur les bêtes les plus variées montrent que cette éducation peut être poussée fort loin. On peut même arriver à créer artificiellement chez l'animal des sentiments moraux très développés. J'ai possédé un chien du Saint-Bernard à qui j'avais appris à dominer sérieusement ses réflexes, à ne pas céder à l'impulsion du moment, à réprimer ses passions et au besoin à sacrifier son intérêt à celui de son prochain, ce qui constitue un degré de moralité que ne possèdent pas toujours un grand nombre d'individus de notre espèce. Sans doute il arrivait parfois à l'animal de manquer à ses devoirs et de céder aux tentations, ainsi que cela arrive d'ailleurs à des êtres placés à un degré bien plus élevé de la hiérarchie animale, mais alors les hurlements désespérés après la faute montraient à quel point le sentiment du remords avait été développé chez lui.

Nous venons de voir comment s'établissent

entre le cavalier et le cheval un langage conventionnel. Recherchons maintenant comment on peut obliger l'animal à obéir à ce langage conventionnel.

§ 2. — **Théorie psychologique de l'obéissance.**

Supposons que, par une série d'exercices basés sur les principes qui précèdent, nous ayons fini par établir entre le cavalier et le cheval un langage conventionnel dont tous les signes soient parfaitement compris par ce dernier. Le cheval comprend tout ce qu'on lui demande, mais ce qu'on lui demande est parfois désagréable à exécuter et il peut être tenté de refuser l'obéissance. Comment arriverons-nous à l'obliger à l'obéissance?

Nous y arriverons en appliquant encore la loi des associations par contiguïté qui nous a déjà servi à établir un langage conventionnel entre le cheval et nous. Il suffira de faire suivre *immédiatement* et toujours l'obéissance d'une récompense (caresses, pain, sucre, etc.) et le refus d'obéissance d'une punition pour que le cheval finisse par perdre toute velléité de résistance.

Par suite de la répétition, l'obéissance au langage du cavalier deviendra de moins en moins hésitante, de plus en plus instinctive. De nouveaux réflexes se formeront graduellement dans les centres nerveux de l'animal, et le jour où ils seront solidement fixés, l'exécution de l'ordre correspondant à un signe donné sera automatique. L'obéissance est alors absolue; châtiments ou récompenses sont devenus inutiles et le dressage est terminé. Pour en arriver là, il faut beaucoup de douceur et de patience, surtout avec les chevaux irritables. La violence engendre nécessairement les défenses, et comme dans ces défenses le cavalier est exposé à avoir le dessous, le résultat immédiat est de donner au cheval, — toujours par voie d'association, — conscience de sa force, et de lui apprendre le moyen de se débarrasser de son cavalier. Le dressage n'a fait alors que rendre l'animal plus dangereux qu'il ne l'était auparavant. Ainsi se forment ces nombreux chevaux rétifs, dont les défauts ne font que révéler l'ignorance de ceux qui les ont dressés.

La plus dangereuse maladresse qu'on puisse commettre dans le dressage est de donner au cheval conscience de sa force, en lui révélant les moyens de se débarrasser de son cavalier. Il ne faut à aucun prix être désarçonné par le cheval qu'on dresse. Le dressage à pied, à la cravache, évite ce grave écueil, et c'est là certainement une des raisons de la supériorité des résultats qu'il fournit.

Loin donc de révéler au cheval, qu'avec un peu d'habileté il lui serait extrêmement facile de se débarrasser de son cavalier, il faut arriver à lui faire croire qu'il est absolument dans la puissance de ce cavalier, et que la cravache, l'éperon, etc., sont des engins formidables devant lesquels toute résistance est inutile. Si les lions ne mangent qu'assez exceptionnellement leurs dompteurs, c'est que ces derniers ont réussi par des moyens très simples (gestes impérieux, menace d'une barre de fer chauffée au rouge, etc.) à les convaincre d'impuissance. L'animal est aussi craintif devant le détenteur d'une puissance qu'il suppose infinie, que le dévot devant l'idole de plâtre à laquelle il suppose un pouvoir également infini.

C'est précisément en appliquant instinctivement ces principes que les Gauchos de l'Amérique arrivent, en quelques minutes, à rendre suffisamment dociles les chevaux sauvages qu'ils désirent monter. Attrapé au lasso, roulé par terre, et au besoin un peu étranglé, l'animal terrifié n'ose plus lutter contre un être aussi redoutable et se laisse docilement monter. Le célèbre dompteur Rarey ne paraît pas avoir employé des moyens plus compliqués pour dompter les chevaux vicieux qu'on lui amenait. La soumission ainsi obtenue l'était pour longtemps, par suite de la conviction de son impuissance dans laquelle restait l'animal.

On voit, par les exemples que nous avons cités, le rôle que joue la théorie fondamentale des associations dans le dressage. Elle est une arme à deux tranchants, car, suivant la façon dont on l'emploiera, elle aura pour conséquence de rendre le cheval extrêmement rétif ou, au contraire, extrêmement obéissant.

Le dressage n'est pas, avec la plupart des chevaux, une opération bien difficile, mais il ne doit être confié qu'à des écuyers ayant quelques notions sur la psychologie du cheval, et possédant la faculté de raisonner un peu. Quelles que soient les difficultés qu'il pourra rencontrer, l'écuyer les surmontera toujours si la théorie des associations par contiguïté, et toutes ses conséquences, est bien gravée dans son esprit. Les simples recettes empiriques, fruits de l'expérience, permettent sans doute de s'en passer; mais l'application de principes scientifiques sûrs donnera toujours des résultats plus rapides. C'est ainsi, par exemple, que la légèreté de la bouche et la mise en main, que les écuyers mettent souvent des mois à obtenir — quand ils l'obtiennent — par des flexions, peut être obtenue en quelques jours, lorsqu'on a bien compris que *les flexions ne sont pas du tout un assouplissement des articulations et des muscles, comme on le croit généralement, mais un simple assouplissement de la volonté du cheval, conséquence du principe des associations.* On peut alors obtenir cette mise en main par des moyens empruntés à la psychologie, et non plus à la gymnastique. En fait, les exercices de gymnastique nécessaires pour développer certains muscles ou assouplir certaines articulations, exigent un bien autre travail que les mouvements qu'on produit par des flexions. Ce qui prouve, d'ailleurs, que la flexion de l'encolure et la mobilité de la mâchoire, — la mise en main en un mot, — est une opération purement psychologique, un assouplissement de la volonté de l'animal, et non pas de ses articulations ou de ses muscles, c'est qu'il est possible, ainsi que nous le verrons bientôt de l'obtenir très rapidement sans aucune des flexions manuelles classiques.

§ 3. — Transformation des associations conscientes en associations automatiques.

L'éducation du cheval est terminée, avons-nous dit, lorsque les associations entre les signes constituant le langage du cavalier et les mouvements demandés par ces signes sont devenues automatiques. La production de l'un détermine alors nécessairement la manifestation de l'autre. L'éducation est complète. L'obéissance volontaire, toujours incertaine, est devenue automatique et par conséquent involontaire et fatale. Récompense et punition sont maintenant inutiles.

Qu'il s'agisse du cheval ou d'un être quelconque, y compris l'homme, l'éducation n'est véritablement complète que quand les associations sont devenues automatiques. Elles se passent alors dans les régions de l'inconscient et ne demandent plus aucun effort. Le pianiste qui, au début de ses études, cherchait péniblement les notes sur lesquelles il devait frapper, arrive à déchiffrer une partition et à la jouer, tout en suivant une conversation. Le nageur qui avait besoin d'abord de tous ses efforts pour rendre ses mouvements réguliers, les exécute ensuite d'une façon tout à fait instinctive. Qu'il tombe à l'eau brusquement et la seule immersion suffira à déterminer la production régulière de ces mouvements. Toute éducation doit avoir pour but de transformer les actes conscients en actes inconscients. Il suffit alors de la production de l'un des signes associés pour que le mécanisme des associations se déroule ensuite tout seul. Le type de cet enchaînement est donné par l'histoire de ce vieux soldat devenu cuisinier, et qui laissa brusquement tomber par terre une pile d'assiettes dont ses bras étaient chargés pour exécuter le commandement militaire « fixe » que lui cria sur un ton d'autorité un mauvais plaisant.

Qu'il s'agisse de dresser un cheval ou un cavalier, la méthode est toujours la même : répéter les associations jusqu'à ce que la manifestation de l'un des signes associés provoque fatalement l'exécution de l'acte associé à ce signe. La moralité elle-même ne se crée pas d'une façon différente. Elle n'existe même d'une manière bien stable que lorsque les actes qualifiés de moraux s'exécutent d'une façon inconsciente. Il faut chez l'homme pas mal d'accumulations héréditaires pour en arriver là, parce que le raisonnement intervient trop. Chez les animaux, où il intervient beaucoup moins, l'éducation est bien plus rapide.

§ 4. — Influence de la répétition et de l'intensité des impressions associées sur leur fixation.

L'exposé sommaire qui précède a montré que c'est au moyen d'associations par contiguïté que s'établit entre le cheval et le cavalier un langage conventionnel, et qu'il est possible d'enseigner à ce dernier l'obéissance. Nous avons vu que le dressage est terminé lorsque ces associations fixées dans la mémoire sont devenues automatiques. Mais comment se fixent-elles dans la mémoire de l'animal et arrivent-elles à devenir automatiques?

C'est par voie de répétition que les associations se fixent à la longue dans la mémoire de l'animal. Elles se fixent assez vite parce que le cheval possède une grande mémoire, mais on peut rendre cette fixation beaucoup plus rapide en substituant à la répétition l'intensité des impressions. C'est également un principe de psychologie que les impressions fortes, bien que peu répétées, gravent beaucoup plus vite les associations dans l'esprit que les impressions faibles très répétées. Un enfant qui aura mis une fois sa main dans de l'eau bouillante, — impression très forte, — ne recommencera jamais son expérience, alors que tous les discours répétés de ses parents, — impression très faible, — sont souvent impuissants à le convaincre du danger d'un pareil essai. Il en est du cheval comme de l'enfant; l'intensité des impressions peut en remplacer la répétition.

L'assouplissement de l'encolure du cheval au moyen des flexions dont il était question plus haut va nous fournir un exemple de l'utilité qu'il peut y avoir à substituer l'intensité des impressions à leur répétition. Dans le but d'obtenir la flexion de l'encolure et de la mâchoire du cheval, Baucher et ses successeurs pratiquaient des assouplissements gymnastiques avec les rênes. En opérant ainsi, ils ne faisaient qu'associer par voie de répétition dans la tête de l'animal ces deux notions qu'une certaine tension sur les rênes doit s'accompagner d'une certaine décontraction des muscles du cou et des mâchoires. Mais l'association ainsi demandée n'étant demandée que par voie de répétition, est très lente à se produire et toujours incertaine, parce que l'exercice demandé est gênant et que le refus d'obéissance du cheval n'a guère d'inconvénients pour lui. En substituant aux flexions l'emploi méthodique de la jambe et de l'éperon, on arrive à obtenir en quelques jours, au lieu de ne l'obtenir qu'en quelques mois, une flexion instantanée, parce qu'elle est demandée par une pression des jambes, qui a d'abord été suivie d'un pincer énergique de l'éperon dans un endroit déterminé du corps. Ce pincer étant fort désagréable pour le cheval, et suivant immédiatement la pression des jambes, l'association par contiguïté se fait très rapidement dans son esprit et on arrive ainsi à obtenir ensuite par le simple rapprochement des jambes, sans intervention de l'éperon, une obéissance instantanée.

C'est précisément par l'intensité des impressions et la fixation immédiate des associations qui en est la conséquence que s'obtiennent ces domptages instantanés, dont j'ai cité des exemples plus haut à propos des Gauchos de l'Amérique et de la méthode Rarey. On pourra y avoir recours parfois dans le dressage, mais d'une façon tout à fait exceptionnelle, et seulement avec des chevaux particulièrement vicieux, ou dans des cas analogues à celui que raconte le général de Marbot dans ses mémoires. Cet officier avait acheté une magnifique jument possédant toutes les qualités, sauf un grave défaut, celui de mordre avec férocité toutes les personnes qui l'approchaient. Il fallait quatre hommes pour la seller, et encore était-on dans la nécessité de lui attacher les membres et de lui couvrir les yeux. Le palefrenier qui la soignait eut un jour l'idée de lui présenter un gigot brûlant, qu'elle mordit aussitôt à belles dents. La douleur fut si vive que l'animal fut guéri de la manie de mordre son palefrenier et devint docile comme un chien pour lui. Le général employa alors le même moyen, et le cheval eut le même respect pour lui que pour le palefrenier. L'animal continuait d'ailleurs à mordre tous les étrangers, et ce fut fort heureux pour son propriétaire, car, à la bataille d'Eylau, sa jument lui sauva la vie en arrachant la figure à un soldat russe, et en déchirant le ventre d'un officier qui l'avait blessée en essayant d'atteindre son cavalier.

Je pense avoir suffisamment démontré, par ce

qui précède, que le dressage du cheval repose, sur les principes fondamentaux de la psychologie. Lorsque dans un avenir fort lointain, l'étude de la psychologie fera partie de l'éducation des écuyers, le dressage du cheval deviendra une opération beaucoup plus simple et beaucoup plus rapide qu'elle ne l'est actuellement. Tous les grands écuyers célèbres par leur habileté comme dresseurs étaient des psychologues instinctifs. Mais ils n'étaient malheureusement qu'instinctifs, et c'est pour cette raison qu'ils n'ont jamais réussi à enseigner leur art.

CHAPITRE II.

BUTS DU DRESSAGE. — ORIGINES DES MÉTHODES ACTUELLES.

§ 1. *Nécessité du dressage.* — Complication des méthodes de dressage enseignées jusqu'ici. — Inconvénients du cheval trop finement dressé. — § 2. *Buts à atteindre dans le dressage.* — Modifications de l'équilibre. — Légèreté et obéissance du cheval. — Signes extérieurs indiquant le degré du dressage. — La mise en main et le rassembler. — Expériences sur les variations de poids de l'avant-main et de l'arrière-main. — § 3. *Des modifications de l'équilibre obtenues par le dressage.* — Nécessité de modifier l'équilibre du cheval suivant l'allure. — Inconvénients d'un mauvais équilibre. — § 4. *Origines des méthodes actuelles de dressage.* — Difficultés de trouver des explications théoriques à des pratiques inconscientes. — Progrès réalisés par Baucher et ses successeurs. — Les méthodes de Raabe et du colonel Bonnal. — Possibilité de les simplifier et de mettre le dressage à la portée de tous les cavaliers.

§ 1. — Nécessité du dressage.

Étant donné ce fait connu de tous les écuyers que les neuf dixièmes des chevaux montés, en France, sont fort mal dressés; que ce défaut de dressage est pour le cavalier une menace permanente d'accidents (1), et pour le cheval la production de tares précoces qui limitent à la fois son service et sa durée. Étant donné qu'avec les nécessités des armées modernes de nombreux officiers de réserve sont appelés à monter à cheval, et qu'en cas de guerre le nombre de chevaux employés par la cavalerie serait immense, on comprend que l'art de dresser le cheval ne constitue plus un art de luxe, mais bien de première nécessité, et dont par conséquent l'étude s'impose.

Il a été généralement admis jusqu'ici que le dressage du cheval constituait un art mystérieux, à la portée seulement d'un petit nombre d'initiés cachant soigneusement leur science. C'est dans notre armée surtout qu'on paraît être sous l'empire de cet idée, à en juger par le grossier débourrage du cheval dont on se contente en guise de dressage, et l'interdiction

---

(1) Il suffit d'avoir l'habitude de se promener à cheval au Bois de Boulogne pour savoir combien sont nombreux les cavaliers dont les chevaux constituent un danger véritable pour ceux qui les montent, et pour ceux qui passent dans leur voisinage. Le Bois de Boulogne est certainement un des endroits de l'univers où les accidents équestres sont le plus fréquents, un de ceux en même temps où on peut le mieux constater l'état de navrante décadence où se trouve l'équitation française aujourd'hui.

sévère d'essayer de dépasser ces modestes limites.

On s'explique difficilement une pareille interdiction ; il est impossible qu'elle persiste plus longtemps, car notre cavalerie ne saurait rester sans péril dans l'état d'infériorité où elle se trouve à l'égard des autres cavaleries de l'Europe, ainsi que nous l'avons constaté dans un chapitre précédent. Un dressage simple et pratique, à la portée des premiers cavaliers venus, peut seul permettre de réaliser une transformation devenue indispensable.

Les auteurs des ouvrages publiés sur le dressage ne paraissent pas du tout avoir été pénétrés de la nécessité de simplifier les méthodes qu'ils exposaient. Ils sembleraient plutôt s'être proposé un but contraire. Le manuel officiel allemand lui-même, dans la volumineuse partie consacrée au dressage, est peu clair et chargé de choses inutiles. Il faut toute la rigueur de la discipline allemande pour arriver à imposer une pareille série d'exercices.

Il est donc urgent de chercher des méthodes plus simples, et surtout plus rapides, que celles en usage aujourd'hui. Je suis persuadé que quand les expérimentateurs se seront engagés dans cette voie, on arrivera à de très grandes simplifications. En attendant, je vais essayer de montrer bientôt que, même dans l'état actuel de nos connaissances, il est possible de mettre les parties fondamentales du dressage à la portée de tous les cavaliers, ou tout au moins de ceux qui auront suivi pendant quelques jours la série des opérations du dressage.

La méthode que j'exposerai ne comprendra naturellement que des choses tout à fait fondamentales. Ce ne sera sans doute que de l'enseignement primaire, mais au moins un enseignement primaire très complet. D'ailleurs, pour conduire le cheval plus loin, pour en faire un animal très finement dressé, il faut un talent dont fort peu d'écuyers sont capables. Ce dressage supérieur, qui transforme en une bête souple et aux allures moelleuses un vulgaire cheval percheron, — ainsi que j'en ai vu des exemples, — exige une sagacité et une habileté qui ne sont que le lot d'une élite d'écuyers que j'envie et dont le nombre est tout à fait restreint.

J'ajouterai que cette instruction simplifiée, — cette éducation primaire, comme je viens de l'appeler, — tout en étant presque aussi satisfaisante dans ses résultats que l'enseignement formidablement compliqué des Allemands, a, comme lui d'ailleurs, l'avantage de rendre le cheval montable sans difficulté par tous les cavaliers, alors qu'un cheval ayant reçu une éducation par trop supérieure ne peut être immédiatement utilisé que par le cavalier qui l'a dressé, ou au moins par un cavalier d'une habileté très grande. Il faut avoir eu l'occasion, difficile d'ailleurs à rencontrer, de monter de tels chevaux, pour comprendre à quel point un cavalier ordinaire est désorienté sur eux. Entre le cheval très finement dressé et le dresseur, qui a été seul à le monter, il s'est établi un langage spécial fort nuancé consistant en actions des aides très fines, mais aussi très justes, c'est-à-dire ne variant que dans d'étroites limites. Le cheval finit par comprendre parfaitement les signes délicats et variés constituant ce langage; mais ils ne peuvent être changés que dans des limites fort restreintes, sous peine de n'être plus compris. J'ai eu la chance heureuse de pouvoir acheter un cheval dressé par un des plus remarquables écuyers actuels; mais pour parvenir à utiliser cette bête exceptionnelle, il m'a fallu en faire une étude spéciale. Au début, par suite des actions trop fortes de la main, des déplacements trop accentués de la jambe ou du bassin, l'animal s'affolait promptement et faisait des bonds désespérés. Ne réussissant alors à l'arrêter qu'avec beaucoup de peine, j'en concluais qu'il avait parfois la bouche dure. Son dresseur me prouvait, sans réplique, qu'il n'en était rien, puisque l'animal étant au galop de charge pouvait être arrêté par lui en quelques mètres, avec une tension de rênes très inférieure à celle qu'aurait pu exercer une main d'enfant. Mais cette traction très faible s'accompagnait d'un déplacement du centre de gravité du corps juste au degré voulu, de l'action des jambes, à un degré également voulu pour engager les postérieurs sous le centre afin d'obliger l'animal à dépenser en hauteur et non en étendue ses mouvements. La combinaison de ces signes variés formait un langage fort clair, alors que mes actions mal associées formaient un langage fort obscur, dans lequel le cheval ne percevait clairement que la douleur produite par l'action du mors sur la bouche, et à laquelle il essayait naturellement de se soustraire (1). Par

(1) Je puis invoquer cet exemple, en passant, pour faire comprendre que la finesse de la bouche, comme on l'entend généralement, est chose très relative dépendant autant du cavalier que du cheval. Finesse, légèreté signifient simplement obéissance facile du cheval. Dureté, lourdeur signifient obéis-

la suite nous finîmes par nous entendre, mais y mettant tous deux une certaine dose de tolérance réciproque. Dans un pareil cas, le cavalier n'a que deux ressources : s'élever au niveau de l'éducation du cheval, ou détruire suffisamment le dressage par ses maladresses pour abaisser l'animal à son niveau. La deuxième alternative est beaucoup plus facile à réaliser que la première; elle a d'ailleurs comme conséquence certaine de conduire l'animal à une rétivité parfaite. Un cheval très finement dressé est une bête fort subtile sachant parfaitement tâter la valeur de son cavalier, et fort peu disposée à céder aux exigences d'un maître maladroit.

Les bêtes aussi parfaitement dressées que celle dont je viens de parler sont beaucoup trop

sance difficile, c'est-à-dire demandant des efforts. Suivant!e combinaisons d'aides employées et l'équilibre qui en résulte, le même cheval pourra être lourd dans les mains d'un cavalier et très léger dans les mains d'un autre. La légèreté est donc, comme je le disais à l'instant, chose relative. Elle serait absolue si le cheval, par le fait seul qu'on agit sur les rênes peu ou beaucoup, et quel que fût l'emploi des autres aides, s'arrêtait immédiatement. Ce serait un idéal analogue à celui que réalisent les chevaux dressés à s'arrêter quand on leur touche la crinière. Dans la pratique, cette légèreté absolue, outre la difficulté de l'obtenir, présenterait des inconvénients fort sérieux. Nous verrons qu'on arrive à s'en approcher, et d'une façon très simple, en associant à l'action des rênes celle des jambes.

rares pour qu'on ait occasion d'en monter. Si j'ai mentionné l'exemple qui précède, c'est pour faire comprendre le but poursuivi dans la recherche d'un mode de dressage assez simple, pour que le cheval puisse être immédiatement utilisé par tous les cavaliers. Si j'emploie le mot « simple » à l'égard d'un dressage qui comprend des airs de haute école, c'est qu'il est demandé par un langage simple pouvant être expliqué sans confusion possible à tout le monde. Un cheval dressé, par exemple, à s'arrêter à une pression quelconque des jambes, faible, moyenne ou forte, pourvu que ce soit une pression, comprend un langage simple qui sera immédiatement enseignable aux premiers cavaliers venus. Un cheval dressé à se porter en avant sous une certaine pression des jambes, et à s'arrêter sous une pression différente, comprend un langage plus varié sans doute que le précédent, mais qui n'est pas simple, puisqu'il ne peut être appris sans des essais assez longs demandant beaucoup de tact au cavalier.

§ 2. — **Buts à atteindre dans le dressage.**

Nous avons dit que nous voulions réduire le dressage à ses parties fondamentales. Nous devous donc rechercher d'abord ce qui constitue ces parties fondamentales.

Le but du dressage est d'abord de permettre au cavalier de modifier à volonté l'équilibre du cheval, suivant les nécessités des allures; en second lieu, d'obtenir de l'animal une grande légèreté, c'est-à-dire une parfaite obéissance aux plus légères indications des mains et des jambes du cavalier; en troisième lieu, d'assouplir par une gymnastique spéciale les membres du cheval, de façon à le rendre très souple, et par conséquent très habile à surmonter les obstacles qui pourront se présenter et exécuter sans fatigue le travail auquel il est destiné.

Lorsque on a réussi à obtenir du cheval la légèreté aux aides, c'est-à-dire une obéissance facile et rapide, le reste s'obtient. C'est donc cette légèreté que nous devons rechercher tout d'abord. Par quels signes extérieurs pouvons-nous juger qu'elle a été obtenue?

D'une façon bien simple. Est parfaitement dressé tout cheval que son cavalier peut *instantanément* mettre en main et rassembler sur des indications convenables.

Nous allons définir la mise en main et le rassembler. Bornons-nous à dire actuellement que quand ils sont obtenus, on peut considérer que les neuf dixièmes du dressage, — même en comprenant dans le dressage les airs de haute école — sont terminés. On jugera donc de suite de la valeur du dressage d'un cheval, en voyant comment son cavalier arrive à le rassembler et à le mettre en main. J'ai le regret d'ajouter que peu de chevaux en France résisteront à cet examen. Je doute que dans les rangs de la cavalerie on en trouve plus de deux pour cent, alors qu'en Angleterre et en Allemagne la proportion, au moins dans l'armée, serait renversée.

En quoi consistent la mise en main et le rassembler, et pourquoi sont-ils la preuve d'un parfait dressage?

La mise en main est constituée par la décontraction des muscles du cou et de la mâchoire, décontraction dont les signes sensibles sont l'arrondissement de l'encolure, la verticalité de la tête et la flexibilité de la mâchoire.

Le rassembler consiste dans le rapprochement des membres postérieurs du cheval vers le centre de l'animal. Dans cette position, il est prêt à détendre les muscles nécessaires pour prendre toutes les allures, absolument comme le gymnaste qui se ramasse pour faire un saut, ou même encore comme l'homme agile qui, enfermé dans un espace clos, se ramasse pour se soustraire par des retraites de corps rapides aux poursuites d'un coureur moins exercé.

Le rassembler n'est guère possible sans mise en main, parce que, pour garder cette position, le cheval est obligé de rapprocher son encolure de son centre de gravité, ce qui l'oblige à la fléchir; mais la mise en main est possible sans rassembler : le cheval est alors léger à la main, mais ne l'est pas aux jambes.

La mise en main et le rassembler ne sont obtenus que par le dressage. Ils donnent au cheval le maximum de légèreté et de mobilité, et ce n'est qu'après les avoir obtenus, que peuvent être demandées des allures difficiles : le petit galop très raccourci par exemple. N'étant pas naturels chez le cheval, ils ne s'acquièrent pas sans difficulté ; et c'est pourquoi ils constituent pour le cavalier qui peut les obtenir instantanément, la preuve la plus certaine de l'obéissance de l'animal.

Lorsque la mise en main peut être obtenue à volonté, le cavalier — s'il a su maintenir son cheval dans l'impulsion — est maître de l'encolure de son cheval et par conséquent de sa vitesse et de son équilibre ainsi que nous allons le montrer bientôt. J'ajouterai que cette mise en main obtenue à volonté place le cheval sous la domination absolue du cavalier et permet à ce dernier de paralyser immédiatement toutes les défenses et les mouvements irréguliers de l'animal. Toute défense du cheval étant précédée d'une contraction générale des muscles de l'encolure et de la fixité de la colonne vertébrale, par le fait seul qu'on peut obtenir instantanément la décontraction de l'encolure, cette défense est paralysée. Alors même d'ailleurs que, par exception, l'animal résisterait à la mise en main, ses défenses n'en seraient pas moins empêchées. Son extrême mobilité sous l'influence des jambes permet au cavalier de le déplacer constamment et de l'empêcher de prendre sur le sol le point d'appui dont il a toujours besoin pour exécuter un mouvement violent, ainsi que nous l'expliquons dans un autre chapitre.

Nous disons que la mise en main prouve que le cavalier a su conquérir l'obéissance de son cheval. C'est là une acquisition dont chacun voit aisément l'importance. Mais nous avons dit aussi que, grâce à elle, le cavalier pouvait modifier à volonté l'équilibre de son cheval, c'est-à dire raccourcir ses bases de sustentation, déplacer son centre de gravité etc. Ces avantages de pouvoir modifier l'équilibre sont moins visibles peut-être au premier abord. Quels sont-ils?

Nous les avons exposés déjà dans notre chapitre consacré à la comparaison entre le cheval dressé et le cheval non dressé; et nous y renvoyons le lecteur. Mais pour répondre à une objection bien souvent entendue, à propos des allures dites naturelles que le cheval devrait conserver, nous devons répéter que le cheval, animal destiné à brouter, effectue un travail tout à fait artificiel quand il porte un cavalier sur son dos, et doit forcément dans ce cas — avec ou sans dressage — changer ses allures naturelles en allures artificielles. Demanderait-on à un portefaix chargé d'un fardeau de prendre l'allure natuturelle d'un marcheur ne portant rien? Évidemment non. Le portefaix chargé d'un fardeau, le cheval chargé d'un cavalier exécutent un travail artificiel. Ils doivent donc chercher l'allure artificielle permettant de donner un maximum d'effet avec un minimum d'effort, et par conséquent ne peuvent plus garder leur allure naturelle.

Il ne faudrait pas envisager d'ailleurs le poids du cavalier comme une simple surcharge répartie également sur le corps du cheval, et capable seulement de gêner un peu ses allures. Il en est tout autrement. On doit comparer le cheval monté au portefaix dont la charge serait très irrégulièrement répartie. Les expériences de Morris et Baucher, vérifiées plus tard à Alfort, et exécutées en plaçant les extrémités postérieures et antérieures des chevaux sur deux plateaux de grandes balances spéciales ont prouvé que le poids du cavalier était réparti très inégalement sur le cheval et que les 2/3 environ de son poids total surchargeaient l'avant-main. Les mêmes expériences ont prouvé d'ailleurs que le cavalier sachant modifier à volonté la position de la tête de son cheval et celle de son propre corps pouvait diminuer de 20 kil. la surcharge de l'avant-main (1). Maître de la tête de son cheval, maître de charger à volonté l'avant-main ou l'arrière-main l'écuyer est maître des allures et par une gymnastique appropriée il arrive à transformer sa monture en un animal aussi différent du cheval naturel des prairies qu'un élève sor-

(1) Si un cheval sans cavalier pèse 450 k. le poids de son avant-main est d'environ 250 k. et celui de son arrière-main 200 k. seulement. Étant donné que les membres antérieurs sont surtout des organes de soutien et les membres postérieurs des organes d'impulsion cette inégalité s'explique aisément.

tant d'une école de gymnastique est différent de lui-même lorsqu'il n'était qu'un lourd paysan aux allures déhanchées et traînantes.

§ 3. — Des modifications de l'équilibre du cheval obtenues par le dressage.

Les variations d'allure du cheval nécessitent des variations constantes de son équilibre. Chez l'animal bien assoupli par le dressage, ces variations se produisent avec la plus grande facilité. Chez le cheval mal dressé elles sont considérablement entravées par le poids du cavalier.

C'est en grande partie au moyen de son encolure que le cheval modifie son équilibre. Elle est à la fois un balancier et un gouvernail. L'animal s'en sert pour déplacer son centre de gravité et équilibrer convenablement sa masse. Il l'allonge ou la raccourcit s'il veut accélérer ou ralentir sa vitesse, il la tourne à droite ou à gauche quand il veut changer de direction. Le dressage a en grande partie pour but de faciliter ces déplacements sous l'influence des aides du cavalier et rendre ce dernier absolument maître de l'encolure.

On comprend aisément l'influence du dressage sur l'équilibre du cheval en considérant les inconvénients qui résultent d'une mauvaise position de l'encolure.

Supposons d'abord l'encolure trop haute, ce qui est d'ailleurs l'exception avec les chevaux actuels. Avec ce défaut, l'animal a les épaules plus libres, mais il écrase son arrière-main ; ses postérieurs engagés difficilement sous sa masse ne peuvent plus se plier moelleusement et ses mouvements deviennent inégaux et saccadés, ainsi qu'on peut s'en convaincre en montant des chevaux qui galopent la tête horizontale, *le nez au vent* comme on dit en langage équestre.

Supposons, aucontraire — et ce cas est de beaucoup le plus fréquent — l'encolure trop basse : l'animal est encore mal équilibré, mais c'est maintenant son avant-main qui est trop chargée. L'animal se pousse violemment avec ses postérieurs en baissant la tête. Il en résulte, pour le cheval, une usure prématurée des membres antérieurs et des chances fréquentes de chutes; pour le cavalier, la nécessité de dépenser beaucoup de force pour déplacer ou arrêter sa monture. L'animal tire à la main ; il est comme on dit en langage équestre, en *avant* ou *au delà* de la main.

Le dressage modifie ces inégalités d'équilibre. Supposons qu'il s'agisse de la dernière, l'équilibre exagéré sur l'avant-main qui est, comme je l'ai dit, le plus fréquent. Par une gymnastique spéciale, on relève l'encolure et on fléchit la tête, ce qui permet à l'animal de répartir convenablement sur les membres antérieurs et postérieurs le poids qu'il doit supporter. Ce dressage permet en outre au cavalier de modifier à volonté l'équilibre, de reporter au besoin une partie du poids de l'avant-main sur l'arrière main et réciproquement.

Les variations d'équilibre produites par les déplacements de l'encolure se traduisent finalement par des déplacements relatifs des divers membres du cheval. Dans l'état actuel de nos connaissances, il serait fort difficile et fort long de décrire en détail les variations d'équilibre du cheval aux diverses allures et surtout pendant les divers temps de chaque allure. Nous nous bornerons donc à les étudier au repos. Les schémas suivants indiquent d'une façon assurément fort grossière, mais très suffisante pour les besoins de l'équitation pratique, les variations essentielles d'équilibre produites par les variations de position des membres du cheval.

Graphiques des divers équilibres que peut prendre le cheval en station.

Représentons le corps du cheval par une ligne horizontale, sa tête par une ligne oblique, terminant cette dernière, les membres par des lignes verticales. L'animal étant en station, les membres peuvent prendre des positions variées d'où résulteront les équilibres suivants.

1. *Cheval équilibré également sur l'avant et sur l'arrière-main.* Cheval bien placé. Son poids est réparti convenablement sur l'avant-main et sur l'arrière-main. Cette position est celle qu'il peut conserver le plus longtemps avec le minimum d'effort.

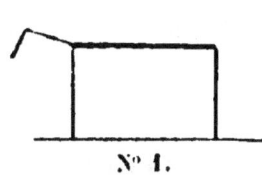

N° 1.

2. *Cheval équilibré d'une façon exagérée sur l'avant-main et sur l'arrière-main.* Position dite *campée*. Les membres sont éloignés de la verticale, l'encolure relevée, le dos affaissé. Le cheval ne peut sortir de cette position qu'avec effort et n'est apte par conséquent à prendre aisément aucune allure.

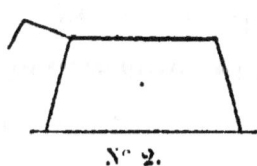

N° 2.

3. *Cheval équilibré d'une façon exagérée sur l'avant-main.* Dans cette position, le cheval est dit *sur les épaules*. C'est la position qu'il prend le plus souvent lorsqu'il est monté sans avoir été assoupli par le dressage.

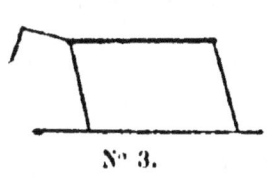

N° 3.

4. *Cheval équilibré d'une façon exagérée sur l'arrière-main.* Dans cette position le cheval est dit *acculé*. Dès qu'elle s'exagère l'animal arrive au reculer.

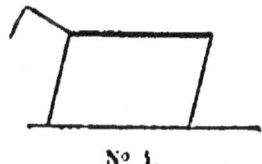

N° 4.

5. *Cheval en état d'équilibre instable sur l'avant-main et sur l'arrière-main.* Dans cette position le cheval est dit *rassemblé*. Il est prêt à prendre toutes les allures que lui demandera son cavalier. Pour conserver cette position, il rapproche le plus possible de son centre de gravité la tête et l'encolure, et tombe dans la mise en main. Cette position n'étant pas naturelle, ne peut être

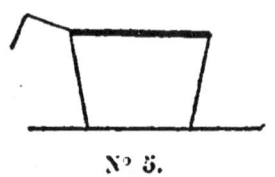

Fig. 7 à 11. — Schémas des divers équilibres du cheval en station.

obtenue que par le dressage, et ne doit être demandée que pendant un temps très court.

§ 4. — Origines des méthodes actuelles de dressage.

Les procédés actuels de dressage sont assez variés, mais il serait difficile de dire que leurs auteurs aient péché par excès de clarté. Le plus souvent leurs théories ont été faites après coup, pour expliquer les résultats de pratiques instinctives, et, en fait, elles ne les expliquent pas du tout. On le voit bien vite lorsqu'on leur pose directement des questions exigeant une réponse précise. Ils sont bientôt acculés à des formules vagues, telles que le tact, l'expérience, etc. Demander à un dresseur de profession comment il obtient tel ou tel résultat, c'est absolument comme si on priait un bon marcheur ignorant la physiologie d'expliquer le mécanisme de la

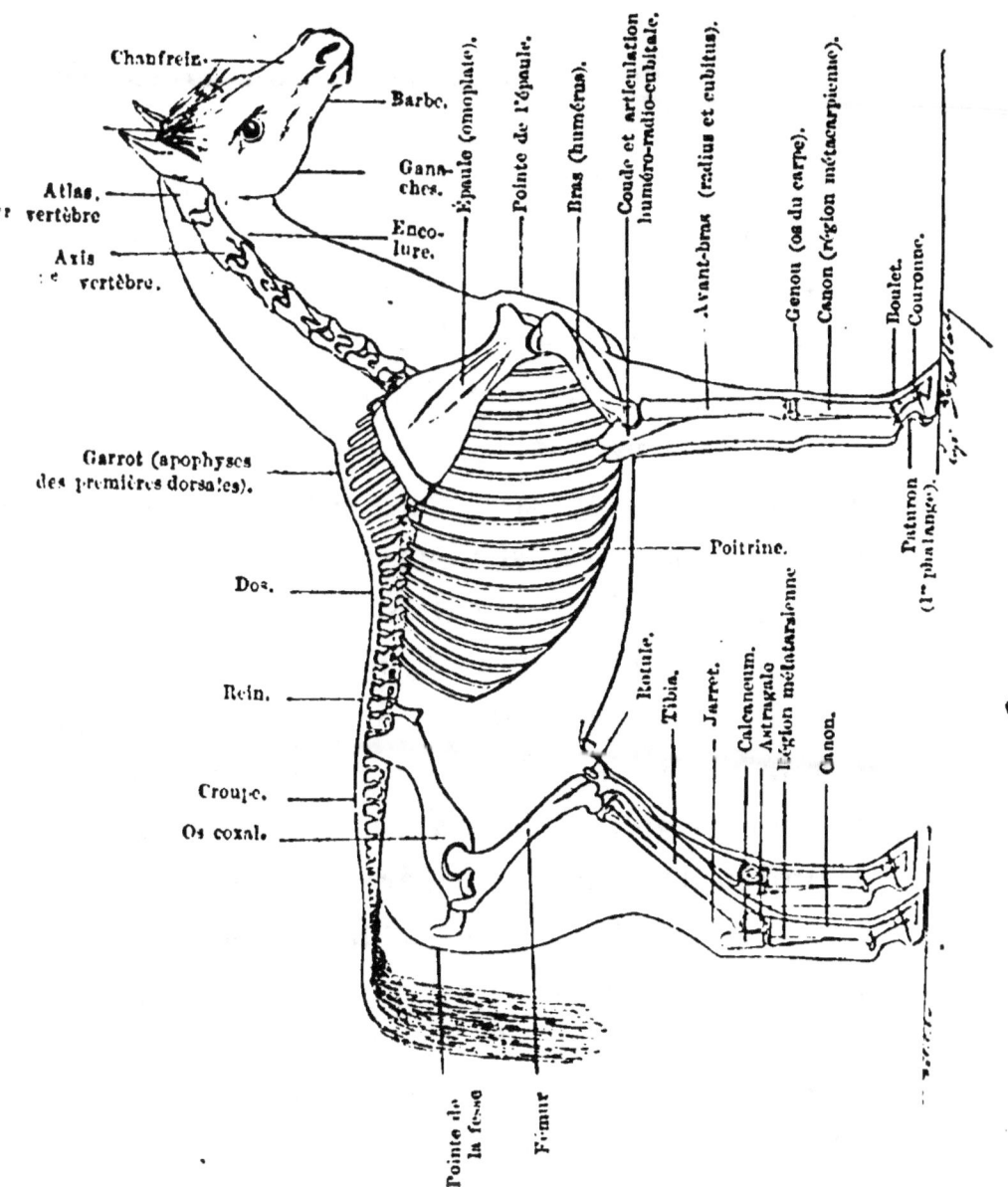

Fig. 12. — Rapports du squelette du cheval avec ses formes extérieures. Figure destinée à faire comprendre les positions que peuvent prendre les membres dans les diverses formes d'équilibre schématique que nous avons décrites. (Dessin du capitaine Ellard.)

marche. Toutes les connaissances des dresseurs sont le plus souvent instinctives, et aussi inexplicables pour les autres que pour eux.

On est même véritablement frappé, en lisant les livres des écuyers célèbres, des difficultés qu'ils éprouvent à formuler leurs méthodes et des contradictions que leurs écrits présentent à chaque page. Ils travaillent à cheval avec leur système nerveux inconscient, et écrivent dans leur cabinet avec leur système nerveux conscient. Or, ce n'est que très exceptionnellement, et avec des difficultés excessives, que le conscient pénètre dans l'inconscient. Si les grands écuyers n'avaient pas formé d'élèves de leur vivant — élèves qui les ont beaucoup plus imités qu'ils ne les ont écoutés — aucune portion de leur œuvre ne serait restée.

Je n'ai pas l'intention de faire, dans ce qui va suivre, l'historique des méthodes d'équitation, mais simplement de montrer la génèse de celle que je vais bientôt exposer.

En dehors du dressage sommaire, qui n'est qu'une absence de dressage, toutes les méthodes de dressage pratiquées depuis cinquante ans, dérivent de celle créée par Baucher. Naturellement ce grand écuyer a utilisé les travaux considérables de ses prédécesseurs, mais il a su voir des choses que nul n'avait vues aussi nettement avant lui, et c'est précisément parce qu'il a su les discerner que le dressage du cheval, qui, dans l'ancienne équitation, demandait un à deux ans, peut se faire actuellement en un à deux mois. C'est Baucher qui a montré comment on enseigne au cheval l'obéissance absolue par le rassembler et la mise en main ; il a mis en évidence le rôle fondamental des jambes, si négligé jadis, et montré que « quel que soit le mouvement que l'on demande « au cheval (avancer, s'arrêter ou reculer), on « doit se servir des jambes d'abord, des mains « ensuite ». Il a prouvé aussi que « c'est la rai- « deur de la mâchoire et de l'encolure provo- « quée par la mauvaise position de l'arrière- « main, qui rend le cheval dur à la main, et « non le degré de sensibilité des barres » (1).

Tous les écuyers actuels, sans exception, dérivent plus ou moins de Baucher. Les Allemands,

---

(1) Les explications théoriques de Baucher ayant beaucoup varié dans ses divers ouvrages, j'emprunte les citations ci-dessus à un petit opuscule « *Dressage du cheval en 30 leçons* » publié en 1881 par son fils. Cette brochure résume parfaitement les préceptes définitifs qui se dégagent de la méthode du célèbre écuyer.

en perfectionnant considérablement d'ailleurs sa méthode, lui ont emprunté les bases de la théorie du dressage réglementaire dans leur armée. Cette méthode nous reviendra évidemment un jour ou l'autre par une voie étrangère, comme cela se pratique habituellement ; mais, en attendant elle ne jouit en France d'aucun crédit. On s'est imaginé qu'elle enlevait du perçant aux chevaux, alors que les Allemands l'ont précisément adoptée pour donner du perçant à leurs montures. La seule objection réellement fondée qu'on puisse lui opposer, c'est que son application est tout à fait hors de la portée de la plupart des cavaliers et souvent fort dangereuse dans leurs mains.

Malgré le peu de crédit dont sa méthode a joui en France, Baucher a eu des continuateurs qui ont considérablement amélioré et simplifié ses doctrines et tâché de leur donner les bases scientifiques qui leur faisaient totalement défaut.

Ce fut le capitaine Raabe qui entreprit le premier la tâche difficile d'appuyer sur quelques éléments scientifiques les pratiques qu'un merveilleux instinct avait suggérées à Baucher. Des recherches continuées pendant cinquante ans, notamment sur le mécanisme des allures, lui permirent de faire subir de grandes transformations à la méthode de son prédécesseur.

Mais, en faisant gagner à la méthode de dressage de la précision, Raabe ne lui fit pas certainement gagner de la clarté. A force de décomposer les mouvements, les élèves en arrivaient à considérer l'allure la plus simple, le pas, par exemple, comme quelque chose d'extraordinairement difficile exigeant des connaissances fort savantes. La plupart se rebutèrent, et, par un sentiment de réaction fort naturel, toute cette équitation aux allures ultra-savantes rejeta élèves et professeurs vers cette équitation ultra-simpliste générale en France aujourd'hui, dont j'ai signalé ailleurs les dangers pour la durée du cheval et pour la sûreté du cavalier.

En essayant de donner une base scientifique à la théorie des allures, et d'en faire dériver le dressage, Raabe fit faire en réalité un grand pas à l'équitation; mais l'insuffisance de ses connaissances scientifiques et des moyens d'investigation dont il disposait, à une époque où la photographie instantanée et les appareils enregistreurs étaient à peine connus, ne lui permit pas de faire dériver de ses études sur la locomotion des principes équestres assez simples pour être clairement exposés.

Cette étude fut reprise, et étendue, par un des meilleurs élèves de Raabe, le colonel Bonnal. Son récent ouvrage représente ce que nous possédons de plus scientifique sur la matière. La première partie de ce travail « *Éléments de locomotion hippique*, » est un véritable mémoire de physiologie, traité avec toutes les méthodes de la science moderne.

C'est en prenant cette méthode comme point de départ que j'ai essayé de simplifier les procédés de dressage. Le reproche de complication fait plus haut à Raabe peut s'adresser également à tous ses successeurs. En demandant aux écuyers et aux élèves l'étude préalable du mécanisme fort difficile des allures, on les rebute forcément, et on les porte à croire que l'enseignement pratique du dressage est beaucoup plus difficile qu'il ne l'est en réalité.

Mais si l'exposé des bases de cette méthode est assez compliqué, on constate bien vite, en l'analysant un peu, que dans la pratique, elle se ramène à un petit nombre de règles d'une simplicité extrême. J'ajouterai d'ailleurs que cette méthode, créée en dehors de toutes préoccupations des principes de la psychologie, se trouve être précisément conforme aux principes qui constituent, comme je l'ai montré, la base fondamentale du dressage.

Dans le travail de simplification que j'ai entrepris pour mettre le dressage à la portée de tous les cavaliers, j'ai été fort gracieusement aidé par le colonel Bonnal. C'est au manège et avec la constante collaboration de cet éminent écuyer qu'ont été rédigés une partie des deux chapitres de cet ouvrage consacrés à la technique du dressage (1).

En publiant les chapitres qui suivent, j'ai la persuasion de rendre un grand service aux cavaliers. En cas de guerre, le service serait plus grand encore, car le nombre de cavaliers inexpérimentés et celui des chevaux ayant besoin d'un dressage rapide serait considérable. Or, en un mois, avec la méthode que je vais indiquer, on arrive à tirer un excellent parti de l'immense majorité des chevaux. D'autres méthodes permettent sans doute d'arriver au même

(1) Cette collaboration ne s'applique qu'au paragraphe 1ᵉʳ du chap. 3 et au § 1 du chap. 4. Les cinq autres paragraphes de ces deux chapitres. (Écueils du dressage, exercices destinés à développer l'initiative du cheval etc.) contiennent des idées dont il ne faut nullement rendre ce savant officier responsable.

résultat, mais elles sont fort compliquées, et seulement à la portée des écuyers les plus exercés. Or, ce qu'il importe de posséder aujourd'hui, étant données la démocratisation de l'équitation, la durée décroissante du service militaire, la nécessité d'avoir d'immenses cadres de réserve, ce sont, je le répète, des méthodes assez simples et assez rapides pour mettre à la portée de tout le monde des résultats presque immédiats (1).

On n'aura pas, bien entendu, la prétention d'enseigner dans ce dressage rapide les difficultés de la haute école, comme le changement de pied à volonté, l'arrêt sans bride, etc., que beaucoup de chevaux d'ailleurs ne peuvent apprendre, pas plus que tous les élèves des lycées ne peuvent entrer à l'École polytechnique; mais ce à quoi tous les chevaux arriveront, c'est à cette éducation moyenne qui leur permet d'exécuter avec obéissance d'abord, puis avec le moins de fatigue possible pour le cavalier et pour eux

---

(1) Dès 1858 le colonel Gerhardt a prouvé par des expériences officielles faites aux lanciers de la garde la simplicité et la rapidité du dressage à la cravache qui constitue une des bases de la méthode exposée plus loin. C'est à cet auteur que revient, je crois, le mérite d'avoir systématisé le premier le dressage à pied à la cravache, mais il a oublié d'en indiquer les écueils.

le travail qu'ils sont appelés à exécuter constamment.

Il ne sera pas sans intérêt de faire remarquer en terminant que le dressage complet du cheval constitue pour le cavalier une gymnastique de l'intelligence et du caractère qu'aucun enseignement théorique ne saurait remplacer. Elle lui apprend à la fois la fermeté et la douceur, exerce sa patience et développe énormément son jugement et ses facultés d'observation. En dressant un cheval, l'homme se dresse lui-même, et dans bien des circonstances de sa vie, il éprouvera les bienfaits de ce dressage.

CHAPITRE III.

TECHNIQUE DU DRESSAGE A PIED ET A LA CRAVACHE.

§ 1. *Exercices auxquels doit être soumis le cheval dans le dressage à pied et à la cravache.* Facilités et avantages du dressage à pied. Rassembler et mise en main. Marche et trot dans la mise en main. Appuyés et pirouettes. Passage et piaffer. — § 2. *Écueils du dressage à la cravache.* Nécessité d'obtenir les flexions au sommet de l'encolure et non au niveau du garrot. Comment il faut placer la tête pour avoir le cheval très légèrement sur la main. Position de l'encolure et de la tête du cheval bien dressé. Le vrai dressage et la simulation du dressage. Mauvaise position de la tête et de l'encolure des meilleurs chevaux de manège. Le cheval en avant de la main et le cheval en arrière de la main. — § 3. *Chevaux qui peuvent être soumis au dressage.* Influence de l'âge. Le cheval de course. Influence des courses sur la qualité des chevaux de selle. Nécessité de substituer les courses de fond aux courses de vitesse. Qualités artificielles des pur-sang.

§ 1. — Série d'exercices auxquels doit être soumis le cheval dans le dressage à pied et à la cravache.

Nous avons montré la nécessité du dressage et le but à atteindre par le dressage. Il nous reste à exposer comment ce but peut être atteint.

Les exercices auxquels doit être soumis le che-

val se divisent en deux catégories fort distinctes :
1° les exercices à la cravache, le cavalier étant
à pied ; 2° les exercices à cheval, le cavalier étant
monté. C'est à l'étude du premier de ces exercices qu'est consacré le présent chapitre.

Supposons qu'on nous amène un animal quelconque, ayant simplement subi le grossier débourrage qu'ont reçu tous les chevaux quand on les présente à la vente (1), et qui consiste seulement à leur apprendre à supporter, sans trop de protestations, une bride, une selle et un cavalier, à aller à droite quand on tire à droite, à gauche quand on tire à gauche, et à s'arrêter quelquefois quand on tire fortement sur les deux rênes. C'est là de l'éducation absolument rudimentaire, bien que beaucoup de cavaliers s'en contentent. D'un cheval ainsi éduqué, nous pouvons dire qu'en réalité il ne sait rien. Il s'agit maintenant de l'instruire, et de

---

(1) Pour les premiers exercices à faire subir au cheval qui n'a jamais été monté, je renverrai aux livres spéciaux. Le principe — toujours psychologique — de la méthode à employer avec le cheval entièrement neuf est l'imitation. Le jeune cheval suit et imite volontiers un vieux cheval dressé. On le fait sortir pendant quelque temps, non monté d'abord, monté ensuite en compagnie d'un vieux cheval et on le fait tenir en main par le cavalier de ce dernier.

cet animal lourd, maladroit, aux réactions rudes, n'obéissant qu'à de dures actions de la main, faire un cheval souple, léger et obéissant aux moindres indications de son cavalier. Comment nous y prendrons-nous?

Toute la première partie du dressage, comprenant une quinzaine de leçons, sera faite à pied et à la cravache. En opérant ainsi, on a pour but de rendre très faciles au cheval des changements d'attitude qui lui seraient beaucoup plus difficiles s'il avait le poids d'un homme sur son dos. Ces attitudes prises par le cheval et fixées par la répétition des associations, l'animal continuera à les garder plus tard lorsqu'il sera chargé du poids d'un cavalier. Cette façon d'opérer a en outre l'avantage de rendre tout à fait inoffensives les défenses de l'animal et de le convaincre de son impuissance. Il en serait tout autrement si le cheval, étant monté, parvenait par un mouvement brusque à se débarrasser de son cavalier. Nous avons vu ailleurs que, dans ce cas, le dressage serait sérieusement compromis, la défense qui a réussi à l'animal étant inévitablement répétée par lui et d'autant plus fréquemment qu'elle a été plus souvent couronnée de succès.

L'animal est donc amené au manège. Si on le sent trop vif, trop impatient, on lui fait faire à la longe un certain nombre de tours au trot ou au galop, jusqu'à ce qu'il soit un peu baissé, suivant l'expression consacrée, et l'on commence aussitôt le dressage.

L'opération fondamentale est, comme nous l'avons dit, d'obtenir d'abord au repos, puis en marchant, le rassembler et la mise en main.

Le cheval étant placé le long du mur, et le cavalier à sa gauche, la main gauche tient entre les doigts, près de la bouche, la bride et le filet; la main droite tient le milieu de la rêne droite passant au-dessus de l'encolure, et de plus la cravache. Dans cette position, on paralyse à volonté les mouvements du cheval.

Pour obtenir d'abord le rassembler et la mise en main, on opère comme il suit : la tête étant maintenue par les rênes, avec la main gauche, comme il vient d'être dit, ce qui empêche l'animal d'avancer, on frappe avec la cravache, de très petits coups à intervalles rapprochés sur les flancs de l'animal, jusqu'à ce qu'il engage ses postérieurs sous lui ce qui amène presque inévitablement la flexion de l'encolure, et, au bout de très peu de temps, la décontraction de la mâchoire. A ce moment précis, nettement indiqué d'ailleurs par un bruit de déclic du mors, le cavalier cesse immédiatement toute action des rênes et de la cravache, il caresse l'animal et laisse sa tête se détendre et s'affaisser. Cette opération est répétée plusieurs fois jusqu'à ce que le cheval ait parfaitement compris ce qu'on lui demande. On peut s'en tenir là pour la première leçon, dont la durée, pas plus d'ailleurs que celle des suivantes, ne doit dépasser un quart d'heure.

Tant que durera le travail à la cravache, chaque leçon devra toujours débuter par l'exercice qui précède, c'est-à-dire par le rassembler et la mise en main.

Dès la seconde leçon, nous apprendrons au cheval à marcher dans la mise en main. La tête étant maintenue comme précédemment et le cavalier, tenant toujours les rênes et la cravache comme il a été expliqué, avance doucement en frappant à petits coups le long des flancs de l'animal, ce qui détermine la progression en avant. De temps en temps on marque un arrêt avec la main gauche en même temps que la main droite met le pommeau de la cravache en contact avec les flancs de l'animal près des sangles. Au bout de quelques minutes le cheval a très bien compris ce qu'on lui demande : cravache le long des flancs pour avancer, pommeau de la cravache appuyé près des sangles pour s'arrêter, le tout avec une certaine position de la tête. On le récompense en le caressant et en cessant toute action des rênes et de la cravache, quand il a exécuté ce qu'on lui demandait.

Le cheval a appris à se rassembler et à se mettre en main, à marcher dans la mise en main. il s'agit maintenant d'accroître sa mobilité, en l'obligeant à reculer dans la mise en main. La mise en main étant obtenue, toujours de la même façon, on fait faire quelques pas à l'animal, puis le cavalier tire doucement en arrière sur les rênes, et en même temps frappe légèrement sur les hanches avec la cravache, jusqu'à ce que l'animal recule sans difficulté. Le cavalier repart alors en avant, s'arrête, recule, et répète cet exercice pendant toute la durée de la leçon et plusieurs jours de suite, jusqu'à ce qu'il ait bien fixé dans la tête de l'animal, par voie d'association, les trois positions de cravache qui doivent déterminer la marche en avant, l'arrêt et le reculer (1).

(1) Pour le recul on obtient un résultat meilleur quand on frappe sur les hanches du côté où pose l'antérieur, parce que le

Le but de ces premières leçons est d'apprendre au cheval à bien engager ses membres postérieurs sous sa masse, et à marcher, s'arrêter, reculer dans la mise en main. Elles seront répétées jusqu'à ce que les mouvements se fassent de plus en plus automatiquement, et que l'écuyer n'ait plus qu'à toucher à peine aux rênes et à la cravache pour obtenir les mouvements demandés.

Au bout de quelques jours le cheval a acquis une grande mobilité, avance, s'arrête ou recule au plus léger mouvement des rênes ou au plus léger attouchement de la cravache aux endroits convenus ; il a appris à bien engager ses postérieurs et à pousser son avant-main sur le mors retenu par les doigts de l'écuyer ; nous pouvons conduire son éducation plus loin.

Il ne nous reste d'ailleurs que deux exercices fondamentaux à lui apprendre : l'appuyer dans la mise en main, c'est-à-dire la marche de deux pistes, et le pivot sur les épaules.

L'appuyé latéral, — le cheval marchant parallèlement à lui-même, sans avancer, — présente beaucoup d'inconvénients, l'animal pou-

postérieur du même côté, étant à la fin de son appui, est prêt à se lever ; mais cela n'est pas indispensable.

vant s'entrechoquer les genoux. Il ne faut lui apprendre que l'appuyé diagonal, c'est-à-dire la marche parallèle à lui-même en avançant, la ligne qu'il suit faisant un angle de 45° avec le mur du manège.

Pour y arriver, le cavalier tenant les rênes comme précédemment, et tirant davantage sur la rêne droite, fait avancer le cheval, mais en poussant avec la cravache la croupe. Au bout de quelques instants le cheval a compris et progresse diagonalement; mais la tension sur les rênes et l'action de la cravache devant être proportionnelles au déplacement du cheval, l'exécution correcte de cet exercice est plus difficile.

Il n'est pas indispensable de répéter dans deux sens opposés l'exercice qui précède ; le cheval qui l'exécute d'un côté sait parfaitement ensuite l'exécuter de l'autre.

L'exercice que nous allons maintenant enseigner au cheval consiste à le faire pirouetter sur les épaules, pour lui apprendre à ranger entièrement ses hanches sous l'action de la cravache, et plus tard des jambes, qui la remplaceront.

La pirouette sur les épaules, dite pirouette renversée, consiste en une rotation complète du corps exécutée par le cheval autour de ses membres antérieurs. Ces derniers servant de pivot doivent se déplacer très peu.

Ce mouvement s'obtient en fixant la main, toujours placée comme précédemment, et en actionnant le flanc gauche avec la cravache pour pousser la croupe circulairement. On n'obtient d'abord qu'un quart de pirouette ou une demi-pirouette, et on n'insistera pas pour obtenir davantage, parce que le déplacement est pénible pour le cheval. Il ne faut lui demander ce mouvement qu'un petit nombre de fois à la fin de chaque leçon. On n'arrivera que progressivement à la pirouette complète.

Telle est la série successive des mouvements que doit comprendre le travail à la cravache. Il est difficile d'en préciser la durée, parce qu'elle dépend du cheval et du cavalier; mais il sera rare que cette durée dépasse une quinzaine de jours, surtout si l'on peut y consacrer un quart d'heure le matin et un quart d'heure le soir.

En dehors des exercices qui précèdent, il en est deux que je mentionnerai, parce que, bien que n'étant pas indispensables, ils sont d'une exécution facile, constituent un des airs les plus gracieux de la haute école, et donnent beaucoup de souplesse à l'animal. Je veux parler du piaffer et du passage.

Pour obtenir le passage pendant que le cheval est au pas, et tenu comme il a été expliqué, on frappe alternativement, et sans s'occuper des ruades, s'il en survient, la hanche gauche puis la hanche droite du côté où pose le membre antérieur correspondant, et au moment même de son appui. Bientôt le cheval saute en cadence sur ses membres, et a l'air de marcher en dansant (1).

Le piaffer n'est que le passage sur place, c'està-dire le cheval n'avançant pas.

Ces deux exercices ne doivent être demandés que vers la fin du dressage, et seulement par des cavaliers suffisamment habiles. Nous n'insisterons donc pas davantage sur eux.

§ 2. — Écueils du dressage à la cravache.

Dans le travail à la cravache que nous avons décrit, il faut toujours avoir soin que la main qui tient les rênes près de la bouche soit assez élevée, de façon à ce que les flexions de la tête

---

(1) Cet air de manège diffère beaucoup du trot cadencé avec grande extension des antérieurs appelé également *passage*. Ce dernier n'est en réalité qu'une variété de trot espagnol.

soient faites en relevant l'encolure et non pas en l'abaissant comme le faisait Baucher. Il est indispensable d'opérer comme nous venons de dire pour éviter que le cheval ne soit, suivant l'expression consacrée, « en arrière de la main ». Fléchie avec l'encolure haute la tête est également verticale, mais le cheval est dans l'impossibilité de l'amener en dedans de la verticale, de s'encapuchonner et de se porter sur les épaules.

Dans le dressage suivant la méthode Baucher, avec flexion au niveau du garrot, on arrivait souvent à ce résultat signalé à l'instant d'avoir le cheval « en arrière de la main ». L'animal avait généralement l'encolure trop rouée et trop molle. Souvent il refusait d'accepter le mors et savait se soustraire à son contact en rapprochant sa tête jusqu'au contact du poitrail. L'action du mors est alors annulée et la trop grande flexibilité de l'encolure empêche d'ailleurs cette dernière de réagir convenablement sur l'arrière-main. Elle perd alors son rôle de balancier et de gouvernail. L'animal ainsi dressé a peu de perçant, s'accule, se cabre ou fait des sauts de pie lorsqu'on veut le porter en avant. Loin de lui avoir enseigné l'obéissance le dressage n'a fait que lui enseigner les moyens de se soustraire sans inconvénient aux exigences de son cavalier.

Les meilleurs élèves de Baucher ont dû finir par reconnaître les inconvénients des flexions, l'encolure basse, telles que les enseignait le célèbre écuyer. Voici comment s'exprime à ce sujet Raabe, le principal continuateur de Baucher :

« Quel est le cavalier qui n'a pas eu l'occa-
« sion de voir un cheval bauchérisé, comme
« cela se nommait, refuser d'avancer malgré
« l'excitation des jambes et même des éperons
« sur les flancs, et se fixer en ramenant seule-
« ment son menton au poitrail ! »

C'est là en très grande partie la cause du discrédit où est tombée en France la méthode Baucher et tout ce qui la rappelle. Les cavaliers ordinaires qui l'appliquaient obtenaient aisément des chevaux ramenant leur tête et mâchant leur mors ; mais ils constataient que leurs chevaux étaient, malgré cela, parfaitement rétifs, un peu plus rétifs même qu'avant le dressage. Lorsque l'écuyer n'a pas su conquérir l'obéissance de l'animal et l'habituer à toujours travailler dans l'impulsion, le ramener exagéré de la tête n'est plus pour le cheval qu'un moyen de se soustraire à l'action de la main du cavalier.

En pratiquant les flexions, l'encolure élevée,

le cheval est dans l'impossibilité de courber suffisamment son encolure, pour que sa tête puisse arriver en dedans de la verticale, et il lui est impossible par conséquent de se soustraire à l'action du mors. On obtient donc tous les avantages du ramener de la tête sans en avoir les inconvénients.

En recherchant des points de repère pouvant guider l'écuyer lorsqu'il pratique la flexion de la tête, j'ai constaté que chez la plupart des chevaux l'on peut considérer la tête comme bien placée lorsqu'ayant été amenée à être verticale, une ligne horizontale passant par la commissure des lèvres arrive au niveau de la naissance de la queue. Chez les chevaux supérieurement dressés elle arrive même à passer au-dessus, et c'est alors l'extrémité inférieure des lèvres et la naissance de la queue qui peuvent être réunis par une ligne horizontale. On constate dans toutes les photographies instantanées du livre de Fillis que la tête du cheval est toujours placée de façon à réaliser cette dernière condition lorsque l'animal est en main (1). Cet écuyer est d'ailleurs un des bien

(1) Le cheval qui figure sur le frontispice n'a pas la tête placée suivant la règle que je viens de donner ; mais comme l'animal est tenu exclusivement avec le filet, il est bien visible que

rares dresseurs qui ait compris la nécessité de pratiquer les flexions l'encolure très haute, telles que

Fig. 13. — Étude de mise en main le cheval étant en station.

Cheval un peu en avant de la main. — L'encolure est bien placée, mais la tête n'est pas assez rapprochée de la verticale. On trouvera plus loin le même cheval ayant la tête parfaitement placée. Cette position d'encolure est d'ailleurs de beaucoup préférable à celle de la figure suivante.

La position de la jambe du cavalier placée beaucoup trop en avant est intentionnelle. Cette photographie faisait partie d'une série destinée à étudier les diverses positions de la jambe.

le prescrit le Manuel de la cavalerie allemande.

cette position est voulue et que l'écuyer n'a nullement cherché à mettre son cheval en main.

Les nombreuses photographies de chevaux allemands à diverses allures, notamment au petit

Fig. 14. — Étude de mise en main le cheval étant en station.

Cheval un peu en arrière de la main. — Cette photographie a été prise sur un cheval de manège auquel on avait sans doute appris dans sa jeunesse les flexions suivant la méthode Baucher. L'encolure est trop lasse, l'axe de la tête est en arrière de la verticale. La véritable position que doit avoir la tête du cheval est comprise entre les deux positions données par les figures 13 et 14 ; mais en se rapprochant davantage de la première que de la seconde, surtout pour la position de l'encolure.

galop, que je possède prouvent avec quel soin cette règle est observée.

A part quelques rares exceptions telles que

celle que je viens de citer, la flexion correcte
de l'encolure n'est pas encore généralisée en
France. Dans les rares manèges où on essaye d'a-
voir quelques chevaux capables d'être mis en
main, la flexion de la tête est toujours obtenue
avec une encolure beaucoup trop basse, ce qui
porte le cheval sur les épaules, amène l'encapu-
chonnement et tous les inconvénients que j'ai
signalés. On peut s'en convaincre en parcourant
les photographies instantanées publiées dans
l'ouvrage (*le Langage équestre*) de M. Pellier, directeur d'un des plus importants manèges parisiens. On a évidemment cherché à mettre en
main les chevaux qui y figurent et à ne choisir
que les mieux dressés, mais toutes les fois que
le cheval est en main, son encolure est infiniment trop basse (1). Il est probable que cette
flexion de l'encolure, si défectueuse et si dangereuse pour des cavaliers peu expérimentés, a
dû être obtenue soit en pratiquant les flexions
l'encolure basse comme on le faisait il y a
trente ans, soit tout simplement par un enrènement artificiel à l'écurie avec le surfaix nommé
jockey. C'est ce dernier moyen qu'emploient le

(1) Voir notamment les photographies des pages 221, 222, 233,
235, 281, etc.

plus souvent les dresseurs pour donner aux chevaux de luxe pour attelage la tête verticale. Rien n'est plus artificiel et plus nuisible pour le cheval que cette façon d'opérer. L'animal ainsi enrêné tâche de se soustraire à l'action du mors en creusant son dos, — ce qu'on nomme l'ensellement en argot hippique, — recule ses postérieurs, perd l'habitude de les engager sous lui, et devient très dur à la main, ce qui est précisément le contraire des buts que se propose le dressage.

On voit par ce qui précède qu'il ne faut pas confondre l'apparence du dressage avec le vrai dressage. Tous les chevaux bien dressés doivent pouvoir être amenés à avoir la tête verticale lorsque leur cavalier l'exige, mais il s'en faut de beaucoup que tous les chevaux qui ont la tête verticale soient des animaux bien dressés.

L'animal tirant sur le mors, c'est-à-dire « en avant de la main » et l'animal refusant d'accepter le contact du mors, c'est-à-dire « en arrière de la main », forment les deux limites extrêmes d'une série. C'est entre ces termes extrêmes que le cheval doit être amené par le dressage. L'animal est bien dressé quand il est légèrement sur la main, c'est-à-dire quand il

prend un appui très léger sur le mors, ne le
fuit jamais, se porte invariablement en avant
sous l'action des jambes en engageant bien ses
postérieurs et travaille par conséquent toujours
dans l'impulsion.

Toutes les observations qui précèdent, relatives au dressage à pied à la cravache, sont applicables également, bien entendu, au cheval monté. Il faut toujours avoir soin également d'obtenir la flexion de la tête avec l'encolure très haute et non très basse; on aura donc les mains qui tiennent les rênes un peu élevées, et, au besoin, on redressera l'encolure avec les rênes de filet.

§ 3. — **Chevaux qui peuvent être soumis au dressage.**

La méthode de dressage qui précède peut être appliquée à tous les chevaux sans exception; alors même qu'ils seraient très âgés, elle réussit parfaitement. Elle a même de meilleurs effets sur les chevaux d'un certain âge que sur des chevaux trop jeunes, à cause de l'étourderie et de l'impatience de ces derniers.

A moins qu'il ne s'agisse de pur-sang, qui ont plus de vigueur et ont été mieux nourris dans les premiers temps de leur existence, il faut éviter d'entreprendre le dressage du cheval avant l'âge de cinq ans. Si on croit, pour une raison quelconque, devoir commencer plus tôt, on surveillera constamment l'état des membres, et on demandera au cheval très peu d'exercices sur l'arrière-main. Les leçons devront être plus courtes, et il ne faudra pas espérer terminer le dressage en moins de quatre à cinq mois.

Je n'ai pas besoin, je pense, d'ajouter que le dressage précédent ne vise que le cheval de selle ordinaire, et en aucune façon le cheval de course. Ce dernier exige une équitation peu raffinée, mais tout à fait spéciale. Il est dressé et monté dans un but unique : fournir pendant un très petit nombre de minutes une très grande vitesse. Qu'il se désunisse, ait la bouche dure, des réactions violentes, obéisse mal aux aides, soit incapable de résister à une fatigue prolongée, tout cela importe fort peu. Toute son éducation n'a d'autre but que d'accroître de quelques secondes sa vitesse kilométrique. La vitesse du cheval de course (1 kilomètre environ par minute au galop et un demi-kilomètre au trot) ne pouvant être soutenue plus de quelques minutes et devant être suivie ensuite d'un long repos, serait sans utilité pour l'équitation civile ou militaire. L'institution des courses n'a servi qu'à favoriser la reproduction de chevaux capables de donner ces grandes vitesses pendant quelques instants. Ce sont généralement des animaux très délicats, au corps allongé et aplati, aux membres grêles, sans résistance à la fatigue, qui ne pourraient pas supporter longtemps la même charge qu'un cheval de guerre, et peu utiles, par conséquent, comme chevaux de selle. Beaucoup de personnes considèrent, pour ces raisons, que l'industrie des courses, loin de favoriser l'amélioration de la race chevaline, a exercé l'influence la plus funeste sur la production du cheval de selle destiné à résister aux fatigues, celui de cavalerie notamment.

Les courses de chevaux pourraient cependant rendre des services réels, si aux courses de vitesse on substituait des courses de fond. Les prix ne pourraient être alors obtenus que par des chevaux possédant une grande résistance, capables par exemple de faire 60 à 80 kilomètres par jour pendant plusieurs jours, avec quelques courses de vitesse très peu prolongées dans l'intervalle, pour savoir ce que le cheval pourrait donner à un moment donné en cas de besoin.

Je ferai remarquer, en passant, que le terme de pur-sang si employé aujourd'hui pour les chevaux de course est fort impropre. Ce terme, applicable à des races bien définies n'ayant été croisées qu'entre elles, qu'on rencontre dans l'Arabie et la Perse, ne l'est pas du tout à des produits d'une variété créée, il y a cent cinquante ans, par des croisements de produits anglais avec quelques étalons arabes arrivés accidentellement en Europe. Les éleveurs, par des procédés de sélection bien connus, ont modifié graduellement ces descendants en sacrifiant toutes les qualités de fond et de résistance à une seule qualité : la vitesse momentanée. Il y a probablement fort loin des prétendus pur-sang actuels à leurs ancêtres d'il y a cent cinquante ans.

Avec les méthodes modernes, l'éleveur crée à volonté dans une race les qualités qu'il désire. Si les courses de fond, dont je parlais plus haut, étaient établies, nos pur-sang seraient entièrement transformés en moins de vingt-cinq ans.

CHAPITRE IV.

TECHNIQUE DU DRESSAGE A CHEVAL.

§ 1. *Dressage à cheval.* — Son analogie avec le dressage à pied et à la cravache. — Langage conventionnel des jambes. — Comment on peut le simplifier. — Supériorité du dressage à l'éperon. — Ses difficultés. — Série des exercices auxquels doit être soumis le cheval. — § 2. *Exercices gymnastiques complémentaires du dressage.* — L'exercice du trot moyen en main. — Comment on doit le pratiquer. — Variation progressive des allures. — Le galop en cercle. — Les contre-changements de main. — § 3. *Solution des cas particuliers qui peuvent se présenter dans le dressage.* — Mise en main des chevaux qui portent le nez au vent. — Cas divers. — § 4. *Exercices destinés à développer l'initiative du cheval et son habileté.* — Comment on apprend au cheval à se tirer des mauvais pas et avoir du perçant. — Liberté à lui donner. — Obéissance qu'il faut exiger.

§ 1. — Dressage à cheval.

Le dressage à pied a appris à l'animal une série de mouvements qu'il eût exécutés beaucoup plus péniblement, et non sans défenses, s'il avait été monté. N'ayant pas été entravé par le poids du cavalier, il lui a été facile de les exécuter; et maintenant qu'ils sont devenus chez lui presque automatiques, il continuera à les exécuter malgré le poids du cavalier.

Tous les exercices que doit exécuter le cheval monté sont la répétition exacte de tous ceux que nous avons fait exécuter à pied. La seule différence est que les jambes remplacent la cravache. Cette substitution se fera en appliquant encore le principe psychologique des associations par contiguïté, qui domine toute la théorie du dressage. L'indication donnée par la cravache, et que le cheval a appris à comprendre, est accompagnée d'abord d'une indication donnée par la jambe, et que le cheval ne comprend pas. Il ne se préoccupe donc d'abord que de l'indication donnée par la cravache ; mais comme les deux indications, cravache et jambe, sont toujours simultanées, et que le cavalier a soin de rendre la première de moins en moins accentuée, il arrive un moment où la seconde peut être substituée à la première. La cravache est alors inutile, et le dressage est terminé.

Tout ce que nous allons dire du dressage du cheval monté découle donc des principes qui précèdent; mais il nous reste à indiquer les positions des jambes que la pratique a enseignées comme étant les meilleures. Puisqu'il s'agit d'un langage conventionnel à établir entre le cheval et le cavalier, il est évident qu'une position quelconque des jambes, à condition qu'elle fût toujours la même pour le même ordre, finirait par être comprise du cheval. Mais, parmi ces positions possibles, il en est évidemment de plus commodes pour les cavaliers, et ce sont celles-là que l'expérience a conduit à choisir.

La seule difficulté sérieuse que présente le dressage à cheval est l'emploi judicieux de l'éperon. Sans doute, il est possible de s'en passer, et c'est ce que nous conseillerons toujours au cavalier peu sûr de lui, ou montant un cheval par trop sensible; mais alors on ne pourra jamais espérer d'obtenir cette obéissance absolue, cette mise en main instantanée, ces arrêts immédiats, qui caractérisent le cheval dressé à l'éperon.

La suppression de la partie du dressage du cheval à l'éperon n'affecterait d'ailleurs en aucune façon les principes fondamentaux du dressage indiqués dans ce chapitre et celui qui précède. Les diverses positions de la jambe constituent, comme je le disais plus haut, les signes d'un langage purement conventionnel, et l'on peut créer à volonté un autre langage conventionnel. *C'est ainsi que le cavalier qui ne se sent pas assez habile pour manœuvrer l'éperon avec la délicatesse nécessaire, ou qui possède un cheval par trop sensible, peut se borner à lui enseigner uniquement à se porter toujours en avant par l'action des jambes.* Ce seront encore les jambes qui produiront l'arrêt, mais en associant davantage alors les rênes à leur emploi. Dans le chapitre relatif au rôle des aides sur le cheval bien dressé, nous avons montré que, d'une façon générale, la jambe détermine l'impulsion et que la main règle la façon dont sera dépensée cette impulsion. Comme conséquence, nous avons vu qu'une même action des jambes peut, suivant la tension des rênes, déterminer l'accélération de l'allure ou au contraire son ralentissement.

Pour comprendre les difficultés du dressage à l'éperon, il est nécessaire d'indiquer les deux positions fondamentales de la jambe dans le maniement du cheval. Raabe en avait indiqué une troisième, mais l'expérience nous a prouvé qu'elle compliquait beaucoup le dressage sans avantage sérieux. En n'en tenant pas compte nous supprimons du même coup une des grosses difficultés de ce mode de dressage.

Les deux positions fondamentales de la jambe — en dehors des jambes tombant naturellement et qui dès lors sont sans action — sont les suivantes :

1° *Glissement* progressif des jambes en arrière, auquel succède au besoin une piqûre de l'éperon signifie : impulsion en avant.

2° *Pression* progressive des jambes près des sangles à laquelle succède au besoin la pression de l'éperon signifie mise en main, arrêt, et, si cette pression continue, reculer.

C'est là, comme on le voit, l'équivalent de ce qu'on a demandé au cheval au moyen de la cravache : coup de cravache en arrière pour le porter en avant ; pression avec le pommeau de la cravache près des sangles pour l'arrêter. C'est en associant d'abord l'action de la cravache à celle des jambes quand on est monté, qu'on apprend à l'animal ce que signifient le glissement des jambes en arrière et leur pression au niveau des sangles.

Mais tout en comprenant très vite ce qu'on lui demande, le cheval a parfois des velléités de résistance, ou encore n'obéit que mollement ;

c'est ici que l'éperon intervient, et, comme par voie d'association, le cheval sait par expérience qu'à l'action progressive des jambes va succéder un coup d'éperon douloureux, il n'attend pas ce coup d'éperon pour obéir. *Comme résultat final, le dressage à l'éperon permet au cavalier de se servir plus tard fort rarement de l'éperon* (1).

(1) Raabe, dans sa « Théorie du cavalier », fait remonter à Frédéric Grison (1583), c'est-à-dire à une époque bien lointaine, l'idée de fléchir l'encolure du cheval et de le mettre en main au moyen de l'éperon; mais c'est à lui et à Baucher, je crois, que revient le mérite d'avoir montré le parti qu'on pouvait tirer de l'éperon pour porter le cheval en avant, ou pour l'arrêter. Voici comment il s'exprime à ce sujet : « La pression des jam-
« bes ou des éperons, près des sangles, fait baisser la tête du
« cheval, lui fait plier l'encolure en arc; si cette pression
« est forte l'animal se plaint; il est rare qu'il se porte en
« avant.

« Les plaintes du cheval indiquent que la douleur appliquée
« près des sangles est un châtiment.

« Il est encore évident que ce châtiment n'est pas un moyen
« d'impulsion sûr, certain, efficace, puisque le cheval ne se
« porte pas en avant chaque fois que ce châtiment est appliqué.

« Aussitôt que la pression des jambes ou le pincer des éperons
« s'effectuent loin des sangles, le cheval ne se plaint pas et de
« suite il marche.

« De là deux effets bien distincts dus aux jambes, l'un près
« des sangles, l'autre loin des sangles. »

Je ne sais pas encore jusqu'à quel point l'explication de Raabe est exacte et si on doit considérer comme un effet physiologique ou simplement comme un résultat d'éducation la décontraction de l'encolure et l'arrêt par la pression de l'éperon auprès des sangles et l'impulsion de la croupe par l'action de l'éperon en

La difficulté de l'emploi de l'éperon pour le cavalier, surtout dans le mouvement de pression, est d'arriver à ne pas procéder par à-coups. Il faut d'abord se servir des jambes et n'arriver que progressivement à l'éperon. Or pour opérer progressivement, il faut être bien maître de ses jambes, avoir l'articulation du pied très mobile et sentir pour ainsi dire ce qui se passe à l'extrémité du talon. Le cavalier doit donc faire d'abord l'éducation de sa jambe avant d'entreprendre le dressage du cheval. Le meilleur exercice pour y arriver consiste à répéter ce que j'appellerai la leçon de l'éperon sur un cheval quelconque peu sensible, avec des éperons dont la molette est entourée d'un doigt de gant, et de prier un écuyer, se tenant par devant ou par derrière de façon à voir les deux jambes, d'indiquer comment on a touché le cheval. Le centre du mouvement que fait le cavalier pour toucher progressivement avec l'éperon doit être dans l'articulation du pied, et non dans celle du genou, qui ne doit servir qu'à rapprocher la jambe. Il est tout à fait essentiel, et nous ne saurions trop insister sur ce point, de

arrière, mais au point de vue exclusivement pratique cela n'a pas grande importance.

n'entreprendre le dressage à l'éperon que lorsqu'on est bien sûr de l'habileté avec laquelle on sait s'en servir. A défaut de cette habileté, il vaut mieux y renoncer et se borner uniquement à apprendre au cheval à se porter en avant sous l'action des jambes ainsi que cela a été dit plus haut. Alors même d'ailleurs que le cavalier posséderait une grande habileté dans le maniement de l'éperon, il rencontrera des chevaux, les pur-sang, les juments surtout, qui ne peuvent supporter l'éperon sans se livrer à des bonds désordonnés capables de désarçonner le cavalier, accident dont nous avons indiqué toute la gravité au point de vue du dressage. Dans ce cas, le dressage à l'éperon doit d'abord être entrepris à pied. Quand le dressage à la cravache ordinaire est terminé, on le répète avec une cravache terminée par une molette d'éperon peu piquante, et on s'en sert avec une grande délicatesse jusqu'à ce que le cheval y soit habitué, ce qui avec certains chevaux exceptionnels peut demander quelque temps. Il faut insister jusqu'à réussite complète, quel que soit le temps nécessaire, car on ne peut considérer comme entièrement dressé un cheval ne supportant pas l'éperon. Quant à ceux ne supportant pas la jambe, qu'on rencontre encore quelquefois, tout ce qu'on peut dire de plus indulgent pour les écuyers qui les ont dressés, c'est qu'ils n'ont pas la plus légère notion des progrès réalisés depuis cinquante ans dans l'équitation, ni des dangers auxquels de pareils animaux exposent leurs cavaliers.

Le travail à cheval étant identique au travail à pied, avec la seule différence que les jambes sont d'abord associées à la cravache et la remplacent ensuite, nous n'avons qu'à renvoyer le lecteur au chapitre qui précède. Nous n'insisterons que sur un point fondamental du dressage : le rassembler et la mise en main.

Le cavalier, étant monté, commence par frapper légèrement le cheval avec la cravache, pour obtenir le rassembler et la mise en main, comme nous l'avons dit plus haut, et en même temps il presse avec force les mollets contre les flancs du cheval, le plus en avant possible. Pendant cette double opération, les rênes exercent une tension légère, mais suffisante, pour empêcher l'animal d'avancer; puis *sans bouger la main* on attend que le cheval décontracte son encolure et sa mâchoire. Aussitôt que la décontraction se produit, ce qui se reconnaît à ce que, tout d'un coup, la main ne rencontre plus aucune résistance, on cesse immédiatement toute action des jambes et de la cravache, on jette les rênes sur le cou de l'animal, on le caresse et on le laisse s'allonger à son aise. Cette leçon est répétée jusqu'à ce que l'animal ait bien compris ce qu'on lui demande, puis on entreprend la marche en avant, l'arrêt et le reculer dans la mise en main, comme il a été dit dans la leçon à la cravache, avec cette différence, que les indications de la cravache sont accompagnées du glissement des jambes en arrière pour la marche, de la pression momentanée pour l'arrêt et de la pression continue pour le reculer. Mise en main, arrêt, reculer, sont en définitive trois phases d'un même phénomène qui se succèdent par le seul fait que la pression des jambes se prolonge.

Dans les premières leçons montées l'éperon est inutile, il ne doit arriver que plus tard, et seulement quand le cheval résiste aux demandes de mise en main ou n'obéit qu'avec mollesse. On s'en sert alors exactement, comme je l'ai indiqué : l'éperon succédant à l'action progressive des jambes, mais ne la précédant jamais. De cette façon l'animal est prévenu de son action et apprend très vite, par voie d'association, que le refus d'obéissance va avoir pour conséquence une douleur très vive.

C'est au pas également, d'ailleurs, que devront être faits, au début, les exercices qui précèdent. C'est au pas, en effet, que le cheval apprend le mieux à donner de la souplesse à son encolure et à sa mâchoire. A force d'être obligé à raccourcir son encolure, puis à la détendre sans ralentir l'allure par une action de plus en plus légère des aides, à laquelle succède toujours, quand la mise en main est obtenue, un relâchement complet des mains et des jambes, le cheval arrive rapidement à assouplir à la fois sa volonté et son encolure, à augmenter l'action de ses postérieurs, et finalement à obéir immédiatement à de très légères indications de son cavalier.

C'est alors, et seulement alors, qu'on peut répéter au trot les exercices précédents.

§ 2. — Exercices gymnastiques complémentaires du dressage.

La plus grande partie du dressage qui précède a été surtout un dressage moral. Nous avons assoupli la volonté du cheval, nous lui avons appris à comprendre clairement le langage du cavalier et à y obéir d'une façon absolue. Sans doute nous lui avons fait accomplir également certains exercices qui ont assoupli également ses articulations, mais nous devons compléter ces derniers

Fig. 15. — Étude de mise en main pendant la marche.

La flexion de la tête étant obtenue au sommet de la nuque et non auprès du garrot et l'encolure étant bien relevée, ainsi qu'il est expliqué à propos des figures 13 et 14, on peut considérer la tête et l'encolure de ce cheval comme très bien placées. L'animal n'est pas encore dans la mise en main, mais dans une position très voisine. Les foulées sont courtes, la flexion de l'antérieur gauche est une conséquence de l'exagération de l'énergie dépensée pour l'allure et de la contraction que l'animal oppose encore à la mise en main. Dès que la mâchoire aura cédé, la tête deviendra verticale, les foulées s'allongeront et le pas deviendra normal.

par des exercices gymnastiques spéciaux destinés à rendre plus mobiles encore quelques articulations du cheval et à exercer certains muscles.

En recherchant — dans un but de simplification qui a dominé toute la rédaction de ces chapitres — quels sont les meilleurs exercices gymnastiques à faire pratiquer au cheval, nous sommes arrivé à cette conclusion, que ceux qui dispensent de tous les autres sont : 1°, *au dehors*, le trot en main avec divers degrés de vitesse ; 2° *au manège*, le galop dans de très petits

Fig. 16. — Étude de mise en main pendant la marche.

Le cheval du cavalier est en main et sa tête bien placée. Le cheval de l'amazone a l'encolure contractée et est tout à fait en dehors de la main.

cercles, et 3° si le cavalier est suffisamment habile, les contre-changements de main de deux pistes au trot.

Le trot au dehors, présente, au point de vue du dressage, des avantages que nous allons examiner, mais, indépendamment de ces avantages, il constitue un exercice hygiénique fort précieux pour l'animal. Il ne faut pas se dissimuler que le travail au manège est très fatigant pour le cheval en raison de la nécessité où il se trouve de se plier plusieurs fois par minute pour passer les coins. Une heure d'exercice même modéré au

Fig. 17. — Étude de mise en main pendant la marche.

Le cheval de gauche est encore dans la mise en main comme dans la figure précédente, mais la mise en main ayant été un peu prolongée, il cherche à s'y soustraire par une inclinaison latérale de la tête qui amène le mors à n'appuyer que sur une des barres. Le cheval de l'amazone est toujours en avant de la main, mais un peu mieux placé que dans la figure 16. Le cheval de l'officier est presque en main. La flexion de l'encolure ayant lieu au sommet de la nuque et non près du garrot, ainsi qu'il est expliqué à propos de la figure 15, sa tête peut être considérée comme très bien placée.

manège fatigue plus le cheval que trois heures au grand air. D'une façon générale le cheval doit passer le moins de temps possible au manège et le plus de temps possible au dehors.

Le manuel officiel d'équitation allemande attache avec raison une très grande importance à l'exercice du trot moyen soutenu. Il doit être exécuté suivant lui la nuque fléchie, sous peine de paralyser tout progrès dans le dressage ultérieur. Ce trot doit être demandé pendant un temps assez long. Voici, d'après cet ouvrage, la façon de le pratiquer.

« Le cavalier conservera les poignets fixes, s'enfoncera plus dans la selle, portera le haut du corps plus ou moins en arrière et poussera davantage en avant avec les jambes et au besoin avec la cravache. Les membres postérieurs du cheval s'infléchiront, s'engageront davantage et chasseront avec plus de vigueur.

« Le cheval, par cela qu'il est plus porté sur le mors, sur les poignets fixes, sera forcé d'augmenter l'infléchissement de la nuque ; l'encolure se ramènera davantage et se prêtera par suite mieux aux aides des jambes en empêchant le cheval de s'appuyer sur le mors, l'arrière-main s'abaissera, l'avant-main sera plus haute, la démarche sera plus libre et plus relevée. »

On constate, après quelques jours de cet exercice, que le cheval a subi une véritable transformation dans ses allures. Grâce à l'impulsion de l'arrière-main obtenue par l'emploi des jambes, l'animal a pris l'habitude de chasser davantage sous lui ses membres postérieurs, et comme conséquence, de développer également davantage le mouvement de ses membres antérieurs : il relève par conséquent de plus en plus ses membres an-

Fig. 18 et 19. — Étude de mise en main le cheval étant au galop.

Sur la figure de gauche le cheval est tout à fait hors de la main et galope le nez au vent. Dans la figure de droite représentant le même cheval après quelques semaines de dressage la tête est parfaitement placée. Ces deux photographies instantanées ont été prises au même temps du galop et le cheval galopant sur le même pied pour les rendre bien comparables.

La position de la tête étant un des points capitaux de l'équitation, nous avons consacré les sept photographies instantanées qui précèdent à l'étude de la mise en main aux diverses allures depuis la station jusqu'au galop. On se rendra parfaitement compte des transitions par lesquelles passe le cheval avant d'arriver à la mise en main, en étudiant la série des huit photographies instantanées données plus loin sous la rubrique : Monographie d'un dressage.

térieurs en trottant et a des réactions plus élastiques.

Nous ajoutons à cet exercice du trot moyen soutenu les allongements et ralentissements *progressifs* d'allure. C'est là un des meilleurs moyens d'enseigner au cheval l'obéissance à l'action graduée des aides, et au cavalier le rôle des rênes et des jambes. Le cheval qui, partant du petit pas, peut arriver progressivement au grand trot, et revenir non moins progressivement au petit pas, puis répéter le même exercice au galop est sûrement bien dressé et son cavalier également.

Quant au travail au galop sur des cercles, il a pour but d'assouplir l'arrière-main du cheval et de lui apprendre le galop raccourci, allure que le cavalier doit pouvoir obtenir à volonté pour être maître de son cheval.

Le travail au galop en cercle ne doit être pratiqué qu'au manège. On le demandera d'abord sur de grands cercles, et on arrivera à réduire progressivement ces cercles jusqu'à ce qu'ils n'aient plus que quelques mètres de rayon. C'est le meilleur moyen pour un cavalier peu expérimenté d'apprendre au cheval l'allure fort difficile et fort utile du très petit galop. Le cheval ayant galopé quelque temps sur un petit cercle — ce qui ralentit forcément son allure — on le laisse s'échapper en ligne droite. Si l'animal accélère son galop on le remet en cercle. Il arrive vite à bien comprendre ce qu'on lui demande, et prend de lui-même sans difficulté, sans combinaisons savantes des aides, cette allure aussi agréable qu'élégante du petit galop.

Cet exercice sera demandé alternativement à droite et à gauche, et on n'en prolongera pas trop la durée, parce que, s'il assouplit beaucoup le cheval, il le fatigue également beaucoup.

Les contre-changements de main de deux pistes constituent, avec le galop en cercle, le meilleur travail de gymnastique auquel on puisse soumettre le cheval. C'est un véritable travail de haute école. Exécuté au pas et au trot, il ne présente aucune difficulté pour le cheval dressé suivant la méthode précédente.

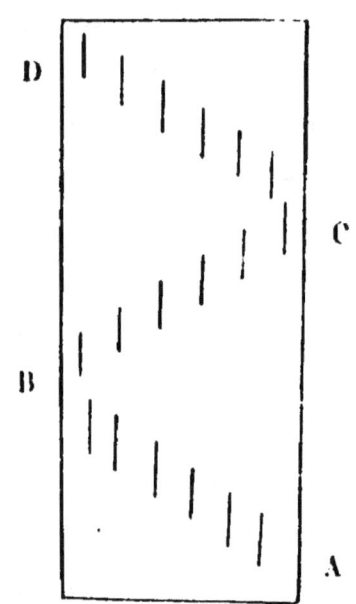

Fig. 20. — Schéma du contre changement de main de deux pistes.

Il consiste à faire progresser l'animal sur deux pistes, le cheval restant toujours parallèle au mur du manège, et changeant de direction dès qu'il arrive auprès d'un des murs. Le cheval (fig. 20) va de A en B, de B en C, de C en D, et ainsi de suite. Ce travail se fait d'ailleurs très aisément sur une route. Je possède une jument que j'ai dressée à l'exécuter, et qui le fait sans difficulté sur un parcours de 200 mètres.

Les contre-changements de main se demandent d'abord au pas, mais il faut arriver très vite à les obtenir au trot. Ils assouplissent autant le cavalier que le cheval, car ce n'est que par un accord parfait des aides qu'on obtient de la régularité dans l'allure.

Si le cavalier n'est pas assez habile pour exécuter les contre-changements de main, il devra y renoncer et les remplacer par une gymnastique au trot consistant à faire décrire au cheval des figures variées dans le manège : serpentine et huit de chiffre notamment.

Je n'ai pas à parler des contre-changements de main de deux pistes au galop ; ils constituent un air de haute école assez difficile, puisque en B, en C, etc. (fig. 20), le cheval doit exécuter un changement de pied, et que nous avons eu pour but de n'enseigner au cheval que les choses les plus simples. Notre dressage mène très vite le cheval à cet air de haute école, mais il ne peut être conduit jusque-là que par un habile cavalier. L'exécution correcte de cette figure indique chez le cheval un degré de perfection qu'il est ensuite fort difficile de dépasser. Les contre-changements de main au galop conduisent, en effet, rapidement, et simplement en les rapprochant de plus en plus, aux changements de pied au temps, c'est-à-dire à chaque pas du galop. Le cheval qui en arrive là ne se rencontre plus guère aujourd'hui que dans les mains des écuyers qui dressent en haute école les chevaux qu'on voit dans les cirques.

§ 3. — **Solution des cas particuliers qui peuvent se présenter dans le dressage.**

Il n'a pas été question, dans ce qui précède, de bien des points qu'il eût été utile assurément de traiter dans un ouvrage complet sur le dressage, tels, par exemple, que les moyens de modifier les allures naturelles du cheval, allonger son pas ou son trot, modifier son galop, remédier aux difficultés qui se présentent avec certains chevaux, etc.; mais l'exposé des méthodes à employer nous eût entraîné hors des limites que nous nous étions imposées, et qui consistaient, je le répète, à n'enseigner que des choses absolument essentielles basées sur des principes scientifiques. D'ailleurs, quand le cavalier aura conduit le cheval au point que nous avons indiqué, il sera le plus souvent à même de résoudre les différentes difficultés qui pourront se présenter.

Pour ces cas spéciaux, je renverrai surtout à l'ouvrage du Capitaine Bellard (*Questions hippiques*). Sa méthode de dressage diffère de celle que j'indique dans cet ouvrage, mais les conseils donnés par l'auteur pour les cas difficiles sont toujours excellents.

Il est cependant une difficulté que je désire mentionner, parce qu'elle se rencontre très fréquemment et est passée sous silence dans la plupart des livres sur le dressage. Je veux parler de la mise en main des chevaux qui mettent le nez au vent, c'est-à-dire la tête horizontale aussitôt que les rênes agissent sur leur bouche, défaut fort dangereux car il soustrait le cheval à l'influence de son cavalier et l'empêche de voir nettement les obstacles qui peuvent se rencontrer à ses pieds.

En dehors d'une disposition spéciale de l'encolure, et qui d'ailleurs peut se combattre par les mêmes moyens que nous indiquerons plus loin, l'habitude du cheval de mettre la tête au vent résulte généralement de la dureté de main du cavalier. Nous avons montré dans cet ouvrage que l'un des deux moyens que possède le cheval pour annuler l'action du mors est de mettre la tête horizontale. Lorsqu'il a plusieurs fois ressenti la douleur que lui occasionne un choc violent du mors sur les barres, et le soulagement qu'il éprouve en relevant la tête, il finit par prendre l'habitude de la relever aussitôt que le cavalier tire sur les rênes. Il suffit de regarder quelques cavaliers militaires en marche pour constater combien ce défaut est fréquent dans les chevaux de l'armée.

La jument dont je parlerai plus loin le possédait à un haut degré ; sa tête devenait presque horizontale dès qu'on touchait aux rênes ; et cependant il m'a été facile, en appliquant la théorie des associations, de l'en corriger entièrement.

Pour y arriver il faut d'abord apprendre au cheval à allonger son encolure sans crainte. On le promène pendant plusieurs jours au dehors, au pas, les rênes à peu près flottantes, en l'arrêtant le plus possible à la voix et en ne se servant que très peu des rênes, alors même qu'on devrait parcourir un certain espace pour l'arrêter de cette façon. On essaye alors de le mettre en main avec les jambes et une très

légère tension des rênes, la main absolument
fixe. L'animal reprendra probablement d'abord
la position horizontale de la tête, mais le cavalier
ne bougera ni la main qu'au besoin il fixera à
la selle, ni les jambes, et attendra que le cheval
se lasse de cette position élevée de la tête, qu'il
ne peut indéfiniment prolonger. Dès qu'il abaisse
un peu le nez, on rend entièrement les rênes,
on desserre les jambes, et on le caresse; puis
on recommence bientôt, de façon à bien associer dans la tête de l'animal que lorsqu'il fléchit
la tête, loin d'éprouver une douleur, il éprouve
un soulagement, puisque l'action du mors cesse
entièrement. Il finit bientôt par fléchir de lui-
même son encolure dès qu'il sent une légère
traction sur les rênes. On augmente la mobilité
de son encolure en commençant chaque leçon
par quelques temps de galop sur des cercles
très petits. En fort peu de temps l'animal aura
perdu le défaut de porter le nez au vent, mais
il le reprendra naturellement s'il tombe dans
les mains d'un cavalier qui tire sur sa bouche.

§ 4. — **Exercices destinés à développer l'initiative
du cheval et son habileté.**

Le cheval n'est pas naturellement condamné à

vivre au manège. Il est surtout destiné à porter au dehors un cavalier, et, soit qu'il s'agisse de guerre, de chasse ou d'une simple promenade, le cheval doit avoir l'habileté suffisante pour se tirer d'affaire dans les mauvais pas sans que son cavalier ait sans cesse besoin de le guider. Par les exercices qui précèdent nous lui avons donné de la souplesse et de l'obéissance. Il s'agit maintenant de développer son initiative et son habileté, en lui apprenant à se tirer d'affaire tout seul dans les circonstances difficiles tout en lui gardant cette qualité fondamentale qu'on appelle le perçant, c'est-à-dire l'habitude de toujours se porter en avant à la volonté du cavalier et quelles que soient les difficultés qui peuvent se présenter.

Bien que cette partie du dressage ait été passée sous silence dans tous les traités d'équitation je la crois capitale. Les hésitations et les maladresses de certains chevaux au dehors, dès qu'ils sortent d'un chemin bien uni est la conséquence de l'habitude où on les a mis d'être toujours tenus et guidés par leurs cavaliers. Dès que le cavalier est embarrassé, le cheval devient aussi embarrassé et hésitant que son cavalier et ne sait pas se tirer d'affaire. Gravir un escarpement, passer à travers une haie ou des broussailles, constitue un problème redoutable pour lui.

L'initiative et l'habileté que nous allons tâcher de développer chez le cheval ne sont nullement en contradiction avec le principe fondamental de l'obéissance absolue que nous exigeons de lui. C'est dans l'exécution de l'ordre qu'apparaît l'initiative. Le cavalier donne par exemple au cheval l'ordre de descendre un escarpement : si l'animal a été bien dressé, il obéira, mais, tout en obéissant, il choisira de lui-même les meilleurs moyens à employer pour exécuter l'ordre reçu.

Pour exercer l'initiative et l'habileté de son cheval, le cavalier le conduira dans des endroits de plus en plus difficiles (sentiers en pentes très raides, champs contenant des broussailles ou coupés par de petits fossés, etc.). Il aura présent à l'esprit ce que nous avons dit dans un autre chapitre sur l'action des rênes et à quel point elles sont dans certains cas gênantes pour le cheval. Il aura donc les rênes toujours très allongées pour donner à l'animal une grande liberté d'encolure et les jambes au contraire rapprochées pour le pousser toujours en avant.

L'ordre donné par le cavalier étant indiqué il laissera l'animal chercher lui-même les moyens de se tirer d'affaire sans essayer de le guider. Après quelques semaines de cet exercice, le cheval aura acquis une habileté étonnante et passera dans des endroits qui l'eussent fait reculer autrefois. Son habitude d'observer se sera en même temps très aiguisée. Il n'attendra plus que son cavalier le guide pour éviter une pierre ou un trou comme il l'eût fait auparavant.

Le point fondamental à obtenir pendant ces exercices, c'est que le cheval exécute toujours l'ordre donné. La façon dont il l'exécutera est, je le répète, son affaire et non plus celle du cavalier. Le cavalier n'aura aucune difficulté s'il cultive toujours cette qualité essentielle du cheval, le perçant, qualité qui ne peut s'obtenir que par l'application constante de ce principe fondamental : *Beaucoup de jambes et peu de main*. Beaucoup de jambes pour porter franchement le cheval en avant, et peu de main pour ne pas entraver ce mouvement. L'hésitation du cheval dans le mouvement en avant ne doit jamais être tolérée. Qu'il s'agisse de traverser une haie épineuse, de descendre ou monter un talus, de grimper sur un tas de pierres, le cheval, dès qu'il sent l'action des jambes, ne doit jamais hésiter, et le dressage n'est parfait que lorsque cette condition est remplie.

En chasse ou dans un rally-paper le cavalier possesseur d'un cheval ainsi dressé est sûr de passer dans les endroits où d'autres chevaux refuseront d'obéir.

Je ne saurais trop insister sur ce point fondamental qui me paraît ne pas avoir été généralement bien compris, surtout des personnes qui voient dans le ramener de la tête le but du dressage, au lieu d'y voir un simple effet du dressage, la preuve psychologique que l'obéissance du cheval a été conquise. C'est pour cette dernière raison surtout qu'il faut rechercher cette position, et non pas, comme l'a dit un très savant écuyer, le colonel Gerhardt, parce que, dans le ramener, la tête « a une direction telle que les « effets du mors de bride peuvent se produire « dans les conditions les plus favorables à la « conduite et à la domination, en même temps « qu'à la conservation de l'animal ». Au point de vue de la mécanique pure, il y aurait d'autres positions aussi avantageuses que celle de la tête verticale, mais au point de vue psychologique et quand on considère cette position comme la conséquence d'un assouplissement de la volonté, et non des articulations, aucune autre ne saurait la remplacer.

Conquérir l'obéissance du cheval, c'est être maître de lui à toutes les allures; et c'est quand on est bien pénétré de ce principe qu'on comprend que le dressage convenablement conduit augmente le perçant du cheval, au lieu de l'éteindre, comme le croient encore beaucoup d'écuyers. Perçant et vitesse ne doivent pas se confondre, ainsi qu'on le fait généralement. Un cheval peut avoir du perçant au pas et ne pas en avoir au grand galop. Il sera perçant au pas s'il passe partout, sans hésiter, quand son cavalier le lui demande, fût-ce à travers la plus épaisse fumée. Il ne sera pas perçant au galop s'il s'arrête ou fait un écart devant un objet imprévu. Le sentiment de l'impulsion donne au cavalier novice l'illusion que son cheval est dans le mouvement en avant, et qu'il n'a qu'à le mettre à une allure vive toutes les fois qu'il veut le faire passer dans un endroit susceptible de l'effrayer; mais cette illusion lui prépare dans sa carrière hippique bien des accidents et bien des déboires.

Le perçant, je le répète encore, n'est pas le résultat de la tendance à la vitesse; c'est le résultat de l'obéissance.

Le capitaine Raabe, un des pères de la méthode de dressage précédemment exposée, a fourni un jour un exemple, qu'aiment à relater ses élèves, de l'obéissance absolue à laquelle un dressage rationnel peut conduire le cheval. Se trouvant avec plusieurs officiers anglais qui lui vantaient les qualités de leurs pur-sang auprès d'une jetée dont l'extrémité, dépourvue de garde-fou, dominait de plusieurs mètres une mer fort houleuse, il paria avec eux que si on s'engageait au trot sur cette jetée, tous les chevaux anglais s'arrêteraient avant d'avoir atteint son extrémité, alors que le sien sauterait sans hésitation dans la mer. Le pari fut tenu. Le cheval de Raabe sauta dans l'eau sans manifester l'ombre d'une hésitation, alors que malgré les efforts les plus désespérés de leurs cavaliers, et l'emploi énergique de l'éperon, aucun des chevaux anglais ne consentit à sauter dans le gouffre véritablement effrayant qui se présentait devant eux.

Le dressage n'est complet que lorsqu'on a obtenu de l'animal cette obéissance absolue, cette absence complète de toute velléité de résistance. C'est pourquoi je considère la définition du dressage, donnée par Dupaty de Clam, il y a plus de cent ans, comme la meilleure qu'on puisse encore donner : « Un cheval bien dressé, dit-il, est celui dont toutes les parties du corps sont bien assouplies, et dont la volonté est tellement gagnée qu'il obéisse aux opérations les moins sensibles. »

CHAPITRE V.

MONOGRAPHIE D'UN DRESSAGE.

Histoire d'un dressage. — Défauts de l'animal. — Ses défenses. — Irrégularités de ses allures. — Comment on a modifié son caractère et transformé ses allures. — Comment l'animal a été conduit aux exercices de haute école. — Variations de vitesse et de régularité des allures obtenues par le dressage. — Principe psychologique fondamental qui a dirigé toutes les opérations. — Photographies indiquant les résultats obtenus.

Les chapitres que je viens de consacrer au dressage ont été un peu longs en raison de la nécessité où je me suis trouvé d'entrer dans des détails à la portée de tous les cavaliers; mais tout ce qui précède est la simple application du principe psychologique des associations, et, pour toute personne habituée à tirer des principes leurs conséquences, un traité complet de dressage pourrait être écrit en quelques lignes.

J'avais d'abord l'intention de donner ici une de ces monographies détaillées de dressage dont j'ai parlé dans le chapitre *Instruments et Méthodes*, mais, après l'avoir rédigé, j'ai vu que cela me conduisait à répéter ce que j'ai dit dans d'autres parties de cet ouvrage. Je me bornerai donc à indiquer les résultats obtenus, et à renvoyer pour les méthodes aux précédents chapitres et surtout au chapitre *Bases psychologiques du dressage*, car, lorsque j'ai dressé le cheval dont il va être question, je ne connaissais pas encore la méthode de dressage dont j'ai parlé, et n'ai pris d'autre guide que les principes fondamentaux de psychologie précédemment exposés.

Le cheval dont je vais parler était une jument âgée de treize ans, dont le propriétaire avait dû se défaire à cause de son mauvais caractère. Ayant à ce moment besoin d'une monture, pour une série d'expériences de topographie à cheval, que je voulais introduire dans une nouvelle édition de mon ouvrage sur le lever des plans, j'en fis l'acquisition, après avoir simplement constaté qu'elle avait de la race, de l'intelligence et une suffisante capacité d'attention, trois éléments avec lesquels on est toujours sûr de tirer parti d'un être organisé quelconque, homme ou cheval.

Malheureusement je m'aperçus bientôt que, pour en tirer parti sans danger, il fallait recommencer entièrement le dressage de l'animal. Le jument essayait de mordre quand on l'approchait, donnait des coups de pied de devant quand on la montait, ruait à la botte et arrosait abondamment son entourage aussitôt que l'éperon s'approchait. Si on essayait de la mettre au pas, elle trottinait; au trot, elle traquenardait; au galop, elle mettait le nez au vent (fig. 21) et partait précipitamment en donnant de tels coups de raquette, que le cavalier était obligé de l'arrêter sous peine d'être bientôt désarçonné.

Les écuyers que je consultai me conseillèrent de m'en défaire, sous le prétexte qu'elle était trop vieille pour être dressée, et que les juments dites *pisseuses* sont indressables. Quant aux conseils donnés pour modifier ses allures et ses défauts, ils étaient vagues, contradictoires et tout à fait inapplicables. Laissant de côté pour le moment mes recherches topographiques, je résolus d'entreprendre le dressage de l'animal, en appliquant purement et simplement la théorie des associations, qui m'avait servi autrefois à dresser diverses espèces d'animaux. A cette époque, je ne connaissais pas la méthode précédemment décrite et je ne m'en servis qu'à la fin du dressage pour perfectionner l'animal.

Les défenses de la jument, quand on l'approchait et qu'on tentait de la monter, tenant évidemment aux mauvais traitements qu'elle avait reçus, je choisis pour la soigner un palefrenier extrêmement doux auquel je recommandai de ne jamais la maltraiter, malgré les témoignages les plus accentués de mauvais caractère, et je la montai sans paraître m'occuper en aucune façon des coups de dent et des coups de pied qui m'étaient destinés. Les efforts qu'elle faisait pour se soustraire à l'action des rênes en élevant la tête témoignant qu'elle avait été conduite par un cavalier ayant la main très dure, je la montai quelque temps, les rênes flottantes, et lui donnai des friandises toutes les fois que je m'arrêtais quelque part. Au bout d'une quinzaine de jours, elle avait compris, par voie d'association, que loin de présager pour elle une série de sensations désagréables, la présence du cavalier lui en présageait de fort agréables, et bientôt elle était devenue familière au point de venir manger du pain dans mon assiette, quand je déjeunais en plein air dans une auberge, ou d'en chercher dans mes poches.

Monographie d'un dressage.

Fig. 21. — *Le cheval avant le dressage.* — Toutes ses allures sont irrégulières. L'animal ne pouvait supporter ni la jambe ni le mors et mettait le nez au vent, c'est-à-dire la tête horizontale dès qu'il sentait le contact du mors, alors même que la gourmette était entièrement relâchée. La photographie le représente au 1er temps du galop. L'allure correcte comme mécanisme, présente des irrégularités qui la rendent fort déplaçante pour le cavalier. (Postérieur gauche en retard, antérieur gauche rasant le sol, tête horizontale, etc.)

Fig. 22. — Après avoir promené l'animal pendant quelques jours, les rênes très relâchées, ainsi qu'il a été expliqué dans le texte, afin de l'habituer à ne plus craindre la main du cavalier et allonger son encolure (ce qui l'amène en même temps à allonger son pas) on commence à agir progressivement sur la bouche en joignant à l'action de la main celle de la jambe. La tête est encore un peu relevée, mais commence à se placer.

Fig. 23. — L'animal ayant pris confiance, et ne craignant plus la main du cavalier, cède de plus en plus à l'action des mains et des jambes et place sa tête presque correctement.

Fig. 24. — L'obéissance du cheval est entièrement conquise. L'animal place sa tête tout à fait correctement et arrive à marcher dans la mise en main, la tête verticale, avec une encolure très haute. L'éducation psychologique du cheval au pas est terminée : il est prêt à marcher en main à toutes les allures.

Monographie d'un dressage

Fig. 25. — L'animal est soumis à l'exercice du trot à extension soutenue, ainsi qu'il est expliqué dans le chapitre du dressage. Il engage de plus en plus ses postérieurs, relève ses antérieurs et arrive à donner des temps de passage. Il s'achemine par conséquent vers les airs de haute-école.

Fig. 26. — L'animal est mis au petit galop rassemblé qu'il exécute la tête correctement placée. La comparaison de cette figure avec la figure 21, qui représente l'animal au même temps du galop, montre les progrès réalisés par le dressage. Comparer surtout la position de la tête et des membres latéraux du côté gauche dans les deux photographies.

Fig. 27. — L'animal est mis aux airs de haute-école. La figure le représente exécutant du galop de deux pistes sur une route. L'axe du cheval faisant un angle de 45° avec la direction de la route, l'animal galope une centaine de mètres dans cette position. Il arrive bientôt aux contre-changements de main de deux pistes, qui ne pourraient être naturellement représentés qu'avec une série de nombreuses photographies.

Fig. 28. — L'obéissance du cheval étant maintenant absolue, on commence à lui apprendre le pas espagnol qu'il exécute très correctement, c'est-à-dire le postérieur s'engageant en même temps que l'antérieur en diagonale, mais on n'insiste pas sur cet air d'école qui présente plusieurs inconvénients, notamment celui d'obliger l'animal à relever considérablement la tête et à perdre un peu de sa facilité à se mettre en main (1).

Lorsque ses vieux instincts reparaissaient et qu'elle levait les pieds de devant pour frapper, un coup de cravache vigoureux, dont elle comprenait alors le sens, et contre lequel par conséquent elle protestait peu, la rappelait immédiatement à la sagesse.

Pendant cette quinzaine, l'animal avait appris à ne plus craindre le cavalier ni le mors. Je commençai alors, suivant la méthode psychologique décrite ailleurs pour les chevaux qui mettent le nez au vent, à essayer de la mettre en main. Ce fut la partie la plus difficile du dressage, car aussitôt que le mors arrivait au contact des barres, la tête de l'animal prenait une position horizontale. Il fallut procéder avec beaucoup douceur et de méthode, de façon à prouver au cheval qu'il était moins douloureux pour lui de baisser la tête que de la relever.

La mise en main obtenue, il devint facile — en actionnant convenablement les membres posté-

---

(1) On pourra remarquer sur plusieurs des photographies précédentes que la position du cavalier laisse parfois à désirer; mais il ne peut guère en être autrement pendant la période d'un dressage. La cuisse notamment n'est souvent pas assez descendue; mais pour pouvoir se servir de l'éperon sur un animal qui ne pouvait le supporter et éviter les à-coups, il fallait de toute nécessité raccourcir les étriers.

rieurs avec les jambes — de modifier toutes les allures du cheval; et les photographies (fig. 22 à 28) donnent la preuve des résultats obtenus (1). L'animal fut graduellement conduit, et simplement par un travail de quelques minutes pendant chaque promenade, aux airs de haute école : contre-changements de mains de deux pistes, galop de deux pistes (fig. 27) et pas espagnol (fig 28.). Il arriva bien vite à exécuter des contre-changements au trot de deux pistes, sur des grandes routes pendant des parcours de 200 à 300 mètres. Ces divers exercices n'avaient d'ailleurs d'autre intérêt pour moi, en dehors de la souplesse qu'ils donnaient au cheval, que de me montrer jusqu'à quelles limites on peut conduire le dressage par la simple application de certains principes fondamentaux de psychologie.

Les photographies indiquent le changement d'allures et les résultats obtenus : les chiffres suivants complètent ces indications.

Au point de vue de la légèreté, je ne puis donner aucun chiffre; la traction nécessaire pour arrêter l'animal était devenue si faible qu'elle

---

(1) Ces photographies exécutées par M. Londe ont été transformées en photogravures sans intervention d'un dessinateur par M. Petit.

ne pouvait être appréciée au dynamomètre dont l'aiguille ne se déplaçait qu'à partir d'une pression de 1 kil.

Je ne parlerai donc que des transformations d'allure. Le trottinement avait disparu. Au pas, l'animal, qui ne parcourait que 100 mètres en 55 secondes, franchissait la même distance en 50 secondes (1).

Au trot, l'allure s'était très allongée. L'animal qui mettait 4 minutes 6 secondes pour faire un kilomètre, et qui traquenardait constamment, était arrivé à faire son kilomètre, à un trot très régulier en 3 minutes 34 secondes.

Au galop, la difficulté, comme on sait, n'est pas d'accélérer la vitesse, mais bien de la ralentir. J'avais d'ailleurs habitué l'animal à trois galops fort différents : 1° le galop de charge or-

---

(1) Tous ces chiffres sont des moyennes de nombreuses expériences, et je supprime naturellement les décimales. Pour le pas, par exemple la moyenne de 70 expériences a été de 50"2. Ces chiffres correspondent à une vitesse de 1 kil. en 8 minutes 22 secondes, vitesse que très peu de chevaux peuvent dépasser au pas. L'allure du pas étant la moins fatigante pour le cheval et celle qui permet les plus longues étapes, il y aurait grand avantage de tâcher d'allonger le pas de tous nos chevaux de cavalerie. On y arrive très vite à condition que la main ne vienne pas sans cesse entraver l'allure. L'ordonnance de cavalerie de 1829 prescrit pour le cheval au pas une vitesse de 6 kilomètres seulement à l'heure.

dinaire, que je ne pratiquais que très exceptionnellement pour le baisser un peu quand il était trop animé. 2° Le petit galop rassemblé, que j'appellerai volontiers galop de parade, dans lequel l'animal lève beaucoup son avant-main, ce qui est très fatigant pour lui, puisqu'il lui faut à chaque instant soulever son poids à une certaine hauteur. L'animal, à cette allure, pouvait ralentir le galop au point de dépasser très peu la vitesse d'un cheval au pas. 3° Un galop, que j'appellerai le galop horizontal faute d'expression pour le désigner. Il consiste à laisser à l'animal toute la longueur de son encolure, les rênes presque flottantes, et par conséquent sans aucune mise en main, et de l'amener ainsi à galoper lentement en se soulevant très peu de terre. J'étais arrivé à maintenir sans fatigue cette allure pendant plusieurs kilomètres. Pour obtenir ce galop il faut d'abord le demander à la fin d'une promenade, quand l'animal est fatigué. Il le prend alors assez facilement ; et, plus tard, quand on répète les mêmes combinaisons d'aides, il devient, par voie d'association, une allure normale qu'on peut obtenir en tout temps, et qui est bientôt aussi appréciée par le cheval que par le cavalier.

Incidemment, j'appris à l'animal plusieurs

choses utiles, comme de s'arrêter brusquement au galop quand je touchais sa crinière ; rester absolument immobile au montoir ; ne jamais partir avant d'en avoir reçu l'ordre, etc. Une fois que l'animal ne considère plus le cavalier comme un ennemi, on en obtient tout ce qu'on veut, à condition d'abord d'arriver à se faire comprendre, puis de posséder, avec beaucoup de patience une dose égale de douceur et d'énergie. Le cheval se rend très bien compte qu'il n'a aucun intérêt à résister au cavalier qui ne lui demande rien au-dessus de ses forces, mais exige sans céder ce qu'il a demandé.

A mesure que cheval et cavalier se connaissent mieux, le langage conventionnel qui s'établit entre eux devient de plus en plus clair. C'est ainsi que la jument dont je viens de parler savait très bien me faire comprendre, en se retournant vers moi, que le chemin que je prenais en forêt pour regagner l'écurie n'était pas le plus court, ou m'indiquait par les mouvements de ses oreilles et son allure inquiète, que nous allions rencontrer un objet effrayant pour elle, et que je devais la rassurer. D'un autre côté, mes moindres gestes avaient fini par être parfaitement compris. L'animal savait, par exemple, que, lorsque les rênes étaient jetées sur son cou, il devait rester au pas, et que l'attouchement de la cravache ou de la jambe, même en allant jusqu'à l'éperon, signifiaient seulement d'accélérer le pas; tandis que le même attouchement, si léger qu'il fût, quand je prenais les rênes pour les raccourcir, voulait dire de partir au trot ou au galop, suivant l'indication. C'était là un simple langage conventionnel, car l'attouchement léger de la cravache ne pouvait produire aucun sentiment de douleur.

Il y a naturellement des écueils insurmontables dans le dressage et des limites qu'il ne faut pas essayer de dépasser, soit en raison de la structure du cheval, soit en raison de son caractère. J'ai dû renoncer, par exemple, à obtenir régulièrement de l'animal dont je viens de parler, l'air de haute école appelé passage, et j'ai dû renoncer aussi à obtenir un petit galop rassemblé lorsque j'étais en compagnie d'un autre cheval. L'amour-propre était alors un facteur qui l'emportait sur la crainte du cavalier, et la peur d'être dépassé conduisait l'animal à se désunir et à modifier toutes ses allures. Je crois que je serais arrivé à le corriger en l'obligeant à rester souvent à quelques mètres derrière le cavalier qui m'accompagnait ; mais montant seul le plus souvent, je n'avais pas un grand intérêt à corriger ce défaut.

Ce qui précède prouve que, par des moyens très simples, uniquement empruntés aux principes fondamentaux de la psychologie et de la physiologie élémentaire, on peut transformer une bête dangereuse, aux allures désagréables, en un animal très doux, aux allures fort agréables pouvant être monté par une femme ou un enfant, et capable en outre d'exécuter très correctement quelques airs de haute école. Ces résultats étaient d'autant plus satisfaisants, qu'ici le dresseur était dépourvu de toute habileté professionnelle, et que les résultats obtenus par lui l'auraient été également par le premier individu venu appliquant les mêmes principes. Au point de vue du dressage, des notions de psychologie bien nettes peuvent remplacer des années d'expérience.

CHAPITRE VI.

RECHERCHES THÉORIQUES ET PRATIQUES SUR LE MÉCANISME DU PAS ET DU TROT.

§ 1. *Importance de l'étude théorique des allures.* Cette étude est destinée à former un jour la base des principes hippiques. Insuffisance de nos connaissances actuelles. Les allures dites naturelles du cheval. Raisons pour lesquelles chez le cheval monté aucune allure ne peut rester naturelle. — § 2. *Mécanisme du pas.* Complication de cette allure. Limites considérables dans lesquelles elle peut être modifiée par le cavalier. Comment on peut accroître considérablement la vitesse du pas d'un cheval. Recherches sur les modifications de l'encolure. Le pas est de toutes les allures celle où l'encolure exécute le plus de mouvements et le trot celles où elle en exécute le moins. Conséquences pratiques. — § 3. *Mécanisme du trot.* Ses variations. Règles déduites de l'étude des mouvements de l'encolure. Pourquoi il faut demander au pas le maximum de vitesse et ne pas dépasser au trot une vitesse moyenne. Inconvénients du trot abandonné tel qu'il est pratiqué par la majorité des cavaliers.

§ 1. — Importance de l'étude théorique des allures.

Nous n'avons, dans tout ce qui précède, étudié les diverses allures du cheval qu'au point de vue de la pratique; mais cette pratique repose sur des données théoriques qu'il importe de connaître, et sans la connaissance desquelles il serait impossible de faire de grands progrès en équitation. Nous devons donc les indiquer sommairement. Nous en profiterons pour exposer nos recherches personnelles sur ce point.

La connaissance des allures du cheval sera certainement un jour la base de l'équitation courante, et de l'équitation dite de la haute-école. De l'équitation courante, parce que ce n'est qu'en s'appuyant sur cette connaissance des allures qu'on arrive à savoir comment obtenir du cheval le maximum de travail avec le minimum d'efforts. De la haute-école, parce que cette même connaissance nous indique dans quelles conditions d'équilibre il faut placer le cheval, pour le mettre à même de produire aisément des airs de manège compliqués; tels que le travail de deux pistes, le passage, etc.

L'étude scientifique de la position des membres du cheval aux diverses allures est toute récente. Chacun sait que ce fut l'Américain Muybridge qui réussit le premier à fixer par la photographie instantanée les positions successives que prennent les membres du cheval pendant les divers temps du galop. En décomposant pour la première fois les phases diverses des mouvements d'un cheval au grand galop, cet opérateur rendit un grand service à la science, mais il exerça la plus désastreuse influence sur la peinture équestre. Il ne s'ouvre guère d'Exposition où l'on ne voie des chevaux galopant avec les quatre jambes ramassées sous eux ou dans d'autres positions grotesques, qu'aucun œil n'a jamais vues, et qui représentent seulement une phase isolée d'une série de mouvements dont nous ne percevons qu'une sorte de moyenne. Si le peintre veut nous donner l'illusion de la réalité, il doit reproduire les choses telles que l'œil les voit, et non pas telles qu'elles sont pour un instrument scientifique. Si les photographies instantanées devaient servir de guide exclusif au peintre, ce dernier devrait alors représenter parfaitement nets les rayons des roues d'une voiture en mouvement. Or, pas un peintre n'a encore osé le faire, sachant bien que ce n'est qu'en brouillant tous ces rayons, c'est-à-dire en les montrant tels que l'œil les voit pendant le mouvement du véhicule, qu'il réussira à donner l'illusion de la vitesse.

Muybridge eut beaucoup d'imitateurs, mais on ne peut pas dire qu'il en ait eu beaucoup d'heureux ni surtout qu'il ait été dépassé. La plupart des séries de galop publiées jusqu'ici, notamment celles, fort médiocres de M. Marey, reproduites dans l'ouvrage du colonel Bonnal donnent des phases du galop beaucoup trop espacées et fort souvent très irrégulièrement espacées, et des images trop réduites et trop confuses. Pour que toutes les phases du galop fussent reproduites sans qu'il y ait des changements trop grands entre deux positions successives des membres, il faudrait obtenir au moins quarante épreuves par seconde et c'est à quoi personne n'est encore arrivé jusqu'ici. Les séries publiées en Allemagne, à Lissa, sont avec celles de Muybridge les seules qui puissent être utilisées aujourd'hui pour l'étude. Il est même frappant de voir à quel point l'initiative privée a obtenu des résultats supérieurs à ceux sortis de grands laboratoires luxueusement installés et richement dotés pour ce genre de recherches.

Ce que les photographies du galop exécutées jusqu'ici montrent surtout, suivant nous, c'est que cette allure est beaucoup plus compliquée et surtout beaucoup plus variée qu'on ne le pensait. Le petit galop en quatre temps et le galop de course en quatre temps (allures fort dissemblables malgré la qualification commune de quatre temps) forment les deux extrêmes d'une série entre lesquelles s'intercalent certainement des allures très variées.

Je signale en passant cette étude aux personnes qui possèdent les moyens d'investigation nécessaires pour l'entreprendre. L'intérêt n'en est pas simplement théorique comme on pourrait le croire. Elle aurait pour résultat, non seulement de donner aux artistes des indications plus vraies que celles dont ils sont obligés de se contenter aujourd'hui, mais surtout d'arriver peut-être à déterminer la forme de galop ralenti la moins fatigante pour le cheval et qu'il serait ensuite possible d'obtenir régulièrement par le dressage. Le petit galop ralenti qui se pratique actuellement, est un galop rassemblé très fatigant pour le cheval, parce que l'animal est obligé de soulever très haut son avant-main, ce qui constitue pour lui un travail mécanique considérable, indépendamment de la fatigue occasionnée aux membres postérieurs obligés de supporter tout le poids du corps. L'idéal théorique serait d'obtenir du petit galop avec une élévation du corps réduite à son minimum. En partant de cette donnée théorique, j'ai essayé, comme je l'ai dit dans un autre chapitre, d'obtenir sans rassembler et en laissant à l'animal une grande longueur d'encolure un petit galop très ralenti, aussi peu fatigant pour le cheval que pour le cavalier, et qui remplacera peut-être un jour le trot avec avantage. C'est d'ailleurs en voulant déterminer avec les méthodes scientifiques les conditions de cette allure que j'ai été conduit à entreprendre les recherches exposées dans ces chapitres et à constater à quel point nos connaissances sur les allures du cheval étaient encore incomplètes. On ne saurait s'en étonner d'ailleurs quand on sait combien elles sont toutes récentes.

L'utilité de ce genre de recherches semble généralement fort médiocre aux écuyers de profession. Sans doute on ne peut nier que les anciens écuyers, malgré leur ignorance forcée sur ce point, savaient très bien manier leurs chevaux, de même que les anciens peintres savaient faire de la perspective avant que la géométrie en eût formulé les lois; mais ces connaissances instinctives ne peuvent être acquises que par une longue pratique, et les règles que chaque expérimentateur déduit de sa pratique sont généralement fort contradictoires. Lorsque au lieu d'être purement instinctives, les connaissances découlent de principes scientifiques sûrs, leur acquisition devient facile, et les contradictions s'évanouissent.

Les résultats déjà acquis permettent de pressentir l'importance de ceux qui pourront être obtenus un jour. Nous pouvons entrevoir le moment où nous saurons avec certitude comment le cheval doit être équilibré et conduit aux diverses allures, pour ménager ses forces et prolonger sa durée. Avec les effrayants budgets de guerre d'aujourd'hui c'est par centaines de millions que se chiffrerait en quelques années, pour un grand État, une prolongation de durée des chevaux en service dans la cavalerie ainsi que je l'ai déjà fait remarquer dans un autre chapitre.

On divise, dans tous les livres, les allures du cheval en allures naturelles, que l'animal exécute spontanément sans éducation, telles que le pas, le trot et le galop, et en allures artificielles, résultant d'un dressage spécial, telles que le passage, le trot espagnol et les divers airs d'école. Au point de vue de l'équitation une telle division ne saurait être admise. *Chez le cheval monté il ne saurait exister d'allures naturelles, on ne peut ob-*

server que des allures artificielles. Sans même faire intervenir le dressage, et par le fait seul que le cheval est soumis au travail artificiel de porter sur son dos un poids qui charge d'une façon exagérée son avant-main, son allure n'est plus naturelle. Nous avons dit déjà qu'on pouvait comparer le cheval portant un cavalier à un portefaix portant un fardeau, et un fardeau très irrégulièrement réparti. Les expériences que nous avons citées sur les poids relatifs de l'avant-main et de l'arrière-main du cheval chargé d'un cavalier, et du cheval non chargé, ont prouvé combien le poids de l'homme faisait varier irrégulièrement le rapport naturel entre la charge de l'avant-main et celle de l'arrière main.

Ceci posé, nous allons aborder l'étude des allures fondamentales du cheval, le pas, le trot et le galop, telles qu'on les observe sur l'animal monté.

§ 2. — Mécanisme du pas.

Le pas est une allure en quatre temps dans laquelle les membres se lèvent et se posent successivement en diagonale, en faisant entendre quatre battues. Le membre antérieur est celui qui se lève généralement le premier. Si c'est l'antérieur droit qui entame la marche, le postérieur gauche le suivra, puis l'antérieur gauche, et enfin le postérieur droit. Les membres se posent dans l'ordre de leur lever.

Suivant que le pas est raccourci, ou plus ou moins allongé, les empreintes des pieds postérieurs sur le sol peuvent rester en arrière des empreintes des membres antérieurs du même côté, les couvrir ou les dépasser.

Les appareils enregistreurs ont montré combien était compliquée et variable l'allure du pas; et les divergences des auteurs sur ce point prouvent que l'étude de cette allure est bien incomplète encore.

Le pas est l'allure pendant laquelle le cheval dépense le minimum d'efforts; et il est infiniment probable — je dis probable, parce que nous n'avons pas d'expériences comparatives précises à citer — qu'étant donné un certain nombre de chevaux de force égale, portant un poids égal, et ayant à accomplir pendant plusieurs jours de longues étapes, ceux qui marcheraient constamment au pas régulier sans être gênés par leur cavalier, c'est-à-dire marchant suivant les règles données plus loin prendraient généralement bientôt une grande avance sur ceux qui auraient fait une partie des étapes au trot ou au galop.

La façon de conduire le cheval modifie considérablement la forme, l'étendue et la vitesse du pas. Un cheval au pas allongé, et non gêné par l'action des rênes, balance constamment son encolure, fait de grandes enjambées dans lesquelles les empreintes de ses postérieurs couvrent, et le plus souvent dépassent, celles de ses antérieurs, du même côté. Dès que le cavalier exerce une tension sur les rênes, l'encolure se fixe, les empreintes des postérieurs se posent derrière celles des antérieurs, l'animal perd la franchise de son allure, ralentit son pas, et s'il est un peu vigoureux dépense son énergie dans un trottinement aussi fatigant pour lui que pour le cavalier. Plus le cavalier tirera sur les rênes, plus l'animal trottinera, et au bout de quelque temps, ce trottinement sera devenu une allure normale dont il sera difficile de corriger l'animal.

L'allure de la plupart des cavaliers au pas — même quand l'animal ne trottine pas — est une allure artificielle qui fait perdre au cheval une grande partie de sa vitesse, tout en lui imposant un excédent de travail. Nous avons fait voir que par le dressage on allongeait considérablement le pas du cheval. Une des difficultés du dressage, quand on le pratique sur un animal antérieurement monté, est de lui *apprendre à marcher*. Habitué à s'appuyer sur le mors, à ne plus se servir de sa tête comme balancier, à raccourcir ses allures, l'animal a une démarche hésitante jusqu'à ce que son cavalier ait réussi à lui rendre la franchise et la rapidité de son allure (1).

La raison sur laquelle je me base pour affirmer que la véritable allure du pas doit être le pas allongé, et que cette allure n'est possible qu'avec un relâchement à peu près complet des rênes, repose principalement sur l'étude que j'ai faite des mouvements de l'encolure et de la tête aux diverses allures.

D'une façon générale — et sans tenir compte, par conséquent, des cas particuliers qui font exception — le pas, lorsque la main du cavalier

---

(1) Rapidité qu'il perdra bientôt dès qu'il tombera dans les mains d'un cavalier peu expérimenté. Après avoir terminé le dressage du cheval, dont j'ai précédemment parlé, je l'ai cédé à un manège. L'ayant remonté au bout d'un mois, j'ai constaté que l'animal ne savait plus marcher, trottinait ou faisait les petits pas qui constituent l'allure de tout cheval habituellement gêné par la main de son cavalier.

n'intervient pas, est de toutes les allures celle où les mouvements de la tête sont de beaucoup les plus considérables : après le pas vient le grand galop, puis le galop moyen, et enfin le trot, allure à laquelle les mouvements de la tête sont presques insensibles.

Les mesures qui vont suivre prouveront ce qui vient d'être énoncé; mais en ce qui concerne le pas et le trot, l'examen le plus superficiel montre l'exactitude de nos assertions. Regardez passer un cheval de fiacre marchant au pas, les rênes flottantes, il balance considérablement la tête dans un plan vertical, en même temps qu'il la porte alternativement, mais sans grand écart angulaire de chaque côté de ce même plan. Que son cocher le mette au trot, et immédiatement son encolure devient presque immobile.

D'après les mesures que j'ai effectuées sur des photographies instantanées, l'amplitude du mouvement angulaire de l'axe de la tête, au pas, est de 25 à 30°; au galop de course elle est d'environ 15°; au galop moyen, chez un cheval bien dressé, elle ne dépasse guère 5°. Elle est de 1 à 2 degrés à peine dans le trot ordinaire.

Quelles sont les causes physiologiques de ces

variations? N'ayant pas réussi à les déterminer avec précision, je préfère ne pas risquer des hypothèses dénuées de base scientifique suffisante, et me borner à la constatation scientifique des faits qui précèdent.

Cette constatation prouve que, pour allonger son pas, le cheval a besoin de faire exécuter à sa tête de grands mouvements de balancier. Il semble même que le pas allongé soit impossible sans ce balancement, puisque aussitôt que les rênes agissent, l'allure se ralentit en même temps que le mouvement de balancier s'arrête. La conclusion évidente est, qu'au pas, nous devons conduire le cheval avec les rênes presque flottantes pour obtenir le maximum de vitesse de l'allure.

Sur un cheval habitué à une certaine tension des rênes, leur relâchement jettera d'abord, comme je le disais plus haut, du trouble dans son allure; il deviendra hésitant, et même peu solide. Mais si les jambes du cavalier sont maintenues près des flancs, en même temps que les rênes se relâchent, l'animal apprendra bientôt à engager davantage ses postérieurs sous lui, à ne pas craindre la main du cavalier, et à allonger son allure en balançant sa tête en toute liberté.

Il ne faudrait pas déduire de ce qui précède qu'au pas, le cheval doit toujours être conduit les rênes flottantes. Sur un pavé glissant ou en approchant d'un objet pouvant l'effrayer, il faut au contraire le rassembler et le mettre en main pour obtenir ces bases, courtes en étendue, longues en durée, qui donnent à l'animal le maximum de mobilité et par conséquent le maximum de facilité pour reprendre au besoin son équilibre menacé.

§ 3. — Mécanisme du trot.

Le trot est une allure en deux temps, dans laquelle les membres diagonaux se lèvent et se posent en même temps, au lieu de se poser séparément comme au pas.

Suivant que le cheval est au trot raccourci, ou au trot plus ou moins rapide, on constate, de même que nous l'avons vu pour le pas, que l'empreinte d'un membre postérieur reste en arrière de celle de l'antérieur du même côté, le recouvre ou le dépasse (1).

(1) Les élèves de l'école de Raabe disent que l'animal se *courre* ou se *juge*, quand l'empreinte de son pied postérieur vient couvrir celle du pied antérieur du même côté, qu'il se *découvre*

Le trot moyen et le trot allongé comportent, comme le galop, une période de suspension pendant laquelle aucun membre ne touche la terre. C'est pour cela qu'on les classe parmi les allures dites « sautées », tandis que le pas et le petit trot, où un membre est toujours en contact avec le sol sont dites des allures « marchées ».

Les règles de la conduite du cheval au trot se déduisent aisément de son équilibre. Nous avons constaté qu'au pas, l'animal avait besoin de toute la liberté de son encolure pour exercer de grands mouvements de balancier, et que ces mouvements de balancier cessaient dès qu'il passait au trot. Il n'est donc plus nécessaire alors de

---

ou se *déjuge* quand l'empreinte du postérieur se trouve en arrière de celle de l'antérieur; qu'il se *mécouvre* ou se *méjuge*, quand elle est en avant.

Pour que le postérieur ne puisse pas heurter l'antérieur quand il arrive à la place qu'occupait ce dernier, il faut évidemment que le pied antérieur ait quitté le sol avant la pose du postérieur. Il en est habituellement ainsi. Cependant chez les chevaux usés, ou chez les chevaux dont l'avant-main est surchargée soit par la mauvaise position de la tête du cheval, soit par celle du corps du cavalier, ce qui augmente la durée d'appui des antérieurs, et par conséquent retarde leur lever, la pince du pied postérieur vient souvent heurter le fer du pied antérieur, et produire un bruit particulier qu'on caractérise en disant que le cheval *forge*. Il suffit le plus souvent de modifier l'équilibre du cheval en relevant la tête de l'animal, et en invitant le cavalier à se redresser pour corriger ce défaut.

lui laisser une grande liberté d'encolure. Nous devons d'autant moins lui en laisser, que la tête basse et portée en avant chargerait trop son avant-main, déjà trop chargée, comme nous l'avons montré, par le poids du cavalier. Les expériences que nous avons mentionnées ont prouvé qu'en relevant l'encolure de la tête, une notable partie du poids du cheval se trouve rejetée sur l'arrière-main. C'est la justification des règles que nous avons données au chapitre du dressage pour la pratique du trot.

Au pas, nous avons recherché le maximum de vitesse, au trot il n'en saurait être ainsi, parce que ce maximum de vitesse — que les trotteurs de courses eux-mêmes ne peuvent soutenir bien longtemps — épuiserait vite le cheval. Qui veut aller loin ménage sa monture, dit très sagement un proverbe. Ce que le bon cavalier doit rechercher, c'est d'obtenir un trot moyen bien équilibré, bien cadencé, réduisant la fatigue du cheval au minimum, et réduisant également au minimum les chances de chute de ce dernier. Ces conditions sont réalisées par les règles que nous avons données dans un précédent chapitre. Elles conduisent à une allure tout à fait différente de ce trot abandonné qu'adoptent la plupart des cavaliers, et qui, par suite de la surcharge exagérée de l'avant-main, prédispose l'animal aux chutes et amène rapidement l'usure prématurée de ses membres antérieurs.

CHAPITRE VII.

RECHERCHES THÉORIQUES ET PRATIQUES SUR LE MÉCANISME DU GALOP.

§ 1. *Les diverses variétés de galop*. Complication des formes du galop révélée par les appareils enregistreurs et la photographie. La description classique du galop en trois temps. Formule permettant de relier toutes les formes possibles du galop. Deux membres ne se posent jamais simultanément dans aucune forme de galop. Comment on peut passer du galop en trois temps au petit galop en quatre temps, au galop de course ou à une forme quelconque de galop. Recherches sur la durée des appuis, de la suspension etc. — § 2. *Recherches sur les mouvements oscillatoires du cheval au galop et sur les variations de son équilibre*. Description des divers mouvements que le cheval exécute pendant les diverses périodes du galop. Mesure des mouvements relatifs de la croupe et de la tête. Pourquoi la période dite de projection n'est qu'une période de suspension. Phases du galop auxquelles la croupe et l'avant-main présentent les positions les plus élevées et les plus basses. Variations d'équilibre dont est susceptible le cheval au galop. Influence d'une surcharge de l'avant-main ou de l'arrière-main. Possibilité de trouver une forme de galop qui pourrait être fixée par le dressage et dans laquelle le travail du cheval serait réduit à un minimum.

§ 1. — Les diverses variétés de galop.

Depuis l'emploi des appareils enregistreurs on a décrit quatre ou cinq formes de galop.

Elles diffèrent entre elles par l'ordre dans lequel se posent et se lèvent les membres du cheval et le nombre de bases qu'ils forment en s'associant. L'étude des photographies montre que le nombre de formes de galop existantes est probablement plus considérable encore.

Nos recherches nous ont prouvé que ces formes si différentes, et en apparence si compliquées, se relient les unes aux autres par une formule très simple : c'est à sa détermination et à sa démonstration que va être consacré ce paragraphe.

Ayant été amené par mes recherches à donner une description du galop assez différente de la description classique, je rappellerai cette dernière en quelques mots. Les trois figures suivantes, que j'emprunte à l'ouvrage de M. Fillis, parce qu'il est le plus récent (1), pourraient d'ailleurs à la rigueur dispenser de toute explication.

Au galop, chaque membre en tombant sur le sol fait entendre en marquant sa foulée un bruit nommé battue qui a servi aux anciens écuyers

(1) Ces figures sont d'ailleurs exactement conformes aux figures données par M. Marey dans son livre la *Machine animale* et sont affectées par conséquent des mêmes incorrections.

256 L'ÉQUITATION ACTUELLE

à définir ce qu'on désigne sous le nom de temps. Si pendant un saut de galop on entend

Fig. 29. — 1ᵉʳ temps classique du galop.

Fig. 30. — 2ᵉ temps classique du galop.

Les fig. 29 à 31 représentent les trois temps classiques du galop tels qu'ils sont représentés dans les ouvrages les plus récents. Les représentations sont sommaires mais à peu près correctes, sauf la figure 31 à laquelle doit être substituée la figure 32. Les figures 32 et suivantes exécutées d'après les photographies faites pour cet ouvrage par M. Londe et contrôlées sur deux autres séries, la série allemande notamment, représentent les diverses phases successives du galop qui séparent les trois temps classiques représentés par es fig. 29, 30 et 31.

trois bruits, le galop est dit en trois temps. Il

Fig. 31. — 3ᵉ temps classique du galop.

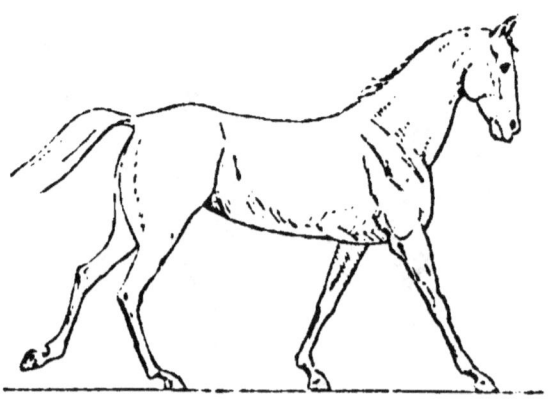

Fig. 32. — Position réelle des membres lorsque l'oreille entend le 3ᵉ temps du galop.

est dit en quatre temps si on en entend quatre.

Le galop en trois temps est décrit aujourd'hui de la façon suivante, le cheval étant supposé galoper sur le pied droit :

Le premier temps ou première battue (fig. 29) est marqué par le poser du postérieur gauche;

Le second temps ou deuxième battue (fig. 30) est marqué par le poser simultané du postérieur droit et de l'antérieur gauche;

Le troisième temps ou troisième battue (fig. 31) est marqué par le poser de l'antérieur droit.

Cette description est assurément beaucoup trop sommaire; mais, prise en bloc, on peut la considérer comme à peu près exacte, la seule différence importante à signaler est que, quand l'oreille entend le troisième temps, le cheval n'a pas trois pieds en l'air comme l'indique la figure 31; mais, au contraire, trois pieds sur le sol comme le montre la figure 32 ! ce n'est qu'après la troisième battue que le cheval arrive à la position classique du troisième temps représentée sur la figure 31.

Les appareils enregistreurs et les photographies ont montré que l'allure du galop était bien plus compliquée que ne le laisserait supposer la description précédente. Voici d'après les recherches de Raabe et Barroil la description des deux formes les plus connues du galop, le petit galop en 3 temps et le galop en 4 temps. Je ne mentionne pas le galop de course en 4 temps parce que les photographies n'ont pas donné les mêmes résultats que les appareils enregistreurs, et qu'on n'est pas encore entièrement fixé sur la forme probablement assez variable, de cette allure.

1. Galop normal en trois temps.

1. Base unipédale postérieure gauche.. 1ᵉʳ temps.
2. Base tripédale antérieure gauche... 2ᵉ temps.
3. Base diagonale gauche (n'existe généralement pas d'après mes expériences)............ .... —
4. Base tripédale postérieure droite... 3ᵉ temps.
5. Base unipédale antérieure droite... —

2. Petit galop en quatre temps.

1. Base unipédale postérieure gauche. 1ᵉʳ temps.
2. Base latérale gauche................ 2ᵉ temps.
3. Base tripédale antérieure gauche... 3ᵉ temps.
4. Base quadrupédale............. ... 4ᵉ temps.
5. Base tripédale postérieure droite... —
6. Base latérale droite................ —
7. Base unipédale antérieure droite.... —

Il semblerait, d'après ces tableaux qu'il y a des formes de galop très différentes, aussi séparées entre elles que l'est le trot du galop. La constatation photographique de bases latérales très courtes dans le galop en 3 temps m'a donné la clef de ces différences, et conduit au principe suivant qui, à mon grand regret, est très peu conforme à ce qui s'est enseigné jusqu'ici :

Quelle que soit la forme du galop, deux mem-

bres ne se posent jamais simultanément, mais successivement. La durée du temps qui s'écoule entre deux appuis tend vers un minimum dans certaines formes du galop, et tend au contraire vers un maximum dans d'autres formes de cette allure. Il suffit de faire varier le temps qui s'écoule entre les appuis des membres pour obtenir toutes les formes du galop.

D'après le principe précédent, c'est le temps qui s'écoule entre les appuis qui détermine, par voie de conséquence, l'ordre de formation des bases, c'est-à-dire la forme du galop. Ces variations de temps sont elles-mêmes produites par les variations d'équilibre du cheval, variations qu'on obtient de diverses façons, et notamment en obligeant l'animal à reporter plus ou moins une partie de son poids sur son avant-main ou sur son arrière-main.

Le principe qui précède ne saurait être bien compris qu'en étudiant une forme quelconque de galop, et en montrant comment elle se relie aux autres. Je prendrai la forme la plus connue, le galop en 3 temps, et j'en représenterai les phases telles que je les ai obtenues d'après les photographies.

Prenons un cheval galopant à droite. L'animal, qui occupait à la fin d'un pas de galop la position de la figure 38, retombe à terre sur son postérieur gauche (fig. 33), et marque sa première battue, c'est-à-dire le premier temps. Quelle que soit la forme du galop, cette position est toujours la même au premier temps.

Le postérieur gauche restant à l'appui, l'animal pose les deux membres formant le diagonal gauche ; ce qui constitue la 2⁰ battue (fig. 34) qui diffère de la position classique représentée (fig. 30), parce que l'animal ne repose pas sur deux membres, mais bien sur trois. Ce n'est que dans le galop allongé, par suite d'une variation de temps entre les successions des appuis, que la base diagonale devient visible. Dans le galop de vitesse moyenne, cette base diagonale unique est une phase de transition très courte en durée entre le lever du postérieur gauche et le poser de l'antérieur droit. Ce n'est pas un temps du galop perceptible par l'oreille, mais une phase intermédiaire entre le deuxième temps et le troisième temps.

Entre la fig. 33 et la fig. 34, il y a une position intermédiaire, que nous n'avons pas représentée : les deux membres qui feront passer le cheval à la position de la fig. 34

se posent en effet presque simultanément, mais non simultanément. J'ai pu le constater sur des photographies, mais je n'ai pas encore de preuve catégorique que ce soit l'antérieur gauche — comme je le crois — qui se pose régulièrement le premier. L'intervalle entre le poser de l'antérieur gauche et du postérieur droit est fort court, et c'est ce qui rend sa constatation photographique si difficile. Suivant le principe posé plus haut, il suffira d'accroître un peu ce temps très court pour faire varier de suite la forme du galop. Si c'est le postérieur gauche qui se pose le premier, nous aurons une base bipédale postérieure caractéristique du début du galop de course très allongé, ou au contraire du galop très ralenti du cheval d'école fortement assis sur l'arrière-main (1). Si c'est au contraire

---

(1) Cette base bipédale postérieure se voit très bien sur des photographies de cheval de course de Muybridge ; mais il est assez rare, je crois, de l'observer sur des photographies du très petit galop. Je l'ai constatée cependant sur plusieurs photographies d'un cheval photographié par M. Londe, et que j'avais réussi à asseoir sur son arrière-main. C'est la position — au moins pour les appuis — que les anciens dessinateurs donnaient aux chevaux d'écuyers ; et, à ce point de vue, elle est donc loin d'être aussi incorrecte qu'on le croyait depuis les découvertes de la photographie instantanée.

l'antérieur qui se pose assez longtemps avant le postérieur, nous aurons une base latérale gauche, période de début du galop en quatre temps.

Dans le galop ordinaire, l'oreille n'entend qu'un bruit au second temps, parce que les deux membres du diagonal se posent presque simultanément; mais aussitôt que l'intervalle croît un peu, le second temps est dédoublé en deux temps, l'oreille perçoit les deux bruits caractéristiques du début du galop en quatre temps.

Les deux membres formant le diagonal gauche ayant terminé leur mouvement de bascule — pendant que l'antérieur droit s'est posé à terre (fig. 35) et fait entendre le bruit du 3e temps — quittent la terre, non pas simultanément, mais toujours successivement. Nos photographies nous ont montré que l'antérieur gauche quittait le sol le premier. Il en résulte que le cheval se trouve forcément, pendant un très court instant à l'appui sur une base latérale droite (1), comme le montre la fig. 36. Il suffit alors que l'intervalle entre le moment

(1) Cette base latérale du galop en 3 temps est d'une durée très courte, c'est pour cette raison sans doute qu'elle paraît avoir échappé à tous les auteurs, Raabe notamment.

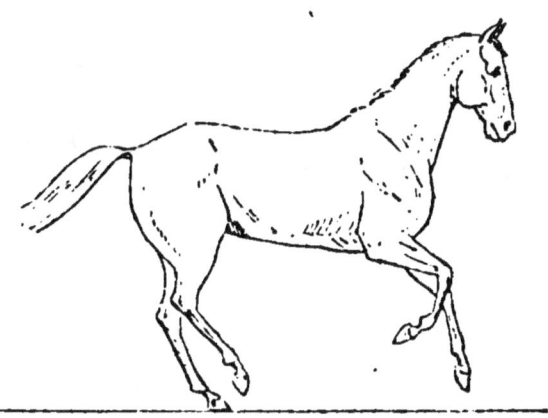

Fig. 33. — 1ᵉʳ temps.

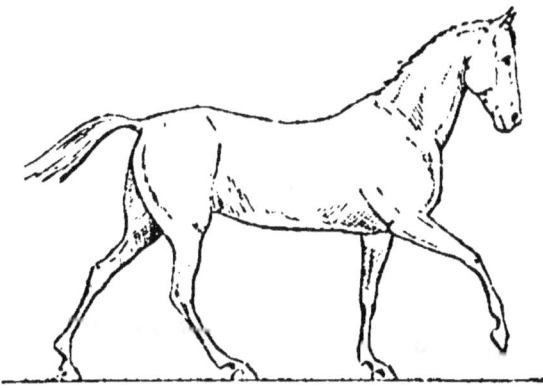

Fig. 34. — 2ᵉ temps.

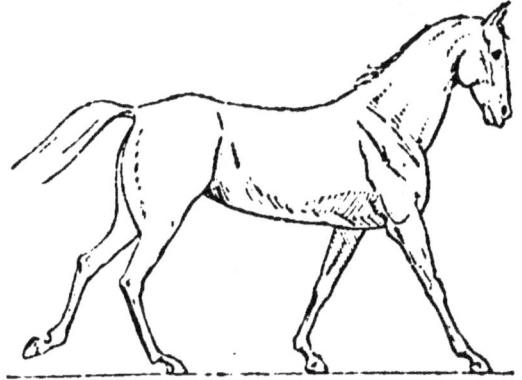

Fig. 35. — 3ᵉ temps.

Figures 33 à 38. — *Phases principales successives du galop en trois temps* (dessins calqués sur des photographies instantanées).

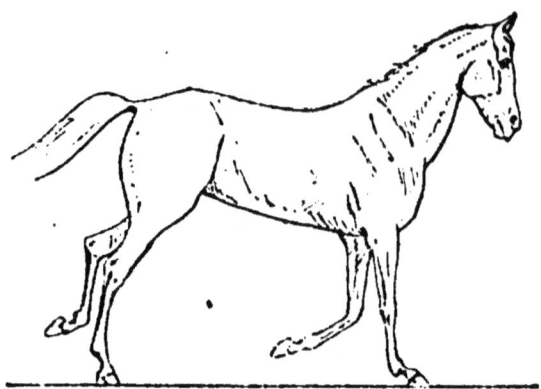

Fig. 36. — Base latérale.

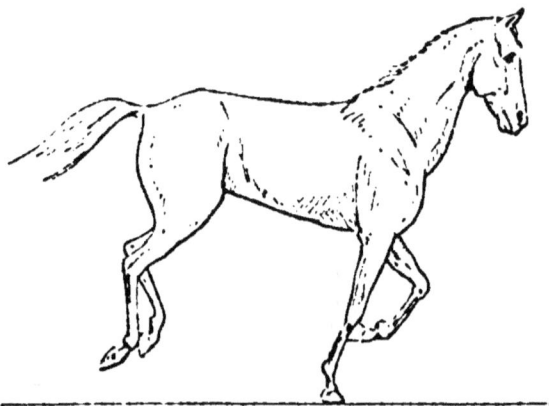

Fig. 37. — Base unipédale (donnée comme le 3ᵉ temps dans les ouvrages d'équitation).

Fig. 38. — Période de suspension.

où les deux membres quittent la terre s'accroisse, pour que nous ayons une période nouvelle du galop en quatre temps.

Le postérieur droit, que l'on voit encore à l'appui dans la figure 36, ayant fini sa période d'oscillation, quitte le sol; et le cheval n'est plus à l'appui que sur l'antérieur droit, ainsi que le montre la figure 37. Quelle que soit la forme du galop, celui-ci se termine toujours par cet appui unilatéral d'un antérieur, de même qu'il commence toujours par l'appui unilatéral d'un postérieur.

Enfin, lorsque l'antérieur qui forme le dernier appui du cheval a terminé son mouvement d'oscillation autour de la verticale, il quitte la terre, l'animal se trouve en l'air (fig. 38), sans appui pendant un instant, puis il retombe sur le postérieur gauche, comme dans la figure 33, pour continuer la série de mouvements que nous avons décrite, figures 34 et suivantes.

La description qui précède nous a déjà montré comment il suffisait de faire varier l'intervalle qui s'écoule entre les appuis successifs des membres pour faire varier la forme du galop et passer du galop en trois temps au petit galop en quatre temps et au galop de course. Nous avons retrouvé, par la simple application de notre principe, les bases pourtant fort compliquées du galop en quatre temps dont nous avons donné le tableau plus haut. Il n'y en a qu'une, la base quadrupédale, dont nous n'avons pas indiqué la formation. Son interprétation est, comme on va le voir, des plus faciles.

Nous avons dit qu'en accroissant un peu l'intervalle qui s'écoule entre le poser de l'antérieur gauche, et celui du postérieur droit nous avions une base latérale gauche, et que le second temps est alors formé par le bruit que fait l'antérieur gauche en se posant à terre; le postérieur droit se pose ensuite en faisant un nouveau bruit, et forme le troisième temps du galop en quatre temps (où le cheval a exactement la position qu'il occupait au deuxième temps du galop en trois temps (fig. 34). L'antérieur droit se pose alors, et produit par son choc sur le sol le bruit du quatrième temps ; mais, comme la cadence de ce galop est assez lente, l'animal n'a pas encore eu le temps de soulever ses autres membres, et il en résulte que pendant un instant les quatre membres reposent sur le sol, ce qui constitue la base quadrupédale dont nous parlions plus haut (1).

De la base quadrupédale à la suspension la succession des appuis se voit trop aisément pour qu'il soit utile de la montrer. C'est exactement celle que nous avons décrite pour le galop en trois temps, base tripédale postérieure droite (fig. 35), latérale droite (fig. 36), unipédale (fig. 37).

Une analyse analogue nous permettrait de passer du galop en trois temps au grand galop de course, qui paraît entièrement privé de bases tripédales. Nous l'avons esquissée suffisamment en montrant comment peut s'effectuer la base bipédale postérieure. Un travail analogue pour toutes les formes possibles de galop nous entraînerait trop loin : le principe étant posé, chacun peut en faire l'application et voir aisément pourquoi on a des bases quadrupédales au très petit galop, tripédales

(1) Je crois que c'est Raabe qui, le premier, a constaté que le cheval, à un certain moment du galop, avait quatre pieds en contact avec le sol; mais les seules photographies instantanées que je connaisse, où figure cette position si curieuse du cheval galopant à un moment donné les pieds fixés à terre dans l'allure du parfait repos, sont celles que nous avons obtenues avec Londe.

au galop moyen, bipédales au grand galop.

J'ajouterai à ce qui précède quelques résultats de mes observations susceptibles d'intéresser les personnes qui voudraient continuer ces recherches.

Il est dit dans les livres, et il semble en effet à l'œil, que dans le galop d'un côté, le galop à droite par exemple, le bipède latéral droit dépasse toujours le bipède gauche. Il le dépasse, en effet, mais seulement pendant les deux tiers du temps d'un pas de galop, pendant l'autre tiers c'est au contraire le bipède latéral gauche qui est en avant du bipède latéral droit. Il y est notamment pendant toute la durée de la suspension et pendant une grande partie de la période d'appui unique sur l'antérieur droit (fig. 37 et 38).

Le temps de durée des appuis de chaque membre, dans le galop en trois temps prête également à plusieurs observations intéressantes. Si on représente par une seconde la durée totale des appuis, pendant un pas de galop, on voit que le bruit des trois battues est effectué pendant la première moitié de la seconde.

Si on recherche la durée du temps pendant lequel le cheval repose sur trois membres et sur un membre, en prenant toujours l'unité précédente (une seconde pour la durée totale des appuis), on voit que le cheval est à l'appui sur trois membres pendant 50 centièmes de seconde environ, et sur un seul membre pendant 50 centièmes de seconde également (25 centièmes pour l'antérieur, 25 centièmes pour le postérieur). Le cheval au galop repose donc, moitié du temps sur trois membres et moitié du temps sur un seul membre. Le temps pendant lequel il repose sur 2 membres est trop court pour que j'aie pu le mesurer exactement.

La période assez variable d'ailleurs de suspension, c'est-à-dire la période pendant laquelle le cheval est en l'air, est inférieure au quart du temps pendant lequel ont duré les appuis.

Si on représente toujours par une seconde divisée par 100 la durée totale des appuis, on voit que chaque membre seul, ou associé à d'autres, est à l'appui pendant 50 centièmes de seconde, ce qui indique que chaque membre travaille pendant une durée à peu près égale. Je dis à peu près, parce qu'il m'a paru que la durée totale de l'appui de l'antérieur droit (associé d'abord au diagonal gauche, puis seul) était un peu supérieure.

Les membres qui, théoriquement du moins,

doivent se fatiguer le plus dans le galop à droite sont l'antérieur droit et le postérieur gauche qui supportent seuls le poids du corps pendant le quart de la durée totale des appuis. Il en résulte qu'on a raison d'habituer le cheval à galoper alternativement sur le pied droit et sur le pied gauche.

§ 2. — **Recherches sur les mouvements oscillatoires du cheval au galop, et sur les variations de son équilibre.**

La question que je vais traiter dans ce paragraphe est une des plus difficiles et des moins étudiées de la mécanique animale. Ce n'est cependant que quand elle sera bien élucidée que nous aurons des indications pratiques, ayant pour bases des données scientifiques précises, sur les conditions dans lesquelles doit être placé le cheval au galop pour exécuter le maximum de travail utile avec le minimum d'effort. Les recherches qui vont suivre ont simplement pour but d'attirer l'attention des expérimentateurs sur cet important sujet.

On a toujours admis qu'entre le 1er et le 3e temps et du 3e temps au 1er temps, le cheval exécute un double mouvement de bascule comparable à l'oscillation d'une tige rigide autour d'un point fixe. Comme il est certain que quand une des extrémités de la tige monte, l'autre descend, il a paru évident qu'il devait en être de même pour les mouvements du cheval, et que, par conséquent, lorsque l'avant-main s'élevait, la croupe s'abaissait, et réciproquement. Une étude plus attentive du phénomène montre que les choses se passent tout autrement. Si nous reprenons notre comparaison d'une tige oscillant autour d'un point, nous dirons que le corps du cheval est bien comparable à cette tige, mais à la condition qu'on fasse varier constamment la position de son centre d'oscillation. Quand le centre sera à une des extrémités de la tige, les oscillations de cette tige pourront être représentées par les branches d'un V couché (<). Quand le support arrivera au centre de la tige, les mouvements de cette dernière seront comparables à celles des branches d'un X également couché (×).

Les mouvements du corps du cheval correspondent aux divers mouvements que je viens d'expliquer. Dans le second, il y a bien un vrai mouvement de bascule, mais pas du tout dans le premier. Dans le mouvement de bascule du cheval, son avant-main s'élève pendant que son arrière-main s'abaisse. Dans le mouvement en < l'avant-main et l'arrière-main s'élèvent et s'abaissent en même temps.

Voici maintenant, d'après une étude minutieuse des photographies comment les choses s'effectuent réellement. Quand le cheval, passe de la position de la suspension (fig. 38) à la position du 1ᵉʳ temps (fig. 33), la tête s'élève et la croupe s'abaisse — mouvement de bascule. Du 1ᵉʳ au 2ᵉ temps (fig. 33 à 34), la croupe et la tête s'abaissent en même temps : c'est le mouvement en < décrit plus haut.

Du 2ᵉ au 3ᵉ temps (fig. 34 à 35), c'est-à-dire pendant la substitution de l'antérieur droit au postérieur gauche, la tête continue à baisser, mais la croupe remonte : nouveau mouvement de bascule.

Du 3ᵉ temps (fig. 35) à la base unipédale (fig. 35 à 37), la tête et la croupe remontent (la croupe plus que la tête) : nouveau mouvement analogue à celui du < précédemment mentionné, mais en sens contraire >. La tête se relève alors, et nous avons un nouveau mouvement de bascule qui ramène le cheval de la position 37 à celle du 1ᵉʳ temps (fig. 33), après avoir passé par la suspension (fig. 38).

On enseigne aujourd'hui que la période de suspension (fig. 38), où le cheval a 4 pieds en l'air, est en réalité une période de projection, et on soutient que c'est à ce moment qu'il atteint son maximum de hauteur. Les mesures que j'ai effectuées sur un grand nombre de photographies ne me permettent pas de croire qu'il en soit tout à fait ainsi. Sans doute en passant de la base unipédale au 1er temps, c'est-à-dire pendant la période de suspension, le cheval a quelquefois le sommet de la tête légèrement — très légèrement — plus élevé que lorsqu'il est sur sa base unipédale, mais la hauteur de la croupe ne s'élève pas. Le cheval est en l'air, non pas parce qu'il y a été lancé — ce qui serait une dépense de travail parfaitement inutile, — mais parce qu'ayant utilisé successivement tous ses membres pour progresser, il est obligé de les replier sous lui pour revenir à la position du 1er temps. Il est donc suspendu, et nullement projeté. Si, comme je l'ai dit, la tête s'élève parfois un peu pendant la suspension, c'est en raison d'un mouvement assez comparable, mécaniquement, au saut périlleux, destiné à ramener l'animal à la position d'appui sur le postérieur qui caractérise le 1ᵉʳ temps. Les mesures que j'ai effectuées m'ont prouvé d'ailleurs que ce n'est nullement quand l'animal passe de la base unipédale à la suspension qu'on observe la plus grande amplitude de mouvement du corps, mais bien quand il passe du 3ᵉ temps à la base unipédale. Il est rare d'ailleurs, avec la plupart des chevaux, que dans les plus grands mouvements d'élévation du corps au galop, la tête et la croupe atteignent au-dessus du sol une hauteur sensiblement supérieure à celle atteinte par le cheval en station.

Après avoir indiqué la nature des mouvements que le cheval peut exécuter au galop, il nous reste à étudier les rapports réciproques de ces mouvements : rechercher, par exemple, si l'avant-main se soulève plus ou moins que l'arrière-main, et dans quelles limites le cavalier peut et doit favoriser ces différences.

Tous les cavaliers savent par expérience que le dressage d'abord, la conduite du cheval ensuite modifient beaucoup ses allures au galop. Tel cheval, aux réactions très dures, et tirant à la main avec un cavalier, pourra avoir au contraire des réactions très douces et être léger à la main avec un autre cavalier. D'une façon très générale, on sait comment s'obtiennent ces variations. On sait, par exemple, qu'en engageant les postérieurs par l'action des jambes le cheval retombe sur un membre fléchi dont les jarrets font ressort, au lieu de retomber sur un membre rigide et peu susceptible de flexion; on sait aussi que de simples déplacements de la tête de l'animal et du centre de gravité du cavalier modifient l'allure, et empêchent le cheval de se porter sur le mors. Mais si on veut traduire ces indications en langage scientifique, et déterminer quelles sont les limites dans lesquelles doivent osciller les mouvements des membres qui peuvent se produire au galop, pour que le cheval ait les réactions les plus moelleuses en dépensant le moins d'effort, on constate que les documents font entièrement défaut.

Je signale aux expérimentateurs ce sujet de recherches, que je n'ai pu qu'effleurer. Le point le plus important à déterminer est de rechercher l'amplitude utile des oscillations de l'avant-main et de l'arrière-main : rechercher, par exemple, s'il est plus avantageux que l'avant-main et l'arrière-main se soulèvent également ou d'une façon inégale; rechercher ensuite l'influence des déplacements de la tête et de l'encolure sur ces divers mouvements; ce qui indiquerait le degré de liberté qu'il faut laisser à l'encolure du cheval au galop.

Je ne puis qu'indiquer ces questions, dont la solution eût demandé un temps beaucoup plus long que celui dont je pouvais disposer, et me bornerai à énoncer les résultats de quelques-unes de mes observations; elles montrent combien sont étendues les limites dans lesquelles peuvent varier les mouvements de l'animal, suivant la forme du galop, le cavalier, le dressage, etc.

Au galop moyen en 3 temps, sur un animal parfaitement dressé, galopant la tête verticale, l'amplitude des mouvements de l'avant-main est un peu supérieure à celle de l'arrière-main (1).

Au petit galop très raccourci, c'est l'avant-main ou l'arrière-main qui peuvent l'emporter comme amplitude d'oscillation, suivant que le cheval est sur les épaules, comme tous les

---

(1) D'après des mesures effectuées sur des photographies instantanées du cheval dont il est ici question, le plus grand écart des hauteurs de la tête, entre le 3ᵉ temps, où elle était la plus basse, et le 1ᵉʳ temps, où elle était la plus haute (un peu plus haute même que pendant la suspension), a été de 24 centimètres. Pour la croupe, entre le 2ᵉ temps, où sa position était la plus basse, et pendant l'appui unipédal antérieur, où elle était la plus haute, l'écart observé a été de 18 centimètres.

vieux chevaux de manège, ou suivant qu'il est très assis, suivant un terme très expressif de l'argot hippique. Cette dernière variété de chevaux est assez rare aujourd'hui.

Pour le galop de course, je ne suis pas encore entièrement fixé : les photographies que je possède sont à une échelle trop réduite pour que leurs mesures puissent fournir des résultats suffisamment précis. Il semble cependant que c'est la tête qui a les plus grands mouvements d'oscillation.

Ce qui est bien certain, en tout cas, c'est que c'est à cette allure que les déplacements angulaires de l'axe de la tête atteignent leur maximum ; leur amplitude peut atteindre 15 degrés, soit trois fois plus que dans les autres formes de galop. On remarquera toutefois que ces grands déplacements angulaires de la tête ne sont pas en rapport uniquement avec son élévation. Ils dépendent en effet : 1° de la flexion de la tête sur l'encolure; 2° de l'allongement ou du raccourcissement de l'encolure; 3° de l'élévation ou de l'abaissement de l'avant-main. Ces causes peuvent parfois s'additionner, mais il peut arriver aussi qu'une ou plusieurs finissent par se soustraire.

Au galop ordinaire en 3 temps, c'est en passant du 3ᵉ temps à la base unipédale antérieure — et pas du tout, comme on pourrait le supposer, en passant de la base unipédale à la suspension, ou de la suspension au 1ᵉʳ temps — que se font les plus grands déplacements de la croupe.

Je n'ai, dans tout ce qui précède, parlé que du cheval en général, sans m'occuper des cas individuels. Mais si l'on tient compte de ces derniers, les questions d'équilibre se compliquent singulièrement. C'est pourtant dans ces cas particuliers que cette étude a de l'importance, non seulement au point de vue de l'allure, mais encore de la durée du cheval. La taille des chevaux n'est pas, comme on le sait, la même à la croupe et au garrot : l'un ou l'autre l'emporte généralement de quelques centimètres. Les chevaux hauts ou bas du devant doivent être équilibrés d'une façon différente : c'est surtout chez eux que la trop grande surcharge d'un bipède, l'antérieur, ou le postérieur suivant la structure du cheval, a pour conséquence son usure prématurée. Il en résulte la nécessité pour le cavalier d'alléger, soit par sa position, soit par celle de la tête du cheval le bipède surchargé. Des expériences faites à Alfort ont montré qu'il suffisait d'élever artificiellement de quelques centimètres le hauteur du train antérieur ou du train postérieur d'un cheval — de façon à obtenir à volonté des chevaux hauts ou bas du devant — pour faire varier considérablement le poids de l'avant-main et de l'arrière-main.

En élevant la taille au garrot on a pu réduire de 6 à 30 kilogrammes, suivant les chevaux, l'excédant de poids du train antérieur. En élevant, au contraire, la croupe, on a augmenté dans des proportions analogues l'excédant du train antérieur. Les écarts de ces chiffres montrent, d'ailleurs, que des facteurs encore mal connus doivent intervenir dans leur composition.

Ce très court — et assurément très insuffisant exposé — montre combien sont grandes les variétés d'équilibre que peut prendre le cheval au galop. Ce n'est pas seulement au point de vue de sa vitesse, mais encore au point de vue de sa forme, que le galop peut varier dans des limites considérables. On conçoit donc, et je reviens ainsi au point de départ de ces recherches, qu'il soit possible de fixer par le dressage l'allure dans laquelle le cheval donnera le maximum de travail avec le minimum d'effort. Pour des raisons mécaniques évidentes, cette forme sera celle où les mouvements oscillatoires du cheval seront réduits à leur minimum et où l'effort sera le mieux réparti sur les quatre membres. Il est très possible, dans ces conditions, que le galop soit une allure à peine plus fatigante que le trot. Provisoirement, en me basant sur les observations faites sur le cheval dont j'ai parlé dans un autre chapitre, et aussi sur les graphiques qui montrent que cette forme de galop est la seule dans laquelle le cheval progresse d'une façon égale sur chacune de ses quatre bases successives; provisoirement, dis-je, je considère que la forme du galop cherchée se rapprochera du petit galop en 4 temps, mais avec beaucoup moins d'élévation dans les mouvements qu'on ne le fait quand on recherche cette allure pour le travail de haute-école.

LIVRE V.

LE CAVALIER.

CHAPITRE PREMIER.

RECHERCHES SUR LES CONDITIONS D'É-QUILIBRE DU CAVALIER AUX DIVERSES ALLURES.

§ 1. *Le pas et le trot.* Idées erronées des écuyers sur la position que doit avoir le cavalier au trot enlevé. Position correcte du cavalier. — § 2. *Influence de la position de la cuisse sur l'équilibre du cavalier.* Comment le cavalier peut combattre la réaction impulsive produite par la pression des genoux. Figures schématiques prouvant la nécessité d'avoir le corps vertical pendant le trot enlevé. L'inclinaison de cuisse sur la verticale permet de mesurer le degré de solidité du cavalier. Tableau de mensurations. Influence de l'inclinaison de la cuisse sur la puissance d'adhérence des genoux. Influence de la position de la cuisse sur la pression exercée par le pied sur l'étrier.

§ 1. — Conditions d'équilibre du cavalier au pas et au trot.

Bien que le pas ne soit pas une allure aussi simple qu'elle le paraît, et exige, comme nous l'avons vu, une certaine habileté pour être obtenue correctement, il ne présente, au point de vue de la stabilité du cavalier, aucune difficulté. Nous le mentionnons seulement pour dire que la position de ce dernier, au pas, doit être, contrairement à ce qui s'enseigne dans la plupart des manèges et des livres, exactement celle qu'il doit prendre pour le trot, et que nous allons étudier maintenant.

Le trot est une des meilleures allures, celle qui permet d'aller vite et longtemps sans trop fatiguer le cheval. C'est, comme nous l'avons vu, une allure en deux temps, dans laquelle les membres du cheval se meuvent par paires diagonales. Dans le trot assis, dit trot à la française, très peu usité aujourd'hui, mais qui fut le seul admis dans notre armée jusqu'à ces dernières années, le corps du cavalier reçoit toutes les réactions que produit chaque bipède diagonal en venant frapper le sol. Lancé rudement d'un diagonal sur l'autre, il éprouve une série de chocs successifs très déplaçants et très fatigants.

Le trot assis est une allure très utile à pratiquer au manège, sans étriers, pour donner de la solidité au cavalier, mais il ne peut être employé au dehors sans fatigue qu'après une pratique de plusieurs heures de travail par jour, pendant plusieurs mois. Il faut tout ce temps au cavalier pour arriver aux mouvements instinctifs qui amortissent les chocs et rétablissent l'équilibre constamment détruit. C'est donc une allure à peu près interdite à tous les cavaliers qui n'ont point passé par les manèges militaires.

Dans le trot enlevé, dit trot à l'anglaise, adopté maintenant par la plupart des armées de l'Europe et par tous les cavaliers civils depuis longtemps, le cavalier s'enlève de sa selle pour éviter le choc des réactions produites par un des bipèdes diagonaux du cheval. Il évite ainsi une réaction sur deux, et, par la façon dont il retombe amortit beaucoup la réaction qu'il est obligé de subir. Ne retombant sur sa selle qu'une seule fois pendant la succession de deux mouvements diagonaux, il retombe naturellement toujours sur le même diagonal. S'il trotte, par exemple, sur le bipède gauche, il s'enlèvera en même temps que la jambe gauche de devant du cheval, et retombera sur sa selle en même temps que cette jambe gauche se posera à terre.

Le trot à l'anglaise passe pour une allure extrêmement facile à apprendre et on la pratique aisément, en effet, après quelques heures d'exercice. Mais une analyse détaillée des conditions d'équilibre du cavalier va nous montrer que, suivant la façon dont elle est pratiquée, elle peut être la plus détestable et la plus dangereuse des allures, ou au contraire la plus sûre.

Fig. 39. — Trot à l'anglaise
tel qu'il est enseigné actuellement dans nos manèges.
(Gravure extraite d'un récent traité d'équitation.)

Voyons d'abord comment s'enseigne et se pratique habituellement en France le trot à l'anglaise.

« Pour trotter à l'anglaise, écrit un de nos meilleurs écuyers civils, M. Pellier, — qui ne fait d'ailleurs que répéter ce qui s'enseigne dans tous les livres et tous les manèges, — il faut une légère inclinaison du corps en avant, des étriers ajustés plus courts pour donner à la jambe un bon point d'appui, afin qu'elle puisse soulever le

Fig. 40. — Position correcte du cavalier au trot.
(D'après le traité d'équitation militaire allemande.)

corps sans grands efforts à chaque temps de l'allure (1). »

Le cavalier qui suit ces prescriptions présente

(1) *Le Langage équestre*, p. 369, 1890.

la position donnée comme modèle dans un autre ouvrage récent d'équitation, — excellent d'ailleurs à certains points points de vue, — modèle que je reproduis ici (fig. 39) et qui ne gagne pas beaucoup à la comparaison avec la position représentée par la fig. 40. Le cavalier au trot étant représenté dans une pose semblable dans cinq ou six parties de l'ouvrage auquel je fais allusion, et le dessinateur étant un artiste de premier ordre, il n'y a pas à supposer d'erreurs de dessin. Il n'y a d'ailleurs qu'à se promener une heure au bois de Boulogne, ou à entrer dans un manège, pour voir que cette position est bien la position classique.

Elle est classique en France, mais aussi dangereuse et aussi absurde que classique. Ainsi pratiqué, le trot enlevé constitue la plus imprudente des allures, celle qui réalise le minimum possible de solidité pour le cavalier, avec le maximum possible de fatigue et de danger de chute pour le cheval. Tout le poids du corps du cavalier porte sur les étriers, base de son équilibre, et s'il vient à en perdre un par un faux mouvement ou par la rupture d'une étrivière, sa chute est certaine. Elle est certaine également si le cheval, dont l'avant-main est très chargée, butte et fait un faux pas; certaine encore si l'animal, effrayé par un objet quelconque, s'arrête brusquement ou fait un écart. Le trot ainsi pratiqué est la source d'accidents journaliers, et c'est, je suppose, pour cette raison, qu'il a été pendant si longtemps rigoureusement interdit dans l'armée française.

En se basant sur les expériences et les analyses mathématiques, dont nous parlerons plus loin, il est facile de donner au cavalier une position qui le fasse passer du minimum au maximum de solidité et de sécurité possible. Cette position est exactement le contraire de celle qu'indiquent nos professeurs d'équitation et que j'ai reproduite plus haut. Au lieu de pencher le corps en avant, il faut le redresser de façon à ce qu'il soit vertical; au lieu de raccourcir les étriers, il faut les allonger; au lieu de prendre un « bon point d'appui » sur les étriers, il faut en prendre un très faible; au lieu de se soulever sur eux, il faut se laisser soulever par le cheval. Ajoutons qu'au lieu d'avoir les coudes fixés au corps et l'avant-bras allongé, il faut que les coudes soient libres et les avant-bras appuyés contre le ventre; que les épaules doivent être effacées et ne pas se porter en avant à chaque enlevée; que c'est le bassin seul, à partir de la ceinture, qui doit avoir à chaque enlevée un léger mouvement de glissement en avant (1).

Si l'on observe de profil le cavalier trottant dans la position que je viens de décrire, on constate qu'une ligne verticale idéale partie de son oreille traverse la partie antérieure du corps, passe derrière les poignets, puis un peu en arrière du pli du genou, et un peu en avant du talon.

Le cavalier trottant à l'anglaise, dans la position qui vient d'être expliquée, a une solidité considérable. La pression qu'il exerce sur ses étriers étant très faible, il peut les perdre sans éprouver aucun déplacement; il n'a aucune tendance à être projeté en avant, et résiste aisément à des mouvements brusques de son cheval.

J'étais arrivé à cette position à la suite des expériences et des raisonnements scientifiques dont

---

(1) Le but du trot enlevé est d'éviter une réaction sur deux en s'enlevant de la selle pendant la durée de la réaction qu'on veut éviter. Puisque le cavalier doit forcément rester un certain temps hors de sa selle, et que d'un autre côté il importe pour sa solidité qu'il s'enlève le moins possible au-dessus d'elle il est clair que le seul moyen de réaliser cette double condition en apparence contradictoire est le glissement du corps en avant. Ce glissement, d'ailleurs invisible, permet au cavalier de ne pas s'élever de plus de quelques centimètres au-dessus de sa selle pendant le trot enlevé.

je parlerai bientôt; mais j'ai reconnu depuis que les Allemands y sont arrivés par une autre voie, et l'ont rendue aujourd'hui réglementaire dans leur armée (1). Voici d'ailleurs comment le trot enlevé est défini dans leur manuel déjà cité ici plusieurs fois : « Si, en marchant au trot, on commande : trot à l'anglaise, le cavalier, sans changer son assiette et sa position (le corps absolument vertical, comme il est représenté d'ailleurs dans les gravures qui accompagnent le texte), ne se laissera plus retomber à chaque battue, comme il l'a fait jusqu'à présent, mais il évitera une battue en s'aidant des cuisses, des genoux et des étriers, et retombera doucement sur la selle à la suivante, *en chassant l'assiette en avant*. Le cavalier ne devra pas chercher à saisir la cadence du mouvement en se soulevant de lui-même hors de la selle plus qu'il n'est

---

(1) La position verticale du corps au trot enlevé n'est, à ma connaissance, enseignée qu'en Allemagne. En Angleterre, le cavalier, au trot enlevé, raccourcit ses étriers comme en France et penche le corps en avant. Les dangers de cette position pour le cavalier et le cheval n'ont pas échappé d'ailleurs aux écuyers anglais, et c'est pourquoi le trot enlevé, c'est-à-dire l'allure que nous désignons en France sous le nom de trot à l'anglaise, n'est admise dans leur armée que d'une façon exceptionnelle, pendant les longues marches notamment. Le trot réglementaire dans la cavalerie anglaise est le trot assis.

projeté en l'air par le seul mouvement du trot. »

Il n'y a qu'une objection à faire à cette position du cavalier au trot enlevé, c'est qu'un cavalier civil n'arrivera jamais à la prendre avec les méthodes actuelles. Elle n'est possible que pour le cavalier militaire, qui, grâce à une longue pratique du trot sans étriers, peut garder sans difficulté ses étriers très longs. Avec les étriers courts, comme les portent les civils, la position verticale est impossible, comme je le montrerai bientôt; le cavalier, pour garder son équilibre, est obligé à un déplacement du centre de gravité qui porte son corps en avant.

S'il fallait, pour arriver à la position verticale que j'ai indiquée, plusieurs mois d'exercice sans étriers, elle n'aurait évidemment qu'une utilité purement théorique, et le cavalier qui débute pourrait dire qu'elle est sans intérêt pour lui, puisqu'elle serait tout à fait hors de sa portée. Mais nos expériences, en même temps qu'elles indiquent la nécessité de cette position, font ressortir aussi les moyens très simples de l'obtenir presque instantanément. Elles ont donc ce côté éminemment pratique, de permettre de remplacer par quelques heures — et même par quelques minutes pour un cavalier qui a déjà un peu monté — les longs mois de travail au trot sans étriers, nécessaires jusqu'à présent pour l'exercice du trot enlevé, tel qu'il vient d'être décrit.

Afin de bien faire comprendre les moyens à employer pour arriver à ce résultat, et la supériorité de cette position, je vais maintenant analyser en détail les facteurs divers qui font varier l'équilibre du cavalier au trot enlevé.

§ 2. — Influence de la position de la cuisse sur l'équilibre du cavalier.

Le corps du cavalier, au trot enlevé, représente approximativement un cylindre susceptible de pivoter autour de deux axes horizontaux parallèles, l'un formé par une ligne traversant les articulations coxo-fémorales, l'autre par une ligne traversant les articulations des genoux. Autour du premier axe, le corps exécute des mouvements d'arrière en avant, et d'avant en arrière, destinés à maintenir le centre de gravité dans la position nécessaire pour assurer son équilibre. Ce sont des mouvements d'une très faible amplitude qui ne s'exécutent, d'une façon inconsciente, qu'après un assez long exercice et dont il ne saurait être question ici. Autour du second axe — la ligne idéale qui traverserait les genoux — le corps entier exécute les mouvements d'élévation et d'abaissement qui déterminent le trot enlevé. Les genoux forment, en réalité, deux pivots, et ces pivots doivent avoir une grande fixité, sous peine de rendre l'équilibre du cavalier tout à fait incertain.

Cette fixité des genoux est une des grosses difficultés de l'équitation. La tendance des cavaliers novices est de déplacer les genoux, et de prendre pour axe de leurs mouvements d'élévation la ligne horizontale passant par les étriers, c'est-à-dire par des points d'appui fort mobiles et ne pouvant donner qu'un équilibre des plus instables.

Le seul moyen que les écuyers des manèges indiquent à leurs élèves, pour maintenir la fixité des genoux, est de les serrer le plus possible contre la selle et de tourner les pieds en dedans. Mais de tous les moyens qu'on pouvait indiquer, c'est le plus détestable et le plus contraire au but cherché. Nous nous occuperons de la rotation du pied en dedans dans un autre paragraphe. N'examinons maintenant que la pression des genoux.

Je dis que ce conseil si universellement donné

de les serrer énergiquement est détestable. Il l'est, d'une part, parce que la contraction prolongée d'un muscle est physiologiquement impossible, et, d'autre part, parce que, contrairement à ce que s'imaginent les écuyers, le cavalier qui serre avec force les genoux contre la selle, loin d'acquérir de la fixité, la perd aussitôt, et la perd d'autant plus vite que ses efforts de contraction sont plus énergiques. Loin de faire adhérer le cavalier à la selle pendant le trot, la pression énergique des cuisses tend à expulser le cavalier de sa selle, absolument comme une pression énergique sur un noyau de cerise tend à le faire sortir des doigts qui le serrent. L'analyse scientifique de ce phénomène est d'ailleurs facile.

Le corps d'un cheval représente un cylindre d'environ 2 mètres de circonférence (1), soit 65 centimètres de diamètre; et il suffit de

(1) Ayant lu dans un livre que le corps du cheval représente un cylindre d'un mètre de diamètre, et ce chiffre me semblant bien douteux, j'ai mesuré la circonférence d'une dizaine de chevaux de selle. Cette circonférence a été comprise entre $1^m,77$ et $2^m,12$. L'addition de la selle augmentait la circonférence d'environ 10 centimètres. On peut donc dire que la circonférence du cylindre formée par le corps du cheval est, en nombre rond, d'environ 2 mètres.

regarder un cavalier à cheval, ou sa photographie, pour constater que les genoux arrivent très au-dessus du plan horizontal passant par l'axe du cylindre, et d'autant plus au-dessus que les étriers sont plus courts. Le cavalier se trouve donc dans la situation d'un individu voulant saisir un bouchon couché horizontalement sur une table, avec les doigts placés au-dessus de l'axe du bouchon. En le serrant très légèrement, et se bornant à une légère adhérence, il l'enlèvera. S'il le serre énergiquement, le bouchon s'échappera brusquement de ses doigts.

Le cavalier qui serre énergiquement les cuisses sans donner au corps une position convenable, tend donc à être lancé en l'air. Il ne l'est point parce que son poids est trop grand relativement à la force de pression dont il dispose; mais cette tendance à l'expulsion suffit pour lui ôter son adhérence à la selle et le chasser en arrière de cette dernière dès qu'il est soulevé par les réactions du trot.

Sans doute, pour combattre cette projection hors de la selle, le cavalier a la ressource d'envelopper la circonférence du cylindre équestre, en se servant des mollets jusqu'aux talons; mais c'est là une ressource provisoire dont il lui est impossible de disposer bien longtemps, puisque toute contraction prolongée d'un muscle est impossible; et, d'ailleurs, le trot enlevé dans cette position serait difficilement réalisable. Cette pression des jambes contre les flancs du cheval mal dressé a en outre pour résultat de lui faire prendre immédiatement le galop, ou tout au moins une allure précipitée qui achève de détruire l'équilibre du cavalier, surtout si, comme c'est généralement la règle, celui-ci cherche à prendre un point d'appui sur les rênes. Ce n'est donc pas avec la pression des mollets que le cavalier peut tenir en selle. C'est avec un équilibre convenable et une légère pression des genoux.

Mais cette pression, si légère qu'elle soit, constitue toujours une force qui tend à expulser le cavalier de sa selle lorsqu'il est soulevé par le trot. Il doit donc chercher à mettre le corps dans une position telle que son poids annule la réaction qui tend à l'expulser.

Pour le cavalier qui porte les étriers très courts, un seul moyen est possible, c'est de pencher considérablement le corps en avant. J'ai déjà dit combien cette position, si générale pourtant, est défectueuse et dangereuse et expose le cavalier à toutes sortes d'accidents. Mais si le cavalier porte les étriers suffisamment longs, le corps peut rester vertical, et, dans ce cas, son poids tend à annuler la réaction expulsive. Elle sera d'autant plus annulée que les cuisses du cavalier tendront, elles aussi à se rapprocher de la verticale, c'est-à-dire à la condition que le cavalier ait les étriers longs au lieu de les avoir courts. C'est ce que montrent très bien les figures 41, 42 et 43. La figure 41 représente en projection le sens de la réaction expulsive R', déterminée par la pression des cuisses FF' du cavalier; elle est dirigée dans le plan des cuisses et suivant la bissectrice de leur angle. Cette réaction R' est représentée de profil par la même lettre dans les figures 42 et 43. Dans ces deux dernières figures, on voit comment la réaction antagoniste produite par le poids du cavalier varie de puissance suivant la position de la cuisse du cavalier. Le poids de ce dernier peut, en effet, se décomposer en deux composantes, l'une R, dirigée comme la réaction expulsive dans le plan des cuisses du cavalier, et suivant la bissectrice de leur angle, mais dans une direction diamétralement contraire de la réaction expulsive, et tendant par conséquent à la détruire. Nous l'appellerons, pour cette raison, la composante utile. L'autre composante, r, normale au plan des cuisses du cavalier est inu-

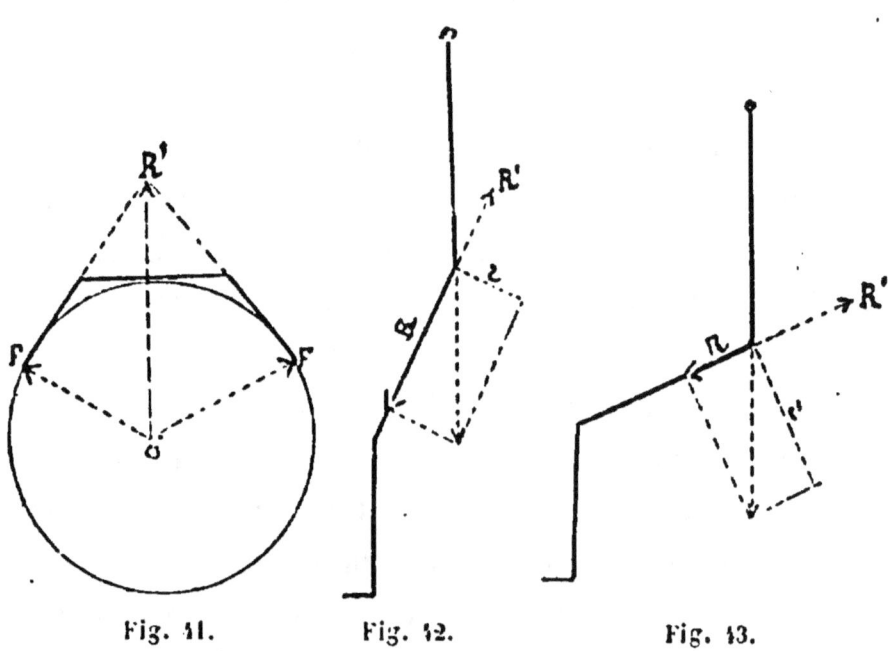

Fig. 11.   Fig. 12.   Fig. 13.

tile. On voit sur la figure 13, où le cavalier a la cuisse rapprochée de l'horizontale, que la composante utile R, capable d'annuler la réaction expulsive, est beaucoup plus petite qu'elle ne l'est dans la figure 12 où le cavalier a les cuisses rapprochées de la verticale.

Toutes choses égales d'ailleurs, la stabilité

du cavalier est donc proportionnelle à l'excès de la composante utile sur la réaction expulsive; et cet excès sera d'autant plus grand que la direction de la cuisse sera plus près de la verticale.

Si nous reprenons notre exemple précédent du noyau de cerise qu'on projette verticalement en l'air en le serrant entre les doigts, nous dirons que mettre le corps dans la position où son poids annule la réaction qui tend à chasser de la selle le cavalier, revient à mettre sur le noyau qu'on va serrer un poids assez lourd pour l'empêcher d'être chassé en l'air : dans ces conditions, on pourra le serrer impunément, sans crainte qu'il puisse échapper.

Il est facile de se rendre compte, sans faire intervenir les considérations qui précèdent, de l'influence de la direction des cuisses du cavalier sur les positions que peut prendre le corps au trot enlevé. Supposons un individu assis sur une chaise, dans la position indiquée par la figure 44. Une expérience que chacun peut faire prouvera aisément, à défaut de démonstration mathématique, que dans cette position, il est impossible de se soulever en gardant le corps vertical. Pour y arriver on prendra forcément la position de la fig. 45, qui est précisément celle du cavalier qui raccourcit ses étriers et a par conséquent les cuisses horizontales. Sans doute on pourrait se soulever de la chaise, sans se pencher en avant en donnant aux jambes la position de la figure 46 ; mais sur la selle une telle position des jambes serait trop fatigante pour pouvoir être gardée

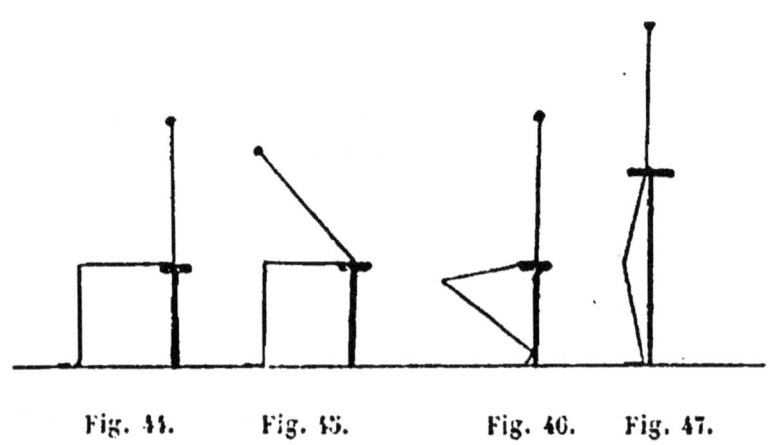

Fig. 44.   Fig. 45.   Fig. 46.   Fig. 47.

plus d'un instant. La seule façon de s'enlever verticalement d'une chaise, sans se pencher en avant, est de se placer sur une chaise très haute, de façon à pouvoir allonger verticalement les jambes ainsi que cela est représenté sur la figure 47. Cette figure 47 correspond précisément à la position du cavalier ayant les étriers très longs, et par conséquent les cuisses se rapprochant de la verticale.

La difficulté de garder les cuisses rapprochées de la verticale, et d'avoir par conséquent les étriers très longs, est considérable pour les débutants, parce que les muscles adducteurs qui déterminent la pression des genoux, étant en même temps fléchisseurs de la cuisse, le cavalier qui veut serrer la selle avec ses genoux fait remonter ses cuisses et perd ses étriers aussitôt que les réactions du trot le soulèvent, ce qui l'oblige à les raccourcir et le chasse immédiatement du fond de sa selle. La recommandation des professeurs de tâcher de rester dans le fond de sa selle est assurément très sage, mais ce qui serait beaucoup plus sage, serait d'indiquer à l'élève le moyen d'y arriver. C'est ce que nous tâcherons de faire plus loin ; mais auparavant nous devons préciser dans quelles limites la cuisse peut se rapprocher de la verticale.

Soit AB (fig. 48) l'axe du corps, BD la position de la cuisse du cavalier à cheval vue en projection, DE la jambe. Appelons α l'angle que fait le prolongement de l'axe du corps avec l'axe de la cuisse. Il est évidemment égal à α' très facile à mesurer. Nous avons effectué cette mesure chez un grand nombre de cavaliers. Pour les anciens écuyers que nous citons plus loin, cette mesure a été effectuée sur des lithographies qui les représentaient à cheval.

Au moyen âge et jusqu'au dernier siècle, l'angle α était très petit, le cavalier se tenant presque debout sur sa selle. Cette position, qu'on garderait fort difficilement sur nos selles actuelles, et avec laquelle on ne pourrait que bien difficilement trotter aux allures enlevées, était facile avec les anciennes selles qui encastraient solidement le cavalier en avant et en arrière, et à une époque où l'on ne connaissait guère d'autres allures pratiques que le pas et le galop.

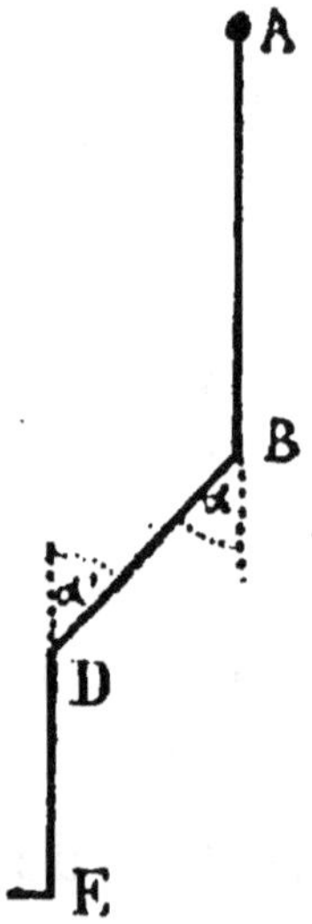

Chez les cavaliers modernes, l'angle α est très variable ; mais on peut dire d'une façon générale que la solidité des cavaliers se mesure à la réduction de cet angle (1) ; il dépasse 50° chez le cavalier

Fig. 18.

---

(1) Ce n'est évidemment que d'une façon générale que l'on peut dire que l'angle α donne la mesure exacte de la descente de la cuisse. Il est certain qu'un petit cavalier, montant un cheval très gros, aura forcément un angle α très grand, c'est-à-dire la cuisse rapprochée de l'horizontale, alors qu'un cavalier qui se mettrait à cheval sur un bâton aurait la cuisse verticale c'est-à-dire, un angle α = o. L'angle α ne dépend donc

peu expérimenté et atteint à peine 30° chez les bons écuyers. C'est ce que montre clairement le tableau suivant :

Valeur de l'angle α chez divers cavaliers.

Charles Pellier (1825), mesure prise sur une lithographie. 20°
Baucher (1840), mesure prise sur une lithographie. . . . 20°
Comte d'Aure (1850), mesure prise sur une lithographie. 23°
Capitaine instructeur X. (1892)............................ 20°
Colonel hindou (1885)..................................... 28°
Colonel B... (1889)....................................... 28°
Écuyer anglais (1889), mesure prise sur une photographie
   instantanée.. 31°
Cavaliers allemands d'après les figures prises dans le *Traité
   d'équitation allemande* et plusieurs photographies
   (moyennes) .... 28° à 30°
Sous-officiers de dragons français, cavaliers médiocres
   mais solides (moyenne)................................. 30°
M. James Fillis (d'après une photographie) (1)............ 30°
Cavaliers civils ordinaires des manèges parisiens..... 50 à 60°

Il ne faudrait pas croire qu'il suffit d'ôter à un cavalier ses étriers pour que l'angle α soit

pas absolument de la longueur de l'étrier, mais encore de la grosseur du cheval et de la longueur des jambes du cavalier. Tout ce que nous disons ne peut s'appliquer qu'aux chevaux de taille moyenne, montés par des cavaliers de taille moyenne, c'est-à-dire à la majorité des cavaliers.

(1) Cet écuyer, d'une habileté exceptionnelle, monte les étriers un peu courts. Cela tient évidemment à ce que les airs de cirque très compliqués qu'il fait exécuter à ses chevaux, exigeant l'emploi permanent de l'éperon, il est nécessaire que l'étrier soit assez raccourci pour que les talons soient très près du cheval.

réduit à son minimum. Cela serait exact si le cavalier était à cheval sur une barre de bois de peu

Fig. 49. — Position du cavalier hindou à cheval.

Je donne cette photographie pour montrer que la position de la cuisse indiquée dans ce chapitre est celle à laquelle sont arrivés spontanément les écuyers adonnés à une longue pratique de l'équitation dans les contrées les plus différentes. Le cavalier ici représenté est le colonel des gardes du Nizam d'Hyderabad. Il commandait l'escorte qui m'accompagnait dans ma visite à la forteresse de Golconde.

d'épaisseur; mais il est à cheval sur un cylindre volumineux, et le relâchement complet des muscles, nécessaire pour obtenir la descente de la cuisse, ne s'obtient que par un trot prolongé sans étriers. En mesurant la distance au sol des jambes de plusieurs cavaliers novices au moment où ils montent en selle, et après une demi-heure de trot sans étriers, j'ai vu que l'allongement des jambes (déduction faite bien entendu de l'affaissement de l'échine du cheval), dépassait généralement 5 centimètres. *La règle écrite partout de mettre la semelle des étriers à la hauteur de la couture du talon, lorsque les jambes sont pendantes, ne signifie donc absolument rien puisque la longueur de la jambe est un facteur variable, suivant le degré d'assouplissement, chez un même cavalier.*

En dehors des conséquences étudiées plus haut, les variations de l'angle α ont d'autres conséquences que nous devons signaler.

La première de ces conséquences est que plus α sera grand, plus les jambes remonteront, et plus le cylindre équestre sera serré au-dessus de son axe, moins par conséquent le cavalier adhérera à la selle. L'accroissement de la hauteur du genou au-dessus du sol, et par conséquent le raccourcissement nécessaire de l'étrier est mesuré par le cosinus de l'angle α. La distance du genou, ou, ce qui revient au même, de la semelle de la botte au sol étant représentée par 100, voici les raccourcissements de l'étrier qu'entraînent des accroissements successifs de l'angle α.

Accroissement de la distance du genou du cavalier au sol, et, par conséquent, raccourcissements successifs de l'étrier correspondants à diverses valeurs de l'angle α :

Angle α = 0°, hauteur de la jambe au-dessus du sol. = 100
— = 20°, raccourcissement de l'étrier.... 6 p. 100
— = 30°, — — 11 —
— = 40°, — — 25 —
— = 50°, — — 36 —

L'angle α pouvant descendre à 20° chez un excellent cavalier, et dépasser 50° chez un cavalier médiocre, on voit, en supposant à ces deux cavaliers mêmes dimensions et même cheval, que la différence maximum de α correspond, chez le second, à un raccourcissement vertical d'un tiers de la distance du genou au sol. Le cylindre équestre est serré par conséquent beaucoup trop haut chez celui-ci pour qu'il ait grande solidité. On pourrait mettre aisément sous forme d'équation le degré du coefficient de solidité en fonction de l'angle α; mais cette précision serait sans intérêt, en raison de la variabilité des autres facteurs qui peuvent intervenir.

Chez les cavaliers ayant les cuisses courtes, l'angle α grandit, par suite de la nécessité de pouvoir embrasser une portion de cylindre équestre correspondant à l'écartement des cuisses. Ces cavaliers sont dans de bien plus mauvaises conditions pour monter à cheval que les individus suffisamment grands; ils ne peuvent être solides que par de la souplesse et un équilibre fort long à acquérir.

Comme autre conséquence des variations de l'angle α, je ferai remarquer que le cavalier, ayant la cuisse allongée, s'enlèvera bien moins sur sa selle pendant le trot à l'anglaise que le cavalier ayant les étriers courts, ce qui accroît beaucoup sa solidité, car elle est évidemment réduite au minimum pendant la période de suspension. S'enlevant à peine, et s'enlevant en partie avec l'aide de la cuisse et du genou et très peu sur les étriers, il peut perdre ces derniers sans inconvénient, ce qui est loin d'être le cas pour le cavalier ayant les étriers courts et prenant sur eux exclusivement son point d'appui. Nous avons mesuré les différences de pression exercées dans les deux cas sur l'étrier, et les chiffres que nous donnons à la fin de ce paragraphe montrent qu'elles sont énormes.

Pour terminer ce qui concerne l'influence de l'angle α, je ferai remarquer que si le cavalier expérimenté n'a pas besoin de serrer les genoux avec force contre la selle en temps ordinaire, mais simplement de les maintenir adhérents, il y a des circonstances accidentelles, pendant les défenses déplaçantes du cheval, un tête-à-queue ou un écart, par exemple, où il faut pouvoir exercer momentanément une pression énergique des genoux et des jambes, de façon à embrasser sur la plus grande surface possible le cylindre de l'animal. Les chiffres donnés plus loin montrent que, pour le même cavalier, la pression possible des genoux est d'autant plus grande que l'angle α est plus petit, c'est-à-dire que les étriers sont plus longs.

Ce qui précède est déduit de raisonnements théoriques, mais ces raisonnements s'appuient également, pour la plupart, sur des expériences que nous allons exposer maintenant. Ces expériences ont été faites au moyen du dynamomètre spécial, dont j'ai parlé dans un autre chapitre. Elles ont été effectuées sur des chevaux et des individus fort différents; mais les expériences comparatives ont toujours été faites sur le même cheval, sur le même individu et avec le même instrument. Tous les chiffres donnés conservent donc leur valeur relative. Chacun d'eux est bien entendu la moyenne de plusieurs expériences.

   A. — *Influence des variations de l'angle α sur la puissance d'adhérence du genou à la selle.*

Pression exercée par les genoux sur la selle avec l'étrier long (angle α = 30°) :

     Moyenne du côté droit. . . . .   60 kilog.

(Le côté gauche est généralement d'un dixième plus faible.)

Pression des genoux chez le même cavalier, l'étrier étant assez raccourci pour donner à l'angle α une valeur d'environ 70° :

     Moyenne du côté droit. . . . .   44 kilog.

Le raccourcissement de l'étrier a donc réduit de près d'un tiers la puissance de pression des genoux du cavalier.

   B. — *Répartition du poids du cavalier sur la selle et les étriers.*

Poids total du cavalier...............	80 kil.
Poids sur le fond de la selle	56 —
Poids de la jambe sur chaque étrier, 12 kilog. pour chaque jambe, soit pour les deux	24 —

   C. — *Influence des variations de l'angle α sur la pression exercée sur l'étrier pendant le trot à l'anglaise.*

1° Cavalier avec les étriers très longs (angle α = 30°), et ayant, comme les bons cavaliers, l'habitude de prendre son point d'appui principalement sur les cuisses et les genoux :

> Pression sur chaque étrier au moment où tout le corps s'enlève. Déduction faite des 12 kilog. représentant le poids de la jambe . . . . 23 kilog.

2º Cavalier avec les étriers très courts, et prenant intentionnellement son point d'appui sur les étriers, comme le font les cavaliers peu expérimentés.

> Pression sur chaque étrier. . . . . . . 69 kilog.
> (Déduction faite du poids de la jambe du cavalier.)

Cette pression, triple de la précédente, produite par le cavalier en se soulevant, est énorme, puisque, pour les deux étriers, elle est presque double du poids du corps. (Le cavalier expérimenté pesait 70 kilog.)

En voyant l'énorme pression sur l'étrier qu'exerce au trot enlevé le cavalier inexpérimenté, on comprend aisément qu'il soit inévitablement projeté à terre lorsque cet appui vient accidentellement à lui manquer au moment où il s'enlève.

CHAPITRE II.

RECHERCHES SUR LES CONDITIONS D'É-QUILIBRE DU CAVALIER AUX DIVERSES ALLURES. (Suite a.)

§ 1. *Influence de la position du pied dans l'étrier sur l'équilibre du cavalier.* La prescription du pied en dedans est tout à fait erronée. Erreurs anatomiques d'où dérive cette prescription. Position que doit occuper le pied déduit de sa conformation anatomique. Cette position modifie entièrement l'équilibre du cavalier. Expériences sur les limites angulaires de la rotation du pied. — § 2. *Influence de la position de la jambe.* — § 3. *Conditions d'équilibre du cavalier au galop.*

§ 1. — Influence sur l'équilibre du cavalier de la position du pied dans l'étrier.

Nous venons de voir quelle est la position la plus avantageuse de la cuisse, pour donner au cavalier le plus de solidité, et nous sommes arrivé à cette conclusion — enseignée d'ailleurs depuis longtemps dans plusieurs écoles de cavalerie — que la cuisse doit s'approcher le plus possible de la verticale, c'est-à-dire que l'étrier doit être le plus long possible; mais, ce que les professeurs de ces écoles ne disent pas et ce dont nous n'avons pas parlé encore, ce sont les moyens d'arriver à cette position, si difficile pour le cavalier à ses débuts.

Sur ce point, les traités d'équitation sont parfaitement muets, ou ne contiennent que de lourdes erreurs. Pratiquement on arrive à cette position, dans les écoles de cavalerie militaires, en faisant trotter le cavalier plusieurs mois sans étriers; ce qui l'oblige évidemment à chercher des points d'appui autres que l'étrier, et à créer inconsciemment les associations musculaires qui lui permettent de rétablir l'équilibre perdu à chaque instant; mais c'est un moyen très dur, qu'on peut imposer à des militaires, et qui ne serait pas accepté dans les manèges civils. C'est pourquoi il est bien exceptionnel de voir un civil porter les étriers aussi longs qu'un cavalier militaire, et posséder la même solidité.

Dans nos manèges civils, tous les professeurs restent convaincus, comme je l'ai dit plus haut, que la fixité à cheval tient à la pression des genoux sur la selle, et ils s'imaginent que la rotation du pied en dedans est un des principaux facteurs de cette pression. J'en ai même connu un, des plus intelligents pourtant, qui avait fait fabriquer un cheval de bois sur lequel des poids, disposés d'une façon particulière, forçaient le pied du cavalier à se tourner en dedans.

Il est difficile de comprendre l'origine d'une pareille prescription. *L'examen anatomique le plus superficiel de l'articulation tibio-tarsienne, montre que la rotation du pied en dedans n'a, en aucune façon, pour résultat d'entraîner le mouvement du genou, et en conséquence ne peut nullement déterminer l'adhérence du genou à la selle.*

Pour que la rotation du pied provoquât l'application du genou contre la selle, il faudrait que les os du pied fussent soudés à ceux de la jambe, de façon à ce que les mouvements de l'un entraînassent forcément ceux de l'autre, et finalement la rotation de la cuisse. L'idée qu'il en était ainsi a probablement germé dans la cervelle des professeurs d'équitation et est devenue l'origine de leur erreur. Elle est tout à fait contraire à ce que l'anatomie enseigne ; et les malheureux élèves qui consacrent dans les manèges civils des efforts considérables à tourner leurs pieds en dedans perdent absolument leurs temps (1).

(1) La prescription du pied en dedans commence d'ailleurs à

La rotation du pied en dehors n'est ni meilleure ni pire que sa rotation en dedans, les mouvements du genou étant aussi indépendants de l'une de ces positions que de l'autre. Entre ces deux positions mauvaises, celle du pied en dehors serait de beaucoup la moins défectueuse, puisqu'elle permettrait à la rigueur au cavalier de faciliter son adhérence à la selle sur un cheval peu sensible, au moyen de la pression du gras du mollet.

Il n'y a évidemment d'intérêt à donner une position déterminée au pied, que si cette position entraîne forcément le mouvement de la

---

être un peu abandonnée dans les ouvrages d'équitation militaire et n'est plus guère en usage que dans les manèges civils et dans les ouvrages d'équitation écrits par des civils. Sur la couverture d'un des plus récemment publiés (1888), je lis, à propos d'étriers d'une forme spéciale, de nombreuses déclarations, signées de nos écuyers civils les plus célèbres, qui montrent bien les idées qui règnent encore sur ce point; j'en extrais quelques-unes : « Par leur construction, ils amènent le pied en dedans et lui font prendre tout naturellement la position qui est le point de départ de toute bonne équitation. » (Mackensie Grieves.) — « J'ai constaté, entre autres, parmi les résultats de votre nouvelle invention, que pour les jeunes cavaliers qui, toujours, à cheval, tournent la pointe du pied en dehors, et par conséquent (!), ouvrent en même temps les genoux, ils peuvent être très utiles, car ils ramènent le pied en dedans, ce qui applique forcément (!!) toute la jambe sur la selle. » (Jules Pellier.)

jambe dans le sens nécessaire pour déterminer l'adhérence du genou. Or une telle position existe, et il n'en existe qu'une seule.

Si l'on examine en effet l'articulation du pied, on voit qu'elle est très mobile dans toutes les directions, sauf lorsque, ayant posé le pied à plat sur le sol, on essaie de le faire tourner autour de son axe antéro-postérieur de façon à soulever le bord extérieur de la semelle, le bord intérieur restant fixé sur le sol. On s'aperçoit alors que, dans cette position, ce n'est pas le pied qui est déplacé en réalité, mais la jambe, et par conséquent la cuisse, le tibia ne pouvant se déplacer latéralement, surtout quand la jambe est dans l'extension, sans entraîner la cuisse, en raison de son mode d'articulation avec le fémur.

Au point de vue pratique, le mouvement du pied, que je viens d'indiquer, revient simplement à ceci : le pied étant posé à plat sur l'étrier, essayer d'en soulever le bord externe de façon à ce que la semelle de la botte ne touche l'étrier que par son côté interne.

De ce simple mouvement résulte immédiatement, et sans que le cavalier ait à s'en préoccuper : 1° l'adhérence immédiate du genou et de la cuisse à la selle; 2° la réduction énorme du poids du pied sur l'étrier et le changement de point d'appui du cavalier, qui, au lieu de s'enlever exclusivement sur l'étrier, s'enlève surtout sur les genoux, et sans effort; 3° la possibilité de garder sans difficulté des étriers très longs, la cuisse n'ayant plus de tendance à remonter; 4° la possibilité de garder le corps tout à fait vertical au trot enlevé.

Il faut moins d'une heure pour apprendre cette position, dont les conséquences pour l'équilibre du cavalier sont immédiates. Je connais des cavaliers ayant trotté des années à l'anglaise en se penchant en avant, et en pesant tellement sur leurs étriers qu'ils ne pouvaient jamais changer la position du pied pendant le trot, et qui, au bout d'une heure d'exercice, les chaussaient plus ou moins à volonté pendant toute la durée du trot en restant le corps vertical et les étriers allongés.

Dans la position que je viens d'indiquer, la pointe des pieds n'est pas tournée en dedans, mais légèrement en dehors, sans que le cavalier ait d'ailleurs à se préoccuper de leur position.

L'appui du pied sur la partie interne de l'étrier a été indiqué dans plusieurs livres d'équitation, mais toujours en une ou deux lignes, sans que les écuyers qui ont trouvé instinctivement cette position aient paru soupçonner l'importance de ses effets, et compris qu'elle modifiait de fond en comble l'équilibre du cavalier. On peut cependant dire de cette position qu'elle est la base de l'équitation au trot enlevé, et à ce point que je ne pense pas beaucoup m'avancer en formulant cette loi : *La position et l'équilibre du cavalier au trot enlevé dépendent surtout de la position du pied dans l'étrier.*

Comme corollaire de ce qui précède, on peut ajouter que la plus mauvaise des positions est celle du pied fortement porté en dedans, encore enseignée à Paris dans tous les manèges.

Le seul inconvénient apparent de la position que j'ai indiquée, c'est qu'elle éloigne un peu des flancs du cheval les jambes du cavalier ; mais, pour le débutant, c'est un avantage énorme, car il n'a que trop de tendance à chercher des points d'appui sur le cheval en serrant les mollets, ce qui est fort dangereux pour sa sûreté avec un cheval peu habitué à supporter la pression des jambes, comme le sont la plupart des chevaux qu'on rencontre. L'indication de n'appuyer sur l'étrier que par le bord interne de la semelle, est destinée d'ailleurs principalement aux débutants.

Les cavaliers qui ont dressé leurs chevaux à supporter l'action des jambes, et qui savent se servir de leurs aides, feront remarquer avec raison que, pouvant au besoin serrer très bas le cylindre équestre sans perdre l'adhérence du genou, ils possèdent une solidité très supérieure à celle obtenue par les moyens que je viens de décrire; mais, dans l'état actuel de l'équitation, de tels cavaliers sont à l'état d'infime exception. Le cavalier arrivé à ce point de son éducation équestre où il possède l'art fort difficile de se servir convenablement de ses jambes, n'a plus besoin de conseils. Ce n'est plus alors par le bord interne du pied, mais bien par le bord externe que ces cavaliers appuient surtout sur l'étrier. Pour en arriver là il faut posséder des chevaux qu'on ait dressés soi-même, et être d'une habileté qui ne s'acquiert que fort lentement. Arrivé à cette phase équestre, on perd quelquefois son temps à écrire des livres d'équitation ; mais on a trop conscience de l'inutilité de ce genre de publications pour consentir à en lire. Sans intérêt pour de tels écuyers, les indications données dans ce paragraphe seront au contraire d'une utilité capitale pour l'immense majorité des cavaliers.

Voici maintenant les expériences sur lesquelles repose la théorie qui précède. Dans le tableau qui va suivre, nous avons laissé de côté les mouvements d'extension et de flexion du pied, sans intérêt pour le but que nous cherchons à atteindre.

1° *Limites angulaires de la rotation du pied autour de la jambe* (1) *en dehors ou en dedans, en permettant à l'articulation de la cuisse de prendre part au mouvement :* Ces limites atteignent 180°, soit 90° à droite et 90° à gauche.

2° *Limites de la rotation du pied autour de la jambe en empêchant la cuisse de participer au mouvement :*

    Rotation en dedans . . . . 60°
    Rotation en dehors . . . . 50°

3° *Limites de la rotation du pied en dedans autour de son axe antéro-postérieur,* c'est-à-dire angle formé par la semelle soulevée de son côté interne, et le plan horizontal sur lequel le côté extérieur de la semelle repose (l'articulation de la cuisse ne fonctionnant pas) : environ 30°.

4° *Limites de la rotation du pied en dehors autour de son axe antéro-postérieur,* c'est-à-dire angle formé par la semelle soulevée du côté externe et le plan horizontal sur lequel le côté interne de la semelle repose (l'articulation de la cuisse ne fonctionnant pas) : 10 à 15°.

(1) Ce sont les mouvements auxquels les anatomistes donnent les noms d'adduction et d'abduction. Ils se passent bien plus dans l'articulation calcanéo-astragalienne que dans l'articulation tibio-tarsienne, ce qui, d'ailleurs, est sans intérêt pour nous. Ne m'adressant pas à des anatomistes, j'ai employé les expressions les plus généralement comprise

5° *Limites de la rotation du pied en dehors autour de son axe*, dans la position précédente, mais en permettant à la cuisse et à la jambe de se déplacer, c'est-à-dire de se porter en dedans, environ 45°.

On voit par l'expérience 2 que le pied peut tourner considérablement en dedans ou en dehors, sans que la cuisse prenne part au mouvement, et par conséquent sans que le genou vienne presser la selle. On voit, au contraire, par les expériences 4 et 5, qui réalisent les conditions du cavalier ne s'appuyant sur l'étrier que par le bord interne de la semelle, que le mouvement du pied ne peut s'accentuer dans cette position (expérience 5), sans que la jambe et la cuisse y participent, et par conséquent sans que le genou vienne s'appuyer contre la selle; c'est donc bien de la position du pied, comme je l'ai énoncé, que dépend l'adhérence du genou à la selle.

La démonstration qui précède est suffisamment concluante; mais j'indiquerai, pour les personnes n'aimant pas les chiffres, un moyen bien simple de vérifier expérimentalement la proposition que j'ai énoncée. Il suffit, étant assis, d'appliquer la jambe contre le montant vertical d'une porte; on verra que le pied pourra être tourné indéfiniment en dedans sans que le genou presse la porte, tandis que dans la position prescrite, c'est-à-dire en soulevant le bord externe de la semelle, il s'y appliquera aussitôt avec force.

§ 2. — Influence de la position de la jambe.

La position du pied et de la cuisse étant déterminée par les considérations qui précèdent, les déplacements possibles de la jambe ne peuvent se faire qu'en avant ou en arrière. Ces déplacements ont une certaine influence sur l'équilibre du cavalier, mais ils ne sont pas mesurables au dynamomètre. On peut cependant les apprécier expérimentalement en trottant avec la jambe placée alternativement en avant et en arrière de la verticale, le pivot formé par le genou n'ayant, bien entendu, subi aucun déplacement sensible dans ces diverses positions; on constate alors que la jambe, et par conséquent le pied, portés en avant, rendent les réactions plus dures, le poids du corps sur l'étrier plus lourd; que la jambe portée un peu en arrière, rend les réactions plus douces, oblige le cavalier à mieux entrer dans la selle, augmente la fixité du genou et rend la pression sur les étriers plus faible.

§ 3. — Équilibre du cavalier au galop.

Le galop est, comme nous l'avons montré, une allure compliquée, celle où se montre le mieux l'influence du dressage et l'habileté du cavalier. Mais au point de vue de l'équilibre, le galop est, avec la plupart des chevaux, une allure très facile — beaucoup plus facile que le trot assis, par exemple. Le cavalier inexpérimenté pourra bien sans doute sauter fortement sur sa selle ; mais, comme il n'éprouve pas de déplacements latéraux alternatifs, il garde aisément son équilibre ; il le garde d'autant mieux d'ailleurs que le galop est plus rapide. Tous les cavaliers savent que le galop de charge constitue une allure très agréable dans laquelle on n'éprouve aucun déplacement.

J'insisterai peu sur l'équilibre du cavalier à cette allure, mes expériences ne m'ayant pas conduit, comme pour le trot, à formuler des règles particulières pour acquérir l'équilibre.

Dans le galop de course, il y a avantage, pour

le cheval et pour le cavalier, à ce que ce dernier se penche fortement en avant. Mais dans le galop ordinaire, le cavalier doit faire varier sa position à chaque temps. Ces mouvements ne sont possibles que quand ils sont inconscients, et le cavalier n'y arrive que par beaucoup de souplesse et d'habitude ; alors seulement il ne saute plus au-dessus de sa selle.

Pendant chaque foulée, le cavalier expérimenté exécute en arrière et en avant de la verticale un très léger mouvement oscillatoire, destiné à réagir contre les mouvements successifs de bascule de l'avant-main et de l'arrière-main du cheval. Il est projeté tour à tour en sens contraire, comme l'individu placé sur une de ces poutres que les enfants font osciller autour d'un tronc d'arbre sur lequel elles sont posées. Penché en avant au premier temps, le cavalier est revenu en arrière à la suite du troisième temps.

Les mouvements de balancement qu'exécute le cavalier au galop ne se font pas, comme dans le trot enlevé, autour d'un axe horizontal passant par les genoux, mais principalement autour d'un axe horizontal passant par les deux articulations coxo-fémorales, la colonne vertébrale doit se mouvoir sur le bassin pour déplacer le centre de gravité du cavalier et combattre ses mouvements de projection alternatifs en avant et en arrière (1).

(1) Déterminer avec précision les conditions d'équilibre du cavalier au galop ne sera possible que quand le mécanisme de cette allure sera mieux étudié. Les différences qu'on observe dans la dureté des réactions tiennent sans doute à des variations de rapport entre le soulèvement de l'avant-main et de l'arrière-main, à l'engagement plus ou moins grand des postérieurs, etc. Mais il faudrait préciser ces conditions, et c'est ce qui n'a jamais été fait encore. Je crois que ce qu'il faudra étudier surtout, c'est l'influence des mouvements oscillatoires des membres du cheval. Si l'on considère la partie inférieure des postérieurs (le canon), laquelle est verticale au repos, on constate que, pendant le galop, leurs mouvements oscillatoires sont très variables en étendue, suivant la rapidité et la forme du galop et, de plus, que l'amplitude de leurs mouvements angulaires n'est pas la même de chaque côté de la verticale. J'ai constaté qu'au galop de course, l'angle que fait la partie inférieure de la jambe avec la verticale arrive à dépasser 80 degrés en avant, et c'est pourquoi dans les photographies instantanées l'animal a l'air d'avoir les membres repliés sous lui. En arrière de la verticale cet angle n'est que de 50 degrés. Au petit galop l'amplitude des oscillations est beaucoup moindre, mais on observe des inégalités analogues, et qui ne sont pas les mêmes pour chaque postérieur. Ces déplacements angulaires sont modifiés par le dressage et l'action du cavalier. Il serait d'un grand intérêt pratique de déterminer les limites dans lesquelles il faut produire ces variations et celles qu'il faut fixer par le dressage.

CHAPITRE III.

DE LA CONDUITE HABITUELLE DU CHEVAL SUIVANT LES DIVERSES CIRCONSTANCES QUI PEUVENT SE PRÉSENTER.

§ 1. *De la conduite du cheval pendant les longues étapes et dans les chemins difficiles.* Liberté à donner au cheval. L'intervention de son cavalier ne fait le plus souvent que le gêner. Comment on réduit la fatigue du cheval en l'équilibrant convenablement au trot. — § 2. *De la conduite du cavalier avec les chevaux qui buttent.* Erreurs enseignées sur la possibilité pour le cavalier de retenir le cheval qui butte. Faits physiologiques démontrant les dangers de son intervention. — § 3. *De la conduite du cheval pendant les sauts d'obstacles.* Dangers de l'intervention du cavalier. A quoi doit se limiter son rôle. — Dans toutes les circonstances précédemment examinées, le rôle du cavalier a été de laisser à l'animal toute liberté en se bornant à lui indiquer la direction à suivre et l'allure à observer. — § 4. *De la conduite habituelle du cheval lorsque l'animal n'est pas connu du cavalier.* Cas divers qui peuvent se présenter : chevaux de propriétaires, chevaux militaires, chevaux de manège. — Dangers des chevaux de manège et parti qu'on peut en tirer. Dressage partiel qu'on peut leur faire subir.

Toutes les considérations de psychologie, de physiologie ou de mécanique animale contenues dans cet ouvrage, et les diverses expériences scientifiques qu'il renferme, ne sauraient avoir d'intérêt pour la majorité des lecteurs que si elles conduisent à des résultats pratiques: et c'est pourquoi nous nous sommes toujours attaché à déduire ces résultats. Conformément à cette règle, nous allons examiner la conduite du cavalier dans les divers cas qui peuvent se présenter, soit avec les chevaux dressés, soit avec les chevaux insuffisamment dressés qu'on est appelé le plus souvent à monter.

§ 1. — De la conduite du cheval pendant les longues étapes et dans les chemins difficiles.

Lorsqu'un cavalier doit monter son cheval pendant un long parcours, 50 à 60 kilomètres par exemple, la fatigue que pourra ressentir l'animal dépendra beaucoup de la façon dont il sera conduit. Supposons le cheval bien dressé, et recherchons le degré de liberté de l'encolure que le cavalier devra laisser à l'animal pendant les deux allures fondamentales des longues routes, le pas et le trot.

Lorsque le cheval est bien dressé, il faut lui laisser au pas toute liberté d'encolure, c'est-à-dire les rênes à peu près flottantes. L'encolure peut ainsi exécuter les grands mouvements de balancier qui sont caractéristiques de cette allure, le cheval allonge alors beaucoup son pas et ne se fatigue pas. J'ai déjà insisté plusieurs fois sur les inconvénients de toujours « *tenir* » son cheval au pas comme le font la plupart des cavaliers et j'ai énuméré les inconvénients de cette habitude en montrant combien elle rendait le cheval maladroit et peu sûr. J'ai fait voir aussi combien l'allure du pas était modifiée par la main du cavalier. Le cheval trop tenu au pas prend l'habitude de reculer ses postérieurs et de très peu les engager sous lui. Il sera infiniment moins habile à reprendre son équilibre si une cause quelconque le lui fait perdre que le cheval habitué à engager sous lui ses postérieurs, à se servir de sa tête comme d'un balancier et ne pas redouter la gêne produite par la main de son cavalier. Il ne faudrait pas croire d'ailleurs qu'on accroît la solidité d'un cheval parce qu'on ralentit son pas. Chez le cheval comme chez le vélocipédiste la stabilité de l'équilibre croît avec la vitesse et se réduit avec elle.

Dans les pentes et les chemins difficiles, on conseille généralement d'avoir son cheval bien en main et rassemblé. Il est possible que le conseil soit bon avec beaucoup de chevaux, mais avec tous ceux qui ont été bien assouplis par le dressage je crois qu'il est plus sage de les abandonner entièrement à leur instinct et ne pas les gêner par l'action des aides. Dans tous les pays de montagnes, lorsqu'on côtoie des précipices, les gens du pays s'en rapportent entièrement à leur monture. Je n'insisterai pas beaucoup sur cet exemple, parce que l'on pourrait me répondre que ces chevaux de montagnes ont acquis une habileté héréditaire, que les chevaux de plaines ne sauraient posséder. Dans le chapitre consacré au dressage, nous avons vu qu'il dépend du cavalier de donner au cheval l'habitude de se tirer tout seul d'affaire dans les endroits difficiles.

J'ai eu plus d'une fois, dans mes nombreux voyages, l'occasion d'observer que le cheval, abandonné entièrement à son instinct, sait parfaitement se diriger et franchir tous les obstacles sans aucune assistance, et c'est ainsi que j'ai été conduit aux règles qui précèdent. Parmi les faits qui me reviennent à la mémoire, je citerai le suivant. Me trouvant à Oodeypoor, dans l'Inde, le maharajah m'avait donné, pour aller visiter les ruines d'un temple situé à quelques lieues de la ville, une escorte commandée par un gigantesque capitaine de la garde Bhil monté sur un vigoureux étalon. Je montais moi-même un superbe pur-sang dont les allures tapageuses me gênaient fort. La nuit commençait à tomber quand nous commençâmes le retour. Ne voulant pas suivre la lente allure des éléphants et des chameaux qui faisaient partie de mon escorte, je pris un chemin de traverse, suivi de mon géant. Ne voyant plus très bien le sentier, à peine marqué d'ailleurs et semé de rochers, de troncs d'arbres et d'obstacles de toutes sortes, gêné aussi par la pétulance de mon cheval qui flairait l'écurie, je priai le capitaine de passer devant moi pour me montrer le chemin. Trouvant son allure un peu vive, en raison des difficultés du chemin et de l'obscurité qui s'accentuait, je lui criai de la ralentir. Malheureusement, ma très insuffisante connaissance de l'hindoustani fut cause qu'au lieu de lui crier : « Plus lentement! je lui criai : « Plus vite! ». Le géant se retourna avec étonnement; mais comme un Bhil ne discute pas un ordre reçu, il accéléra son allure. Impatienté, je réitérai d'un ton plus bref la même phrase, toujours affectée malheureusement de la même erreur linguistique. Le géant mit alors sa monture au galop. Comprenant que je devais être victime de quelque malentendu et le sentier étant trop étroit pour que je pusse rejoindre mon guide, je me décidai avec résignation à le suivre. Incapable de distinguer les obstacles qui semaient le sentier, dont la pente en outre était très forte, car il tournait autour d'une colline, je renonçai à guider l'animal, et rendis entièrement les rênes. Ce fut alors une course folle d'une demi-heure, pendant laquelle je fis des réflexions variées, mais uniformément désagréables. Elles devenaient particulièrement sombres quand je sentais le cheval bondir pour franchir une haie, un fragment de rocher, un fossé, glisser sur ses pieds de derrière pour combattre les effets d'une dénivellation trop forte du terrain etc. Quand nous arrivâmes, l'animal était ruisselant d'écume, mais il n'avait pas fait un faux pas. Il en eut été tout autrement sans doute si j'avais essayé de le guider au lieu de lui laisser toute sa liberté.

Les étapes se font en partie au pas et en partie au trot. J'ai dit plus haut qu'il fallait laisser une grande liberté d'encolure au cheval au pas. Au trot, cette liberté doit être moindre, puisqu'il est nécessaire de redresser un peu son encolure, mais l'action du cavalier ne doit pas dépasser la très légère traction suffisante pour obliger le cheval à relever sa tête de façon à équilibrer convenablement son poids sur l'avant-main et sur l'arrière-main. C'est l'attitude que les Allemands nomment « attitude de service » et que prennent d'eux-mêmes d'ailleurs les chevaux bien dressés. On pourrait même dire que la façon dont le cheval garde la position de sa tête au trot indique jusqu'à quel degré a été poussé son dressage.

Pourquoi faut-il équilibrer convenablement le cheval sur son arrière-main et sur son avant-main au lieu de lui laisser prendre l'équilibre qu'il choisirait spontanément? La raison en est facile à saisir. Si on se reporte aux expériences que nous avons citées sur la façon inégale dont est reparti le poids du cavalier, on verra que la plus grande partie du poids de ce dernier se trouve sur l'avant-main. Nous avons vu aussi que le cavalier pouvait aisément, en rejetant son corps en arrière et en relevant l'encolure, reporter une notable partie de cet excédant de poids sur l'arrière-main, de façon à rétablir à peu près le rapport qui existe naturellement entre la charge supportée par les membres antérieurs et par les postérieurs de l'animal.

Supposons que le cavalier ne se préoccupe pas de répartir convenablement la charge imposée au cheval, qu'arrivera-t-il? Il arrivera évidemment que le rapport naturel entre le poids de l'arrière-main et celui de l'avant-main de l'animal se trouvant rompu et l'avant-main trop chargée, les membres antérieurs supporteront un effort plus grand que les membres postérieurs, et s'useront plus vite. C'est ce qu'on observe en effet chez les chevaux mal montés : la solidité de leurs antérieurs disparaît rapidement. Si, au contraire, le cavalier a équilibré convenablement le cheval, la surchage que son poids impose à l'animal se répartit convenablement sur les membres antérieurs et postérieurs, et les premiers ne s'usent pas avant les seconds; ce qui augmente beaucoup la durée du temps pendant lequel on peut utiliser le cheval.

On comprend aisément par ce qui précède que la verticalité du corps dans le trot enlevé — verticalité que nous avons recommandée déjà pour augmenter l'assiette du cavalier — ait également pour résultat de réduire la charge supportée par les membres antérieurs du cheval.

Si l'on demandait maintenant pourquoi le cheval ne dispose pas de lui-même son encolure et sa tête de façon à répartir le plus également possible sur ses membres le poids qu'il supporte, la réponse serait encore facile. L'animal n'agit pas ainsi, parce que semblable en ceci à beaucoup d'êtres fort supérieurs à lui, il sacrifie une fatigue future à un soulagement présent. Il se comporte comme le conscrit qui, si on le laissait faire, plierait considérablement le corps en avant dès qu'il est obligé de porter un sac sur son dos. Il se soulagerait, en effet, pour le moment, mais au prix d'inconvénients futurs fort sérieux. De même pour le cheval. Son gros travail pendant la marche est celui de l'impulsion, qui incombe surtout à ses membres postérieurs, les membres antérieurs étant principalement des organes d'appui. En allongeant sa tête et son encolure, de façon à « se mettre sur les épaules » l'animal réduit le travail que doit exécuter son arrière-main mais augmente le poids que doivent supporter ses membres antérieurs. La fatigue et l'usure de ses antérieurs est chose lointaine, invisible pour lui, alors que le soulagement qu'il éprouve est chose immédiate, facile à percevoir. C'est au cavalier à rectifier la position défectueuse du cheval, comme c'est à l'officier à rectifier celle du conscrit.

Il ne faut pas songer bien entendu à maintenir son cheval en main pendant une longue course; il ne faut demander de mise en main que provisoirement, lorsque le cavalier voit qu'il va avoir besoin de l'obéissance de son cheval. J'ai toujours remarqué d'ailleurs que ce sont précisément les écuyers qui font le plus d'équitation rassemblée et qui sont les plus exigeants pour la mise en main, qui donnent le plus de liberté d'encolure à leurs chevaux au dehors, tandis que les cavaliers ordinaires se croient obligés de tirer constamment sur les rênes.

§ 2. — De la conduite du cavalier avec les chevaux qui buttent.

La question de savoir quelle doit être la conduite habituelle du cheval aux diverses allures nous conduit à examiner une autre question très importante, celle de l'action que peut exercer le cavalier sur le cheval qui fait « une faute », c'est-à-dire qui a butté comme on le dit vulgairement.

La question est importante, en effet, car le cheval qu'un accident quelconque fait tomber sur les jambes de devant, se « couronne » presque toujours, ce qui lui fait perdre immédiatement les trois quarts de sa valeur marchande, sans parler de la chute du cavalier qui accompagne souvent celle du cheval, et qui peut être désastreuse pour l'homme s'il a une jambe prise sous le corps de l'animal.

Cet accident est la terreur de beaucoup de cavaliers, et surtout des clients des manèges, montant des chevaux qui ne leur appartiennent pas, à cause des responsabilités qu'ils encourent. C'est de cette crainte, et de la croyance générale que le cavalier peut retenir son cheval avant que les genoux aient touché la terre, qu'est née certainement, en grande partie, l'habitude générale aujourd'hui d'avoir les rênes fortement tendues et les mains très en avant aux diverses allures.

Contrairement à l'opinion générale, je crois pouvoir démontrer que l'action de la main du cavalier sur le cheval qui a butté ne peut qu'entraver les efforts que celui-ci fait pour se relever, et, par conséquent, que l'intervention du cavalier, loin d'être d'une utilité quelconque pour l'animal, est au contraire tout à fait nuisible.

Pour comprendre cette démonstration, il faut avoir présents à l'esprit les résultats des recherches des physiologistes modernes sur la durée de la propagation de l'agent nerveux à travers les nerfs, et le temps qui sépare les excitations des réactions.

Ces expériences, faites avec des diapasons électriques enregistreurs, ont prouvé qu'entre une excitation quelconque, cutanée, auditive ou visuelle, et la réaction motrice consécutive, il s'écoule un temps qui n'est presque jamais inférieur à dix centièmes de seconde, et généralement supérieur. Acceptons ce chiffre comme moyenne.

Supposons maintenant le cheval faisant un faux pas, c'est-à-dire buttant contre un obstacle quelconque, un pavé par exemple et commençant à perdre son équilibre.

Cette perte d'équilibre, les centres nerveux de l'animal la perçoivent quelques centièmes de seconde après que les membres ont commencé à butter, et, au bout de quelques autres centièmes de seconde, ces centres nerveux transmettent aux muscles les excitations qui déterminent les mouvements nécessaires au rétablissement de l'équilibre. Or, quelle que soit l'éducation des réflexes du cavalier, c'est-à-dire si grande qu'on suppose la rapidité avec laquelle il peut agir, il faut, avant que son action devienne efficace, 1° que son cerveau perçoive le faux pas de l'animal ; 2° que le cerveau envoie aux mains et aux jambes l'ordre d'agir sur le cheval ; 3° que les centres nerveux de l'animal reçoivent l'excitation donnée par le cavalier ; 4° que ces mêmes centres nerveux de l'animal transmettent l'excitation destinée à mettre en jeu les muscles capables de rétablir l'équilibre. En faisant la somme de ces diverses opérations, il est visible que l'action du cavalier arrivera toujours trop tard, c'est-à-dire après que le cheval sera tombé ou se sera relevé (1).

Si l'action des mains ou des jambes du cava-

(1) Il y aurait d'intéressantes expériences à faire sur ce sujet avec de vieux chevaux ayant les jambes faibles, et sur lesquelles on installerait un appareil enregistreur en relation électrique avec les jambes du cheval et la main du cavalier, et qu'on conduirait dans des chemins difficiles. Notre assertion que le cavalier arrive toujours trop tard pour exercer une action utile est basée sur des faits de physiologie incontestables, mais en matière d'équitation, et surtout lorsqu'il s'agit de détruire une opinion universellement admise, les raisonnements les plus clairs sont insuffisants : les preuves expérimentales peuvent seules entraîner la conviction.

lier ne faisait qu'arriver trop tard, l'inconvénient serait minime, le rôle du cavalier serait simplement inutile. Malheureusement il est facile de démontrer que, de plus, elle est souvent fort nuisible. Nous disions à l'instant que quand cette action se manifeste, l'animal est tombé, ou, au contraire, a réussi à se relever ; mais si la perte d'équilibre a été très grande, il peut arriver que tous les mouvements fort complexes nécessaires pour rétablir cet équilibre ne soient pas terminés. En relevant brusquement la tête du cheval par une forte traction sur les rênes, le cavalier ne fait alors qu'entraver le rétablissement définitif de l'équilibre, en ajoutant une gêne à celle que l'animal éprouvait pour reprendre son aplomb. Quand il nous arrive de glisser sur une peau d'orange ou de butter contre le bord d'un trottoir, nous rattrapons notre équilibre par une série de mouvements instinctifs très compliqués auxquels la raison n'a aucune part. Qu'en ce moment quelqu'un, sous prétexte de nous aider, nous tire par le collet de notre habit, il ne fera que paralyser les mouvements que nous exécutions. Si nous arrivons cependant à nous redresser, la personne qui a cru nous porter secours aurait bien tort de se féliciter de son assistance. Nous

nous sommes relevés malgré elle, et non pas à cause d'elle.

Il en est de même pour le cheval qui butte, et sur la bouche duquel son cavalier s'empresse de tirer brutalement. L'animal se relève malgré la bride, et non à cause d'elle.

Comme conclusion à ce qui précède, nous voyons que l'intervention du cavalier ne peut qu'être nuisible. La seule chose qu'il ait à faire quand un cheval fléchit sur l'avant-main est de ne pas toucher aux rênes et de s'incliner fortement en arrière pour diminuer un peu, dans le cas où l'opération du rétablissement d'équilibre aurait quelque durée, le poids que le cheval doit soulever pour se relever. Si l'animal prolongeait ses efforts pour se relever, l'éperon pourrait peut-être rendre service. Il ne faudrait le considérer dans ce cas que comme un stimulant destiné à augmenter momentanément la force de l'animal.

Ce qui précède ne veut pas dire assurément que, si le cavalier est impuissant à empêcher une chute quand l'animal a butté, il le soit aussi à empêcher ce dernier de butter. C'est dans ce cas, au contraire, que les jambes et les éperons du cavalier peuvent être fort utiles, pour donner momentanément à l'animal fatigué un reste de vigueur dans un moment difficile.

§ 3. — De la conduite du cheval pendant les sauts d'obstacles.

Je vais encore être obligé de combattre ici des opinions généralement répandues chez beaucoup d'écuyers. Celles que je vais soutenir sont basées sur des raisonnements physiologiques très simples, appuyés d'ailleurs sur l'étude comparative que j'ai faite de photographies instantanées de chevaux sautant sous des cavaliers différents.

La plupart des cavaliers qui arrivent sur l'obstacle qu'ils doivent franchir, tirent sur les rênes sous prétexte d'enlever le cheval (1) ; ils rendent ensuite les rênes pendant le saut, ou s'imaginent

---

(1) Le passage suivant, extrait de l'excellent ouvrage de M. Pellier *Le Langage équestre* 1889) indique bien les idées régnantes encore sur ce point.

« Pour sauter un obstacle, écrit cet écuyer, le cavalier aura les rênes tendues, les doigts bien fermés ; au moment de sauter l'on doit avoir un bon appui sur la bouche. » Pour qu'il ne subsiste d'ailleurs aucun doute dans l'esprit du lecteur sur la façon d'opérer, l'auteur donne 3 photographies instantanées où l'on voit le cavalier tirer à pleins bras sur les rênes du cheval avant, pendant et après le saut. Il faut que le cheval soit un animal doué d'une dose de tolérance véritablement insondable pour consentir à sauter un obstacle dans des conditions semblables.

au moins qu'ils les rendent ; puis tirent de nouveau sur les rênes quand l'animal arrive à terre, sous prétexte de le soutenir dans le cas où il ferait un faux pas qui pourrait provoquer sa chute.

L'idée qu'on puisse « enlever un cheval », comme on le dit généralement, est enfantine et trop contraire aux données les plus élémentaires de la mécanique et de la physiologie, pour mériter d'être discutée. Le cavalier tirant sur les rênes quand le cheval se soulève pour franchir l'obstacle paraît en effet enlever son cheval, puisque ce dernier s'enlève ; mais il est victime d'une pure apparence, d'une de ces associations mentales analogues à celles qui faisaient croire aux médecins du moyen âge à la vertu curative des crapauds pilés ou des yeux de lézard. Le malade guérissant malgré le remède, on en concluait qu'il avait guéri à cause du remède. Le cheval sautant malgré la traction des rênes, le cavalier en conclut qu'il a sauté à cause de cette traction. En fait, cette traction ne peut que gêner considérablement l'animal. Elle le gêne tout autant d'ailleurs quand, retombant de l'autre côté de l'obstacle, il fait les efforts nécessaires pour reprendre son équilibre. Le raisonnement appliqué au cheval qui butte, dans le paragraphe précédent, étant tout à fait applicable ici, il serait inutile de revenir sur ce que j'ai déjà dit.

La conduite du cavalier qui saute un obstacle est très simple, puisqu'elle consiste à rendre entièrement les rênes et à ne rien faire du tout. L'idéal est de diriger le cheval au petit galop sur l'obstacle, l'exciter avec les jambes au dernier moment, puis de relâcher entièrement les rênes avant, pendant et après le saut. Ce n'est que quand le saut est terminé et que le cheval a repris son équilibre, que le cavalier peut toucher aux rênes afin de les raccourcir au besoin si l'animal voulait prendre une allure trop précipitée.

Nous pourrions résumer en un précepte bien simple les trois paragraphes qui précèdent. Dans les diverses circonstances que nous avons examinées le rôle du cavalier s'est borné à ne rien faire. Ne rien faire, laisser le cheval à lui-même, lui donner toute sa liberté, en se bornant à lui indiquer le chemin qu'on veut suivre et à quelle allure on veut qu'il le suive, telle est le plus souvent la meilleure règle d'équitation ; mais, pour en arriver à cette règle en apparence si simple, il faut réaliser cette double condition : avoir un cheval bien dressé et être un écuyer habile.

§ 4. — De la conduite habituelle du cheval lorsque l'animal n'est pas connu du cavalier.

La conduite du cheval qu'on ne connaît pas présente plus d'une difficulté. L'animal et le cavalier étant étranger l'un à l'autre, il arrive souvent que le langage équestre du second est très imparfaitement compris du premier. Il en est surtout ainsi lorsqu'on monte un cheval de propriétaire, c'est-à-dire un animal habituellement monté par un seul cavalier.

La plupart des cas qui peuvent se présenter rentrent d'ailleurs à peu près dans l'un des suivants : L'animal appartient à un propriétaire qui a été à peu près seul à le monter (cheval prêté pour une chasse); l'animal a été pris dans le rang (cheval cédé à un officier de réserve faisant sa période d'exercice); l'animal vient d'un manège (cheval monté par la majorité des cavaliers civils).

S'il s'agit d'un cheval de propriétaire, la première chose à faire, pour en tirer le plus grand parti possible, est de l'étudier un peu. On examinera donc la sensibilité de sa bouche pour savoir comment il faut l'emboucher, suivant les principes exposés ailleurs; on étudiera aussi l'effet qu'ont sur lui les jambes, de façon à savoir si on peut s'en servir utilement, ou si au contraire on doit renoncer à ce moyen de conduite. On examinera ensuite ses diverses allures, notamment comment on le met au galop, et la facilité avec laquelle on peut l'arrêter. On étudiera de plus — et c'est là le point fondamental pour la sûreté du cavalier — les divers défauts de l'animal : on tâchera de savoir de son propriétaire quels sont ces défauts, et notamment les objets dont il s'effraie. D'une façon générale on demandera fort peu de chose à l'animal, ce qui est toujours le meilleur moyen de vivre d'accord avec lui : sur ce point spécial le cheval a beaucoup d'analogie avec l'homme. Comme on ne dresse pas un cheval en quelques heures, toute la science équestre du cavalier sur un cheval inconnu doit consister à tâcher de le monter comme il l'est habituellement. Le plus souvent il faudra beaucoup de main et peu de jambe, bien que cela soit tout à fait contraire aux principes fondamentaux de l'équitation moderne.

Supposons maintenant qu'il s'agisse d'un cheval appartenant à la cavalerie. On est alors à peu près sûr que l'animal n'a pas de défauts dangereux, autrement il serait réformé. Il est suffisamment dressé, d'ailleurs, pour son cavalier d'occasion ; ne s'effraie guère des bruits variés puisqu'il y a été habitué, connaît le sens des sonneries et des commandements, suit toujours ses camarades ; et, en réalité, le rôle de son cavalier se borne à peu près à se maintenir dessus. La science équestre de celui-ci sera suffisante s'il sait tirer la rêne droite pour aller à droite, la rêne gauche pour aller à gauche, et les deux rênes pour s'arrêter. Dans le rang, ou près du rang, le cheval conduit beaucoup plus son cavalier qu'il n'est conduit par lui. La grande majorité de nos officiers de réserve ou de la territoriale doivent s'estimer très heureux qu'il en soit généralement ainsi. Généralement mais pas toujours, et c'est précisément ce qui rend nécessaire l'étude de l'équitation.

J'arrive maintenant au cheval de manège. Il est fort différent du cheval de cavalerie, et surtout de celui de propriétaire. Ce dernier ne connaissait qu'un seul langage ; les chevaux de manège, qui ont subi les cavaliers les plus divers, en comprennent beaucoup. Ce sont, en général, des bêtes vénérables approchant des confins de l'existence, auxquelles les dures leçons de la vie ont enseigné une douce philosophie composée de résignation et de tolérance. Elles savent que leur destinée est de supporter plusieurs heures par jour des cavaliers dans lesquels elles n'ont aucune confiance, mais leur bienveillance est assez grande pour tolérer leurs maladresses, et les rectifier au besoin. Leur indifférence à l'égard du cavalier qu'elles portent a quelque chose de touchant. Elles le considèrent comme un fardeau gênant, sans doute, mais dont il n'y a pas lieu de se préoccuper beaucoup. Tous les ordres donnés au manège par le professeur, trot, galop, arrêts, voltes, changements de main, etc., étant scrupuleusement exécutés, les élèves sont aussi satisfaits du cheval que d'eux-mêmes. Un cavalier plus subtil n'aurait qu'à mettre les mains dans ses poches pour constater que le cheval exécute toutes les manœuvres à la voix de l'écuyer instructeur, sans se préoccuper en aucune façon des agissements de son cavalier.

Au dehors, ces pacifiques bêtes se comportent avec la même indifférence. Elles sauront parfaitement rectifier les maladresses du cavalier qui les dirige sur un obstacle, croyant les faire passer à côté. Pour peu que leur cavalier d'occasion ne les agace pas trop, elles marcheront bien tranquillement le nombre d'heures règlementaire, puis reprendront avec la même placidité le chemin de l'écurie, sans s'occuper des protestations du monsieur qu'elles portent. Si ces protestations sont trop vives, le cheval fera le nombre de mouvements strictement nécessaires pour déposer à terre son cavalier, le flairera parfois avec un visible intérêt, puis reprendra philosophiquement le chemin de l'écurie pour recevoir le picotin d'avoine équitablement gagné.

Tel est le type idéal de cette sorte de monture, mais cet idéal n'est atteint qu'après un séjour assez prolongé au manège. Quand un cheval y arrive, surtout dans un établissement d'ordre inférieur, il n'y est amené, dans la majorité des cas, que parce que, présentant les défauts les plus variés, et souvent les plus dangereux, il a obligé son propriétaire à s'en défaire à vil prix. Le plus souvent l'animal est rétif, ou se cabre, ou encore a les jambes de devant peu solides. Ce sont là les trois défauts fondamentaux des bêtes de manège. Ces défauts, désastreux pour le cavalier, sont plutôt avantageux pour l'industriel qui loue les chevaux, puisque le cavalier est responsable des accidents. Avec la démocratisation actuelle de l'équitation, et l'abaissement du prix des leçons, on ne peut évidemment exiger que les propriétaires des manèges aient des chevaux de luxe. On ne peut empêcher également que leurs chevaux soient rétifs plus ou moins puisque, s'ils ne l'étaient pas, ils le deviendraient rapidement entre les mains des cavaliers inexpérimentés qui les montent habituellement. Mais il y a certains vices, la cabrade par exemple, tellement dangereux qu'un cheval qui en est affecté ne devrait jamais être loué au dehors, à une amazone surtout. La cabrade est la plus redoutable des défenses, parce que le cavalier n'a guère d'autre ressource que de descendre pour empêcher l'animal de se renverser, ce qui ne fait d'ailleurs qu'accroître la tendance du cheval à recommencer pour se débarrasser de son cavalier. Sur une telle bête, l'amazone est absolument désarmée, et en cas de chute du cheval, sa chance d'être tuée est exactement de une sur deux : cela dépend uniquement du côté sur lequel le cheval se renversera.

Le cavalier qui prend un cheval dans un manège pour se promener au dehors doit faire son choix avec les plus grandes précautions; ne s'adresser qu'à un établissement de premier ordre, et prendre de préférence un cheval se trouvant au manège depuis quelques mois. Demander des renseignements sur les défauts ou les qualités de l'animal, serait du temps absolument perdu. D'une façon constante, les renseignements seraient systématiquement erronés, alors même que l'employé qui les donnerait n'y aurait aucun intérêt. C'est une observation que bien d'autres ont faite avant moi que, par le seul fait qu'on s'occupe du commerce des chevaux, et de leur location, on perd généralement non seulement l'habitude de dire la vérité, mais même la possibilité de dire un seul mot contenant une parcelle de vérité. Les psychologues de profession pourraient, dans un manège, où se trouvent plusieurs professeurs, palefreniers, employés, etc., qu'on peut interroger séparément, faire des études fort intéressantes sur la possibilité de tirer par voie de comparaison une vérité approximative de mensonges systématiques; mais ce sont là des méthodes d'investigation qui ne sont pas à la portée de tout le monde.

Pour en revenir au cheval de manège, la conduite envers lui doit être à peu près la même qu'envers le cheval de propriétaire, avec

quelques précautions en plus, notamment celle
— que ne prendra jamais la personne qui l'a
bridé — de l'emboucher sévèrement, de façon
à être maître de son allure s'il lui prenait fantaisie de la précipiter au galop lorsqu'il sera
sur le chemin du retour. Comme l'animal est
généralement habitué à prendre un fort point
d'appui sur le mors, il faut continuer à le lui
donner au moins sur le mors de filet. En raison
du peu de solidité des jambes de l'animal, on
évitera de le fatiguer par des temps de trot prolongés; et on aura présent à l'esprit que, pour
des raisons physiologiques évidentes, c'est à la
fin d'une promenade que l'animal est exposé
à butter et à tomber.

A toutes les personnes qui montent des chevaux de manège, on peut donner un conseil
qui semble coûteux, mais qui, en réalité, est au
contraire économique, c'est de toujours se faire
accompagner par un écuyer de ce manège. D'après la jurisprudence établie en cette matière,
le cavalier n'est pas responsable des accidents
qui peuvent arriver au cheval quand il est accompagné, alors qu'il en est responsable dans
le cas contraire. Si on considère que le cheval
couronné représente une somme de 200 à

300 francs à payer au loueur du cheval, on voit les avantages du conseil précédent. Il est assez rare, d'ailleurs, que le cavalier accompagné couronne son cheval, parce que, dans ce cas, l'intérêt du patron du manège est de donner celui de ses chevaux dont les jambes sont les plus sûres.

Il ne faudrait pas croire, d'ailleurs, qu'il n'y ait rien à apprendre avec un cheval de manège. Si détestable que soit l'animal, on s'instruira beaucoup avec lui à condition de toujours monter le même. J'ai constaté plusieurs fois ce fait, très curieux au point de vue psychologique, et qui prouve bien l'étonnante mémoire du cheval ; que le cavalier montant une fois ou deux seulement par semaine un cheval de manège, monté le reste du temps par des cavaliers les plus variés, peut obtenir de ce cheval des allures tout à fait différentes de celles qu'il prendra avec les autres cavaliers. J'ai accompagné souvent à la campagne, à l'époque où je faisais les expériences fondamentales de cet ouvrage, une dame qui montait une jument de manège tellement détraquée, ayant la bouche tellement dure et les réactions si violentes, que jusque-là on n'avait pas songé à la louer à des dames. Aussitôt qu'on touchait les rênes, cette jument, qu'on n'avait jamais essayé sans doute de mettre en main une seule fois dans sa vie, et qui était habituée aux cavaliers prenant un point d'appui sur sa bouche pour assurer leur équilibre, levait le nez au vent pour réduire l'action du mors. Dès qu'on la mettait au galop, elle se désunissait et lançait à chaque foulée la personne qui la montait à plusieurs centimètres au-dessus de la selle. J'étais très curieux de voir si l'amazone pourrait apprendre quelque chose à un tel animal, et si ce quelque chose ne serait pas détruit aussitôt par l'influence des autres cavaliers. Le résultat dépassa toutes mes espérances. Après une dizaine de promenades, l'animal ne mettait plus le nez au vent, s'arrêtait avec une légère traction des rênes, et était arrivé à donner ce galop doux et extrêmement ralenti, qu'on rencontre si rarement chez les chevaux de selle. Il s'était, par voie d'association et de répétition, établi un langage conventionnel entre l'amazone et son cheval, langage dont l'animal se souvenait aussitôt qu'il avait cette amazone sur son dos, et qu'il perdait immédiatement avec les autres cavaliers. Pour compléter l'expérience, je l'ai monté moi-même deux ou trois fois, suivant les principes que j'avais enseignés à l'amazone; mais il m'était impossible de l'avoir aussi léger en main qu'elle : des aides étant différentes, le cheval se trouvait en présence d'un langage qui ne constituait pour lui que des réminiscences, et revenait de préférence à ses vieilles allures.

Des écuyers éminents, auxquels j'ai relaté l'observation qui précède, m'ont assuré avoir constaté plusieurs faits analogues. Il en résulte, comme je le disais plus haut, que les divers cavaliers qui montent des chevaux de manège arriveraient, avec un peu d'habitude, à dresser pour eux un cheval, bien que celui-ci fût monté par d'autres. C'est un travail qui assurément ne peut mener un cheval bien loin, mais qui est éminemment instructif pour le cavalier.

CHAPITRE IV.

DES MOYENS A EMPLOYER POUR COMBATTRE LES PRINCIPALES DÉFENSES DU CHEVAL.

§ 1. *De la conduite du cavalier avec les chevaux peureux.* Les moyens généralement employés pour corriger les chevaux peureux ne font que les rendre plus craintifs. Règles à suivre pour les habituer facilement aux choses qui les effraient. — § 2. *Des principales défenses du cheval. Principes généraux des moyens à employer pour les combattre.* La mobilisation latérale du cheval annihile immédiatement toutes les défenses : ruades, sauts de mouton, etc. — § 3. *De la conduite du cavalier sur le cheval emporté.* Classification de l'emballement. Deux divisions fondamentales. Règles générales à suivre. Rareté de l'emballement chez le cheval dressé.

1. — De la conduite du cavalier avec les chevaux peureux.

Avant de rechercher s'il est possible de trouver dans les lois qui régissent l'équilibre du cheval des principes fondamentaux permettant au cavalier de combattre ses défenses, j'examinerai les moyens de prévenir celles-ci.

A moins qu'on n'ait affaire à un cheval vicieux

— auquel cas la plus sage conduite que puisse tenir le cavalier obligé de le monter accidentellement, est de lui demander le moins possible et de ne pas entrer en lutte avec lui — les défenses les plus habituelles du cheval, écarts, cabrades. tête-à-queue, etc., sont produites par la crainte d'un objet quelconque qui effraie brusquement l'animal.

Nous avons vu, en traitant de la psychologie du cheval, que cet animal est fort craintif. Il a peur des objets les plus inoffensifs. Il suffit souvent d'une feuille de papier, d'un tronc d'arbre, d'un lapin qui traverse une route, pour lui faire faire un écart ou un tête-à-queue fort dangereux pour la sûreté de son cavalier. La plupart des accidents sérieux sont produits par les mouvements violents et désordonnés auxquels se livre, sous l'influence de la peur, ce pacifique animal.

La façon dont s'y prennent habituellement les cavaliers pour corriger le cheval de ce défaut, ne fait que l'accroître au lieu d'y remédier. Supposons l'animal effrayé par un objet quelconque, une flaque d'eau par exemple et refusant de passer. Après pas mal d'hésitation, de coups de cravaches, il la traverse; le cavalier irrité et s'imaginant donner une leçon salutaire à son cheval continue à taper énergiquement dessus. L'animal a reçu en effet une leçon, mais une leçon dont le résultat, conforme aux plus élémentaires données de la psychologie, est tout à fait contraire au but que se proposait le cavalier. L'animal qui a été battu après avoir passé la flaque d'eau, en conclut forcément que cette flaque est une chose plus redoutable encore qu'il ne le supposait, puisque, lorsqu'elle est passée, il reçoit une avalanche de coups. Suivant le mécanisme des associations par contiguïté que nous avons décrit, flaque d'eau traversée et correction consécutive se lieront intimement dans son esprit, et la première fois qu'il rencontrera le même obstacle, il refusera avec énergie de le franchir. Le nombre de cavaliers qui rendent ainsi leurs chevaux rétifs, par ignorance psychologique est incalculable. Il ne faut pas trop d'ailleurs les maudire, car c'est grâce à eux qu'on rencontre souvent dans les ventes publiques, à des prix fort modestes, d'excellents chevaux devenus inmontables pour leur cavalier habituel, et dont un écuyer moins ignorant sait très bien tirer parti, à la simple condition de refaire leur dressage.

Aussitôt qu'on s'aperçoit de la crainte qu'éprouve le cheval pour certains objets, par son refus de passer à côté d'eux, il faut immédiatement consacrer quelques jours à un petit dressage très simple destiné à le guérir de ce grave défaut. Ce dressage est surtout indispensable dans les contrées sillonnées de chemins de fer, de tramways à vapeur, de locomobiles et autres objets d'aspect effrayant, que le cheval peut être exposé à rencontrer inopinément.

Ce dressage spécial est fort facile. On commence par amener le cheval à une certaine distance, 200 mètres par exemple, de l'endroit où va passer l'objet qui peut l'effrayer — un train de chemin de fer, je suppose. On descend de sa monture, qu'on tient exactement comme je l'ai dit au chapitre du dressage à la cravache; on caresse l'animal et on le calme de la voix pendant que le train passe; puis, quand ce dernier est passé, on le caresse encore et on lui donne du pain ou du sucre. On recommence le lendemain ou le jour même, si les passages des trains sont fréquents, mais en s'approchant un peu plus, et ainsi de suite jusqu'à ce que le cheval supporte sans inquiétude le passage de la locomotive à quelques mètres de lui. L'association qui se fait dans l'esprit de l'animal est bien simple : l'objet que je croyais dangereux ne l'est pas du tout, puisque son passage est toujours accompagné de caresses et de friandises.

Chaque cheval a une crainte instinctive de certains objets, variables d'un animal à l'autre. Pour les uns ce sera une flaque d'eau, pour d'autres une simple feuille de papier. Il faut les habituer à en supporter la vue en opérant d'une façon analogue à celle qui précède, mais qui en diffère en ceci : que l'animal devant à tout prix passer au delà de l'objet qui l'effraie, l'emploi de la cravache (très supérieur dans ce cas à l'éperon), est indispensable avant le passage. Le point essentiel est de toujours récompenser l'animal *quand il a franchi l'obstacle*, y eût-il mis un quart d'heure, au lieu de le battre comme le font les cavaliers dont j'ai parlé plus haut.

Je dois ajouter que ces refus d'obéissance ne se rencontreront jamais chez les chevaux dressés suivant la méthode indiquée dans cet ouvrage. Le cheval à l'occasion aura tout aussi peur qu'un autre ; mais entre ces deux sentiments, la peur de l'objet inconnu et la crainte du cavalier, ce dernier sentiment l'emportera toujours, et il suffira à celui-ci, lorsque le cheval hésitera devant un obstacle, de se servir convenablement de ses jambes pour qu'il n'hésite plus.

§ 2. — Des principales défenses du cheval. Principes généraux des moyens à employer pour les combattre.

En dehors de l'emballement auquel je consacre le prochain paragraphe, les principales défenses du cheval sont les écarts, les tête-à-queue la cabrade, les ruades, et les sauts de mouton.

L'écart et le tête-à-queue sont généralement le résultat de la peur; leur caractère imprévu et spontané les rendent fort déplaçants pour le cavalier, et ce dernier s'expose à des dangers sérieux en continuant à monter un animal présentant de tels défauts. J'ai dit plus haut comment on peut en corriger le cheval par un dressage très simple, et je n'ai pas à revenir sur ce point; j'ajouterai d'ailleurs que lorsqu'il est possible de prévoir les défenses que je viens de mentionner — et on peut les prévoir si l'on voit venir de loin l'objet susceptible d'effrayer l'animal, — on les prévient en mobilisant le cheval de la façon que nous allons indiquer pour la cabrade, la ruade et le saut de mouton.

Ces trois défenses sont également très spontanées et on ne peut guère éviter de les subir la première fois; mais, comme après s'être produites elles tendent à se répéter plusieurs fois de suite, le cavalier est prévenu et peut intervenir.

Qu'il s'agisse donc d'écart, de ruade, de cabrade, de saut de mouton ou d'une défense quelconque prévue, le cavalier la combattra toujours avec succès, s'il a présent à l'esprit qu'en mobilisant le cheval il l'empêche de prendre sur le sol le point d'appui dont celui-ci a besoin pour exécuter sa défense. Pour peu que le cheval ait subi un commencement de dressage et sache se déplacer sous l'action des jambes, il n'y a qu'à le déplacer latéralement, c'est-à-dire à l'obliger à marcher sur deux pistes. C'est en même temps le meilleur moyen de passer à côté d'un objet qui l'effraie et qu'on peut l'empêcher de voir en le faisant marcher latéralement de façon à l'obliger à y tourner le dos.

Si l'animal ne sait même pas se déplacer sous l'action de la jambe, ce qui avec l'état actuel de l'équitation de France n'est pas rare, les ressources du cavalier sont alors fort restreintes. Il peut, comme application du principe qui précède, essayer d'obliger le cheval à tourner plusieurs fois sur lui-même en attirant l'encolure à droite ou à gauche et en fermant en même temps la jambe jusqu'à l'éperon du côté opposé, mais, avec un cheval obéissant mal aux aides, la chose n'est pas toujours facile. Il reste alors au cavalier la ressource d'attaquer énergiquement le cheval avec l'éperon pour le porter en avant ce qui a pour résultat de l'empêcher de prendre sur le sol le point d'appui dont il a besoin pour exécuter ses défenses. On tâchera en même temps de lui relever la tête qui part généralement la première dans la plupart des défenses. Si le cavalier ne réussit pas à porter son cheval en avant, il ne lui restera plus à tenter que les opérations suivantes : si le cheval se cabre, rendre entièrement les rênes et saisir avec la main la crinière ; si le cheval rue, ou fait des sauts de mouton, lui élever la tête le plus haut possible avec le filet. On sort généralement de ces aventures avec quelque chose de cassé ; mais on acquiert du même coup une conviction solide sur l'utilité du dressage et sur la nécessité d'approfondir un peu les principes de l'équitation savante.

§ 3. — De la conduite du cavalier sur le cheval emballé.

L'emballement est un des plus redoutables accidents auxquels le cavalier puisse être exposé. Ce n'est pas malheureusement un des plus rares, et malheureusement aussi, c'est celui qu'il est le plus difficile de combattre.

Il existe en fait d'emballement deux variétés très distinctes, mais généralement confondues dans le langage ordinaire et dans l'esprit des cavaliers. La première est l'emballement proprement dit, dans lequel le cheval, parti à un galop furieux pour un motif quelconque, est tellement excité que rien ne peut l'arrêter hors l'excès de fatigue. Il a perdu alors jusqu'à l'instinct de la conservation, et, si un obstacle se présente devant lui, il ira infailliblement s'y briser.

La seconde variété de l'emballement consiste en ceci, que le cavalier est emmené malgré lui par un cheval effrayé ou mal conduit, ou à qui on a laissé prendre le galop trop près de son écurie. Le cheval va peut-être aussi vite que le cheval réellement emballé, mais il n'a nullement perdu l'instinct de la conservation, et il saura parfaitement éviter les obstacles visibles : voitures, barrières, etc.

Sur le cheval réellement emballé, le cavalier est absolument désarmé. L'animal ne s'arrêtera que lorsqu'il sera épuisé par la fatigue. Il n'y a qu'à le laisser courir.

Le conseil banal de « scier du bridon », suivant l'expression classique, est tout à fait enfantin ; le cautère sur la jambe de bois est aussi efficace. Il n'y a pas sans doute un seul exemple, depuis que l'homme monte à cheval, d'un cavalier ayant arrêté un cheval réellement emballé par un tel moyen. Dans l'état d'excitation où est l'animal, il ne doit même pas s'apercevoir du frottement que peuvent exercer sur les commissures des lèvres les branches du mors de filet. En agissant ainsi, le cavalier perd inutilement ses forces et se fatigue sans profit. Sa seule ressource est de tâcher de rester en selle, et de souhaiter que l'animal ne rencontre pas d'obstacles. Si l'animal se précipite sur un obstacle, il ne reste plus guère au cavalier d'autre ressource que de recommander son âme à Dieu. Il a en effet la certitude à peu près complète de ne pas sortir de l'aventure sans être sérieusement détérioré.

A la rigueur cependant il reste une ressource au cavalier monté sur un cheval emballé, celle de sauter à terre avant d'avoir atteint l'obstacle sur lequel se dirige l'animal; mais ce moyen est si dangereux qu'on ne saurait le conseiller. Je l'ai cependant employé une fois, après 3 kilomètres d'emballement sur une route que je savais terminée par une pente conduisant à une tranchée de chemin de fer d'une dizaine de mètres de profondeur, de laquelle il n'y avait aucune chance de sortir vivant après y avoir été précipité. J'en fus quitte pour une légère entorse; mais on n'a pas deux fois dans sa vie une pareille chance. L'expérience d'ailleurs ne fut pas perdue, car c'est de ce moment que datent les études qui me conduisirent à comprendre l'énorme supériorité des chevaux dressés sur ceux qui ne le sont pas; la sécurité que présentent les premiers, et les dangers de toute sorte auxquels on est exposé avec les seconds. J'ignore si on pourrait affirmer qu'un cheval bien dressé ne s'est jamais emballé; mais on peut être certain que la fréquence de cet accident est réduite au minimum avec lui.

Quant au cheval qui emmène simplement son cavalier, c'est-à-dire qui prend une allure que ce dernier ne parvient pas à maîtriser immédiatement, il doit être considéré à un point de vue fort différent du précédent. La principale caractéristique différentielle des deux allures, c'est, comme je l'ai dit, que, dans la dernière, le cheval n'a pas perdu l'instinct de la conservation, sait parfaitement se détourner des obstacles qu'il rencontre, se laisse un peu diriger, et quelquefois arrêter par son cavalier. Nous avons vu qu'il en était tout autrement dans l'emballement véritable.

Le défaut du cheval d'emmener son cavalier est très fréquent aujourd'hui avec l'insuffisance du dressage actuel. Avec le cheval bien dressé, c'est-à-dire avec le cheval dont l'obéissance aux aides est absolue, ce défaut ne peut apparaître; et le cheval dressé ne présentât-il que cette supériorité, elle suffirait pour justifier la nécessité du dressage.

Le cheval qui emmène un bon cavalier est donc, *à priori*, un cheval insuffisamment dressé, et c'est pourquoi le cavalier n'a que très peu de ressources à sa disposition pour le maîtriser. L'action du mors, même en faisant succéder à un relâchement complet des rênes des arrêts courts et énergiques (1), cette action, dis-je, étant le plus souvent sans effet, et l'animal n'étant pas dressé à obéir à la voix ou aux jambes, la seule ressource réelle du cavalier est de diriger autant que possible sa monture pour éviter les obstacles qu'il peut rencontrer, jusqu'à ce que la fatigue ait rappelé l'animal à l'obéissance. Si un hasard heureux fait rencontrer un champ où on puisse lancer l'animal, et qu'on réussisse à le mettre en cercle, on en sera assez vite maître. On peut aussi essayer, en cas de nécessité pressante, de tirer très fortement sur une seule rêne de façon à mettre de côté la tête de l'animal, ce qui ralentit immédiatement sa vitesse ; mais,

(1) J'ai expliqué ailleurs que si l'action du mors était continue au lieu d'être intermittent on ne ferait qu'insensibiliser bientôt la bouche de l'animal ce qui priverait le cavalier de toute action sur elle. J'ai expliqué également que la traction des rênes devait se faire perpendiculairement à l'axe de la tête. Pour ne pas compliquer la démonstration j'ai été obligé de supposer le cheval conduit uniquement avec les rênes de filet ainsi que le font d'ailleurs beaucoup de cavaliers. Avec le mors de bride, il est évident que la puissance de traction des rênes est portée à son maximum lorsqu'elles sont perpendiculaires aux branches verticales du mors. Mais comme la position de ces branches pendant la traction dépend du degré de serrage de la gourmette, il s'ensuit qu'il est impossible de donner d'autre règle que de placer la main à une hauteur telle que les rênes de bride soient perpendiculaires aux branches du mors.

outre que le cheval cède rarement son encolure, s'il vient à tourner la tête comme on le désire, il peut en résulter pour lui une chute immédiate, fort dangereuse pour le cavalier.

On serait maître aussi de l'animal, si on réussissait à donner à sa tête une position exactement inverse de celle qu'il avait au moment où il s'est emporté. Mais le problème avec un animal mal dressé est fort difficile. Cependant si l'animal est un peu dressé et part en baissant l'encolure on arrive souvent à l'arrêter en lui relevant la tête avec le filet en même temps que les jambes portées en arrière et serrées jusqu'à l'éperon l'obligent à reporter son poids sur son arrière-main et modifier ainsi son équilibre.

Le cheval qui a emmené son cavalier une fois récidivera sûrement bientôt, parce qu'il a acquis la preuve que cette défense est pour lui un moyen certain de se soustraire aux exigences de celui qui le monte, et de reconquérir des moments prolongés d'indépendance.

Le cavalier qui possède un pareil animal doit avant tout le dresser ou le faire dresser. Plusieurs exemples m'ont prouvé combien le dres-

sage peut transformer sous ce rapport un
animal. Je citerai notamment un très solide et
très vigoureux cavalier, le capitaine M..... qui
avait acheté, en raison de la beauté de ses
lignes, un cheval qu'on avait renoncé à utiliser
dans un régiment, à cause de son habitude de s'emporter à chaque instant. Le capitaine espérait que, grâce à sa force herculéenne, il arriverait à maîtriser l'animal; mais
en réalité il n'arrivait qu'à tordre les branches
du mors, et à mettre en sang la bouche de
l'animal, sans réussir à s'en rendre maître. Il
commençait à désespérer de pouvoir utiliser
ce cheval, quand le hasard lui fit rencontrer le
colonel Bonnal, qui lui indiqua les principes de
sa méthode de dressage. Un mois après, l'animal était tellement transformé qu'on aurait pu
l'arrêter avec un fil, et le faire monter par une
femme ou un enfant. Ce sont des exemples de
cette sorte, répétés plusieurs fois, qui ont fait
pénétrer dans mon esprit l'absolue nécessité de
dresser sérieusement le cheval avant de s'en
servir. « Quiconque est sur un cheval a un pied
dans la tombe, » dit un proverbe arabe. Rien
n'est plus vrai avec les chevaux qu'on monte
généralement en France aujourd'hui. Il en est

tout autrement du cheval dressé : avec lui le pied peut se trouver exceptionnellement dans le voisinage de la tombe, mais le plus souvent il en reste fort loin.

LIVRE VI.

L'ENSEIGNEMENT DE L'ÉQUITATION.

CHAPITRE I.

BASES THÉORIQUES DE L'ENSEIGNEMENT DE L'ÉQUITATION.

§ 1. *L'enseignement actuel de l'équitation.* Insuffisance extrême de cet enseignement. Cause de l'abandon général des manèges malgré l'augmentation croissante des cavaliers. — § 2. *Du gré d'utilité d'un enseignement théorique.* Comment certain cavaliers peuvent arriver à se passer de cet enseignement. Le rôle de l'enseignement est de remplacer une longue expérience. Dangers auxquels sont exposés les cavaliers dépourvus de notions théoriques — § 3. *Principes fondamentaux de l'équitation.* L'association des aides. Le cheval peut seul apprendre à l'élève cette association. Variations d'équilibre produites sur l'allure du cheval par l'association des aides. Le cheval bien dressé est seul en état de faire comprendre à l'élève ces variations d'équilibre et leurs conséquences. Pratique de la mise en main. Ses écueils. Théorie et exemples. Comment la maladresse du cavalier peut faire perdre rapidement au cheval son dressage. Rôle général des mains du cavalier. Pourquoi l'action des aides ne doit jamais être continue. L'intervention du cavalier doit être toujours réduite à son minimum.

§ 1. — L'enseignement actuel de l'équitation.

Nous avons essayé, dans les chapitres qui précèdent, de baser sur des méthodes scientifiques précises certains principes fondamentaux de l'équitation. Nous avons recherché les conditions d'équilibre du cavalier aux diverses allures et les moyens de réaliser cet équilibre ; nous avons tâché de déterminer quelle doit être la position des membres du cavalier, comment doivent être maniées les rênes, et comment varie la puissance du cavalier dans des conditions déterminées. Nous avons montré, par nos expériences dynamométriques, à quel point le cheval mal dressé est une machine lourde à manier et comment un dressage convenable, en voie de disparaître en France aujourd'hui, réduit dans des limites énormes les efforts à dépenser par le cheval et par le cavalier. Comme application finale des principes fondamentaux que nous avons cherché à établir, il nous reste à parler des méthodes à employer pour apprendre rapidement à se tenir avec solidité à cheval et à manier convenablement un cheval.

L'équitation, je le répète encore, n'est plus un enseignement de luxe à une époque où tant d'officiers, sortis du rang, sont appelés à monter à cheval, et où, dans une guerre, une partie de l'armée sera montée sur des chevaux de réquisition n'ayant subi le plus souvent aucun dressage, et exigeant par conséquent de bons cavaliers.

Ce ne sont donc pas les élèves qui manquent aujourd'hui, mais uniquement les professeurs. Les professeurs des manèges ne se recrutent guère actuellement que parmi d'anciens piqueurs ou, tout au plus, d'anciens sous-officiers, ne possédant absolument que la solidité acquise par une longue pratique. Ils sont, d'ailleurs, sauf de bien rares exceptions, incapables d'enseigner quoi que ce soit, pas même la solidité qu'ils possèdent ; car c'est précisément la partie de l'équitation qui peut le moins s'enseigner. Aussi n'y a-t-il à peu près rien à apprendre aujourd'hui dans les manèges civils. Toute l'instruction s'y borne à faire tourner en cercle (1), au pas,

(1) Il y a plus d'un siècle que l'auteur d'un de nos meilleurs livres d'équitation, Dupaty de Clam, montrait, dans son ou-

au trot et au galop, avec quelques voltes ou changements de main que le cheval exécute d'ailleurs tout seul au commandement du professeur. L'élève perd ainsi absolument son argent et son temps. Il s'en aperçoit, du reste, assez vite, et on en est arrivé aujourd'hui en France à ne plus considérer les manèges que comme des endroits où on loue des chevaux pour des promenades au dehors. Dans ces promenades, l'élève a au moins la chance d'acquérir un peu d'expérience, et la certitude de ne pas entendre débiter par les professeurs des inepties équestres dont la profondeur déconcerte. Il acquiert aussi, d'ailleurs, une sécurité fort trompeuse ; car dix ans d'équi-

---

vrage *la Science et l'Art de l'Équitation*, l'absurdité de ces leçons en cercle au manège. « Le travail sur des cercles, dit le savant écuyer, est très difficile pour l'homme et le cheval ; l'accord entre les deux individus n'existe qu'avec peine : c'est cependant par là qu'on commence. »

L'auteur aurait pu ajouter que ce travail dans des manèges carrés ou circulaires, dans lesquels le cheval est guidé par le mur et change de direction à la voix de l'écuyer, empêche absolument l'élève d'apprendre à guider son cheval. C'est, du reste, en partie pour cette dernière raison que les Anglais remplacent, pour l'enseignement de leurs cavaliers, le manège par quatre piquets plantés dans un champ et destinés à marquer les quatre angles de l'enceinte fictive dans laquelle se feront tous les exercices habituellement pratiqués le long des murs du manège.

tation sur les chevaux qu'on trouve généralement dans les manèges ne permettent même pas de soupçonner comment on manie un cheval par la combinaison des aides; et le jour où le cavalier se trouve par hasard sur un cheval difficile, ou simplement en présence d'une difficulté sur un cheval ordinaire, il est exposé à beaucoup plus d'accidents qu'un cavalier qui aurait reçu une douzaine de leçons judicieuses sur un cheval bien dressé.

L'élève cavalier n'a donc rien à apprendre dans les manèges civils actuels. Il est facile d'indiquer comment l'enseignement devrait y être organisé pour pouvoir donner utilement les principes essentiels de l'équitation.

Le lecteur ne sera pas trop étonné, je pense, de constater que les règles pratiques auxquelles les méthodes scientifiques nous ont conduits sont généralement tout à fait contraires à ce qui s'enseigne actuellement. Nous considérons par exemple comme fondamental de commencer l'équitation par les airs de haute école au lieu de finir par eux. Nous envisageons l'art de dominer ses réflexes et de garder par conséquent son sang-froid à cheval comme susceptible d'être rapidement créé par certains exercices spéciaux,

Nous admettons enfin que le véritable professeur de l'élève est le cheval dressé et que ses progrès seront d'autant plus rapides qu'il débutera sur un cheval mieux dressé, etc.

Afin de permettre aux professeurs qui voudraient appliquer nos méthodes scientifiques d'enseignement d'en comprendre les principes sans avoir à étudier le reste de cet ouvrage et aux élèves de saisir la raison des divers mouvements qu'ils seront appelés à exécuter nous allons résumer en un petit nombre de pages les principes fondamentaux de l'équitation, mais auparavant nous dirons quelques mots du degré d'utilité que cette étude peut présenter.

§ 2. —Degré d'utilité d'un enseignement théorique.

Dès que le cavalier, grâce aux exercices pratiques à l'étude desquels le prochain chapitre sera consacré, possède quelque assiette et commence à se rendre compte de la conduite du cheval, il est indispensable qu'il s'assimile certains principes fondamentaux. Ces principes lui permettront de comprendre la cause des mouvements qu'il exécute, de résoudre les cas particuliers qui pourraient se présenter, et, finalement, de réaliser des progrès beaucoup plus rapides que s'il n'avait que des règles empiriques pour guide. Assurément la plupart des professeurs d'équitation, et les personnes habituées depuis leur enfance à pratiquer les sports équestres les plus fatigants : la chasse à courre, les courses, etc., montent fort bien, quoique ne possédant généralement aucun principe ; mais pour acquérir leur habileté, leur solidité surtout, il faudrait pouvoir monter comme eux durant des années des chevaux vigoureux et difficiles. Les méthodes scientifiques seules permettent aux personnes qui ne peuvent consacrer ainsi une partie de leur existence à l'équitation, de remplacer des années d'expérience par quelques mois d'étude.

Les élèves qui, après avoir pris quelques leçons dans un manège, vont se promener à cheval et se tirent aisément d'affaire, sont très naturellement portés à croire que principes et enseignement sont bien peu utiles, puisqu'on s'en passe si aisément. Ils savent d'ailleurs que la plupart des cavaliers de profession sont peu partisans d'aucun enseignement théorique. Leur court passage au manège les a confirmés dans ces idées en leur montrant que leurs professeurs n'ont pas grand'chose à leur apprendre, et que l'assiette s'acquiert plus vite dans les promenades au dehors que pendant les leçons. L'insuffisance des professeurs, et la nature toute spéciale des chevaux délabrés qu'on confie aux élèves, rendent ces derniers victimes d'une illusion qui, tôt ou tard, leur occasionnera de cruels déboires.

Quant aux cavaliers qui ont fait leur service dans la cavalerie comme sous-officiers ou soldats, on n'a cherché à leur donner que de la solidité, et ils sont convaincus que cette solidité, qui ne nécessite la connaissance d'aucun principe, constitue la seule chose essentielle de l'équitation. Ils ne savent naturellement en équitation que ce qu'ils ont appris, c'est-à-dire fort peu de chose. La solidité qu'ils possèdent est, comme je l'ai dit plus haut, la partie de l'équitation qui échappe le plus à l'enseignement.

Il résulte de la série de causes qui précèdent que toute l'instruction théorique de la plupart des cavaliers se borne à peu près aujourd'hui aux règles suivantes : Taper sur le cheval pour le faire marcher, tirer sur les deux rênes pour l'arrêter, tirer sur une seule rêne pour le faire changer de direction. A la condition de ne monter que des chevaux entièrement pacifiques ou des chevaux de manége arrivés aux extrêmes limites de l'existence, ces règles peuvent suffire, et le cavalier ne court guère d'autres risques que les chutes fréquentes de l'animal, et les retours trop précipités vers l'écurie. On peut monter pendant des années sans découvrir les inconvénients de cette équitation élémentaire, et on ne s'en aperçoit que le jour où une circonstance quelconque oblige à monter un cheval un peu plus énergique que les vieilles bêtes résignées de nos manèges. Ce jour-là le cavalier constate bien vite que toute sa science hippique est très sensiblement voisine de zéro, et que ses chances d'être désarçonné et d'avoir bientôt quelque membre cassé sont fort nombreuses.

Pour réduire ces chances à leur minimum, il faut donner pour base à l'équitation des principes un peu moins primitifs que ceux que nous venons d'énumérer à l'instant. Nous allons résumer maintenant ces principes.

§ 5. — Principes théoriques fondamentaux de l'équitation.

Association des aides. — Par aides il faut entendre, non seulement les rênes et les jambes comme on le fait habituellement, mais encore le corps : la position du buste fait varier en effet dans de grandes proportions, comme l'ont prouvé les expériences que nous avons citées, la charge supportée par l'avant-main et l'arrière-main du cheval et par conséquent l'allure de l'animal.

Les jambes donnent l'impulsion, et les mains règlent la forme sous laquelle sera dépensée cette impulsion. Les rênes et les jambes exercent en outre un rôle essentiel en indiquant au cheval la direction qu'il doit suivre. Jambes et mains doivent toujours associer leur action. Conduire le cheval uniquement avec les mains, en ne se servant des jambes que par à coup pour activer l'allure comme le font la plupart des cavaliers, c'est se priver d'une ressource importante, et se condamner à ne jamais être entièrement maître de sa monture

Que ce soient les mains ou les jambes qui agissent, elles ne doivent jamais agir isolément. Si une main agit sur une rêne pour donner une direction, l'autre main doit agir au degré suffisant pour régulariser le mouvement et l'empêcher de se faire trop brusquement. Il doit en être de même lorsqu'une jambe agit pour demander un mouvement, l'autre jambe doit toujours être au contact du cheval pour contenir le mouvement dans les limites nécessaires et en même temps l'entretenir.

C'est au moyen des mains, des jambes et du corps que le cavalier fait varier l'équilibre et l'allure du cheval. Il est de toute évidence que ces diverses aides ne doivent pas donner des ordres qui se contredisent. Très facile à énoncer, cette règle est d'une exécution fort difficile. L'accord des aides est une des grosses difficultés de l'équitation. Ce n'est qu'en mettant dès le début l'élève au travail de deux pistes, et l'invitant à toujours porter le corps du côté où le cheval appuie que le professeur arrivera à lui faire associer convenablement l'action des jambes, des mains et du corps. Le cheval sera dans ce cas le véritable professeur. Le degré de correction des mouvements demandés sera pour l'élève la preuve du degré de correction avec lequel le mouvement aura été demandé.

Variations d'équilibre du cheval obtenues par l'association des aides. — Les principes donnés au cavalier ne pourront être appliqués par lui aux divers chevaux qu'il sera appelé à monter, que s'il possède des notions bien claires sur les variétés fondamentales d'équilibre que peut prendre le cheval, et sait comment le cavalier peut les produire à son gré. Le professeur fera voir pourquoi, lorsque l'animal est mal équilibré, le défaut se traduit par une surcharge de l'avant-main ou, au contraire, par une surcharge de l'arrière-main. La surcharge sur les épaules, qui est le défaut habituel du cheval qui n'a pas été gymnastiqué par le dressage, le rend très dur à la main et peu mobile. Le rejet du poids sur l'arrière-main rend au contraire l'animal léger à la main ; mais si ce rejet est poussé trop loin, le cheval refuse le mors, s'accule, se cabre, et ce n'est qu'en le mettant pendant quelque temps aux allures vives, ce qui reporte forcément son poids sur ses épaules, qu'on rétablit l'équilibre.

Le propre du dressage n'est pas seulement de remédier à la tendance naturelle du cheval d'être trop porté — suivant sa constitution — sur son avant-main ou sur son arrière-main, mais surtout de permettre au cavalier de faire varier cet équilibre suivant les nécessités du moment. C'est là un point important qui ne peut être enseigné que sur le cheval, et sur le cheval bien dressé.

Le professeur ayant bien expliqué à l'élève

les variations de poids de l'avant-main et de l'arrière-main que peut éprouver le cheval suivant la position de la tête de l'animal, et suivant celle du corps du cavalier, montrera l'application de ces variations sur plusieurs chevaux. Il fera voir par exemple que le cheval étant au galop, il suffit au cavalier de pencher un peu son corps en avant et de laisser légèrement s'allonger l'encolure de l'animal, — ce qui charge l'avant-main mais allège l'arrière-main, — pour accélérer la vitesse. Inversement si le corps est penché en arrière en même temps que les mains, tenant les rênes, relèvent un peu la tête du cheval, une partie du poids du cavalier et du cheval se trouvent reportés sur l'arrière-main de l'animal; ce qui l'oblige à ralentir son allure. Le cavalier inexpérimenté procède en général d'une façon tout autre. Dès qu'il s'aperçoit que son cheval va un peu trop vite au galop il serre ses mollets pour assurer son assiette, et se penche en avant pour pouvoir raccourcir les rênes le plus possible. Il en résulte que le corps et les jambes disent au cheval d'accélérer son allure, alors que les rênes lui disent de la ralentir. Devant ces ordres contradictoires, l'animal se soustrait à l'action énergique du mors en portant le nez au vent ou en s'encapuchonnant, puis, poussé par les jambes qui continuent à agir alors que le mors n'agit plus, il prend cette allure précipitée que les cavaliers caractérisent en disant qu'ils sont emmenés.

Avec un cheval bien dressé le cavalier comprendra vite la nécessité d'associer judicieusement ses aides pour produire les variations d'équilibre qui précèdent. Le cheval de manège ordinaire accoutumé à ne pas tenir compte des mouvements de son cavalier, et à ne se préoccuper que des ordres de son écuyer, ne permet pas à l'élève de soupçonner les conséquences de ce défaut d'accord des aides, et le premier jour où le hasard mettra celui-ci sur un cheval un peu énergique ou simplement bien dressé, il sera exposé à toutes sortes d'accidents, et notamment à l'emballement.

Ce n'est que d'une façon pratique que le professeur pourra inculquer à l'élève ces notions fondamentales sur l'équilibre du cheval et l'accord des aides, lui montrer quand son cheval est trop sur les épaules ou trop sur l'arrière-main; s'il est bien placé pour exécuter un mouvement, un départ au galop par exemple, mais n'a pas reçu assez d'impulsion, ou si au contraire, suivant la faute générale des cavaliers, l'animal a reçu une impulsion suffisante, mais n'a pas été bien placé. C'est au galop surtout que l'allure du cheval bien dressé révèlera à l'élève les fautes commises. L'animal montre ainsi les fautes dont le professeur est appelé à formuler la théorie. Les explications précédentes montrent que la théorie sera d'un grand secours à l'élève pour remédier de lui-même aux fautes constatées.

Pratique de la mise en main, ses écueils. — Mais c'est surtout sur cette chose fondamentale, la mise en main, que les leçons d'un professeur instruit et d'un cheval bien dressé sont précieuses. On expliquera d'abord à l'élève que la mise en main avec l'encolure élevée, la tête bien verticale et la mâchoire fléchie est un moyen pour le cavalier d'être absolument maître de son cheval, au triple point de vue de la soumission, de l'équilibre et de l'allure, mais qu'on ne doit demander cette position que momentanément, quand on a besoin de dominer l'animal, de le préparer à l'exécution d'un mouvement difficile, ou pour entretenir chez lui l'habitude de l'obéissance. Un cheval qu'on voudrait maintenir en main constamment perdrait bientôt toutes ses qualités, éteindrait ses allures, et chercherait une position de la tête donnant peut-être les apparences de la mise en main, mais lui permettant sûrement de se soustraire à l'action du mors, et par conséquent à l'action de son cavalier.

Le professeur montrera ensuite comment le cheval se met en main avec les jambes et les rênes, comment il faut toujours combattre la tendance de l'animal — du cheval de manège surtout — à placer son encolure trop bas ; et comment en combinant l'action des rênes de filet, qui agissent sur les extenseurs, et celles de bride qui agissent sur les fléchisseurs, on arrive à bien placer l'animal : encolure haute et tête verticale.

Tout ce qui concerne l'équilibre et la mise en main constitue la partie la plus difficile de l'enseignement; partie d'autant plus difficile que les chevaux donnant non pas les apparences de la mise en main, mais la mise en main réelle, sont fort rares dans les manèges, et cela pour la très excellente raison qu'avec les cavaliers qui le montent habituellement, le cheval dressé perd vite ses qualités, à moins que son dressage ne soit fréquemment repris par un écuyer exercé. Ce sera là une excellente occasion pour le professeur de faire comprendre à l'élève pourquoi un cheval perd promptement, avec un cavalier maladroit, sa légèreté aux aides et son obéissance. Cette explication a une telle importance (car, en équitation, c'est surtout en sachant ce qu'il ne faut pas faire qu'on arrive à exécuter correctement ce qu'il faut faire), que plusieurs leçons devront lui être consacrées. Quand le cavalier comprendra bien les indications qui vont suivre, et pourra les appliquer, la plus grande partie de son éducation équestre sera terminée.

Fixer la main et ne jamais tirer. C'est à cette simple formule que pourrait se réduire l'explication que je vais donner. Mais l'exécution correcte de cette prescription est assez difficile. Supposons qu'en agissant convenablement avec ses jambes et ses mains l'élève ait obtenu la mise en main. S'il était cavalier habile, il relâcherait immédiatement un peu les doigts, pour récompenser le cheval de son obéissance, et sa main deviendrait absolument fixe. Il empêcherait ainsi le cheval de porter sa tête en avant, tout en le laissant libre de la porter à volonté en arrière, ce qui lui permettrait de mâcher son mors, le lâcher et le reprendre pendant que les jambes, l'obligeraient au besoin par leur pression à prendre de fréquents contacts avec le mors. La fixité invariable de la main donnant bientôt, au cheval la conviction qu'il a devant lui une barrière qu'il ne peut franchir, l'animal renonce bientôt à se soustraire à la mise en main et reste fort léger.

L'élève manquant d'expérience, sa façon de procéder sera fort différente : au lieu de fixer la main, il tirera sur les rênes. Le cheval étant bien dressé cède d'abord au cavalier et fléchit un peu plus son encolure. Entraînée par son mouvement de traction, la main du cavalier continue à tirer. Le cheval s'apercevant que loin d'être récompensé de sa cession, son obéissance a pour résultat une sujétion plus grande pour lui, finit, après quelques expériences, par refuser d'obéir à son cavalier. Pour vaincre cette résistance imprévue, succédant à une obéissance parfaite, le cavalier emploiera la force, c'est-à-dire tirera encore plus énergiquement. L'animal, qui sait qu'il n'a rien à gagner à céder, emploiera aussi la force, contractera mâchoire et encolure, et ne cédera plus. Le cheval qui, quelques jours auparavant, avait une bouche très fine, va bientôt l'avoir fort dure; et son dressage est à recommencer. Le plus souvent d'ailleurs, il emploiera pour se soustraire à l'action du mors, les moyens dont il dispose : il portera le nez au vent, ou, s'encapuchonnera. Cette dernière disposition laissera croire à l'élève que l'animal est encore dans la mise en main. Non seulement il n'est plus dans la mise en main puisqu'il sait se soustraire à l'action du mors, mais il arrivera bientôt à se mettre comme on le dit « en arrière des jambes », c'est-à-dire à ne plus se porter franchement en avant sous leur impulsion. Il s'arrêtera, reculera et se cabrera quand il éprouvera l'action simultanée des mains et des jambes. C'est ainsi qu'un animal parfaitement dressé d'abord peut rapidement devenir parfaitement rétif entre les mains d'un cavalier inexpérimenté.

Deux instruments bien connus, le jockey de bois avec ressort et le jockey sans ressort, représentent nettement par leurs effets le cavalier tirant sur les rênes et le cavalier ayant la main fixe. Ils permettent de bien comprendre ce qui se passe dans ces deux cas.

Le jockey est, comme on le sait, un instrument qui permet un enrênement artificiel du cheval, destiné à forcer l'encolure à se fléchir. Dans le jockey à ressort les rênes sont fixées à un ressort constamment tendu qui représente très exactement la main du cavalier tirant constamment. Quelle que soit la position prise par la tête, l'animal ne peut se soustraire à la traction des rênes que le ressort rend permanente. Pour lui résister, il contracte autant qu'il le peut les muscles du cou et de la mâchoire. Ainsi habitué à une traction énergique sur les rênes, le cheval a bientôt une bouche très dure, et le cavalier est obligé de se pendre après les rênes pour empêcher l'animal d'accélérer son allure, ou pour l'arrêter.

Supposons maintenant le même instrument employé sans ressort, c'est-à-dire les rênes fixés à un anneau dont la position est invariable. L'instrument ainsi disposé représente très bien la main fixe du cavalier. Le mors n'agissant que quand la tête du cheval a dépassé une certaine position, l'animal comprend très vite l'intérêt qu'il a à ne pas chercher à dépasser cette position. Il fléchit son encolure et ne tire pas. Si l'emploi d'un tel instrument à l'écurie est détestable, c'est parce que l'animal, pour se soustraire à l'action du mors, a une autre ressource que de fléchir son encolure, il n'a qu'à reculer ses postérieurs et creuser son rein. Cet inconvénient n'est pas à redouter quand l'animal est monté, parce que les jambes du cavalier, loin de lui permettre de reculer ses postérieurs, l'obligent à les engager sous lui. Employé au manège — le cheval tenu à la longe — et jamais à l'écurie, l'instrument peut donner de bons résultats, parce que la chambrière de l'écuyer remplace les jambes du cavalier, et oblige l'animal à engager sous lui ses postérieurs. On assouplit ainsi à la fois l'encolure et l'arrière-main du cheval, tandis que l'enrènement à l'écurie assouplit l'encolure mais augmente la raideur de l'arrière-main.

La mise en main avec fixité absolue de la main donne une sensation particulière que ne connaissent guère les cavaliers habitués à tirer sur les rênes, mais qu'on peut leur faire percevoir aisément en les invitant à fixer les poignets contre la selle.

Quand la mise en main au pas sera obtenue et que ses avantages et ses dangers auront été bien expliqués, le professeur montrera comment cette mise en main peut être obtenue aux diverses allures, mais en insistant toujours sur les inconvénients de la prolonger. Il fera voir que l'équilibre de l'animal exige que la verticalité de la tête passe à une obliquité croissante avec la vitesse de l'allure, mais qui sera d'ailleurs toujours beaucoup moins considérable chez le cheval bien dressé que chez le cheval qui ne l'a pas été : ce dernier étant généralement trop porté sur les épaules et ayant toujours l'encolure et la tête trop en avant.

Le professeur montrera que si on ne laissait pas, aux grandes allures, la liberté d'encolure nécessaire à l'animal, il tirerait à la main pour tâcher d'arriver à la position dont il a besoin et deviendrait dur de bouche. Supposons qu'étant au pas, avec mise en main, on veuille, je suppose, partir au trot. Après avoir donné avec les jambes l'impulsion nécessaire, on relâche les doigts de façon à laisser glisser les rênes assez pour que le cheval puisse un peu modifier la position de la tête. La vitesse désirée étant obtenue, la main se ferme et redevient fixe ; ce qui a pour résultat d'empêcher le cheval de continuer à accélérer son allure. S'il la ralentissait, la pression des jambes le pousserait de nouveau en avant.

Ce n'est pas de cette façon qu'opèrent les cavaliers dont les bras et les mains ont toujours des mouvements alternatifs étendus. C'est par illusion pure qu'ils croient régler l'allure de leur cheval : en réalité, c'est l'animal qui prend l'allure qui lui convient. La cravache pourra accélérer momentanément la vitesse, mais elle ne saurait remédier aux inconvénients de la mauvaise position de la tête, de l'engagement insuffisant des postérieurs, etc., qu'on observe invariablement chez le cheval ainsi conduit.

Rôle général des mains du cavalier. — Dans tout ce qui précède il a été question d'équilibre du cheval, d'association des aides du cavalier, d'obéissance, mais nullement de finesse de main, de moelleux, de doigté, expressions vagues qui changent de valeur, suivant les chevaux avec lesquels on les applique et qui sont peu susceptibles de définitions précises. Nous n'avons demandé à la main ni moelleux, ni légèreté, ni aucun de ces mouvements subtils, chers aux écuyers. Nous lui avons simplement demandé de rester parfaitement fixe *lorsqu'elle a pris la position nécessaire pour une allure donnée.* Que le cheval tire ou ne tire pas sur les rênes, la main doit rester dans sa position invariable. Si l'animal tire trop, la main résiste simplement mais sans mouvement rétrograde. Si l'animal ne tire pas assez, c'est-à-dire s'il fuit le mors, la main ne bouge pas davantage, mais la pression des jambes oblige le cheval à chercher le contact du mors. Plus le cheval est nerveux et difficile plus cette tranquillité de la main est indispensable. Elle constitue sans doute un idéal qu'on ne réalise pas immédiatement, mais c'est au moins un idéal très clair reposant sur des principes de physiologie et de psychologie très sûr et parfaitement enseignables, surtout si on les appuie sur les exemples que j'ai précédemment indiqués.

Pour obtenir pratiquement la fixité de la main, et empêcher en même temps l'élève de prendre un point d'appui sur les rênes, je crois que le meilleur moyen est de le faire monter pendant quelque temps au manège en tenant de légères haltères dans chaque main en même temps que les rênes, comme l'avait autrefois recommandé le célèbre écuyer de Lancosme Brèves, dans un but un peu différent.

Après avoir convenablement insisté sur ce qui précède, le professeur montrera aux élèves l'inconvénient, longuement expliqué dans un précédent chapitre, de tirer continuellement sur les rênes sous prétexte de soutenir le cheval, comme le font encore la plupart des écuyers. Se reportant à nos explications, il fera voir qu'au pas l'action des mains rend l'allure irrégulière, la ralentit ou amène le trottinement; qu'aux autres allures les mouvements incessants des mains gênent le cheval, lui font redouter la main et troublent son équilibre. Il fera voir que la traction considérable qu'exercent généralement les cavaliers sur les rênes pour arrêter leur cheval peut être réduite dans d'énormes proportions si, à cette traction le cavalier sait associer des déplacements judicieux des jambes et du centre de gravité du corps. Il expliquera aussi que la traction continue sur la bouche pour arrêter le cheval qui a pris de trop vives allures produit le plus souvent un effet contraire au but poursuivi. Gêné par l'action du mors, le cheval se soustrait à son action en levant ou en baissant la tête. Mais alors même qu'il ne la déplacerait pas, le mors est bientôt sans action, et cela pour une raison physiologique bien simple : tout organe dans lequel une compression suffisante arrête la circulation du sang perd sa sensibilité. Lorsqu'on tire avec force pendant quelque temps sur les rênes, la compression énergique du mors anesthésie la muqueuse qui recouvre les barres sur lesquelles il repose. La sensibilité étant détruite, le mors perd forcément toute action. Cette anesthésie produite par la compression explique clairement pourquoi des tractions intermittentes des rênes peuvent avoir de l'effet, alors qu'une traction continue finit bientôt par ne plus en produire.

Il serait inutile de chercher une contradiction entre ce qui précède et les expériences que nous avons données, dans un autre chapitre, sur le degré de traction nécessaire pour arrêter le cheval insuffisamment dressé. Il s'agissait dans ces expériences, ainsi que je l'ai fait remarquer plusieurs fois, de chevaux ordinaires montés par des cavaliers quelconques ne connaissant d'autre moyen d'action que de tirer sur la bouche du cheval pour l'arrêter. Le cheval, ainsi monté pendant quelque temps, apprend bientôt par voie d'association qu'il doit s'arrêter quand il éprouve sur les barres la douleur produite par l'action du mors, et il s'arrête généralement avant que la traction ait amené l'insensibilité dont il est parlé plus haut. Mais si, par suite d'une cause quelconque : les poursuites d'un chien, la présence d'un objet insolite, etc., l'animal ne s'arrête pas immédiatement, et que le cavalier continue à tirer, la bouche s'insensibilisera bientôt et le cheval, ne ressentant bientôt plus l'action du mors, emmènera son cavalier. Qu'il s'agisse donc du cheval dressé ou du cheval non dressé, le précepte de faire agir le mors d'une façon intermittente, et non continue, subsiste tout entier. La seule différence fondamentale, au point de vue de l'arrêt, entre le cheval bien dressé et celui qui ne l'est pas, c'est que le premier s'arrête avec des changements d'équilibre dans lesquels la force de la main ne joue aucun rôle, tandis que le second, ne pouvant modifier son équilibre, ne peut être arrêté qu'avec des tractions de main plus ou moins énergiques.

A mesure qu'il acquerra plus de pratique l'élève comprendra de mieux en mieux grâce surtout aux leçons données par le cheval dressé, que ses actions, notamment sur la bouche sont toujours trop fortes et surtout trop prolongées. Une indication étant donnée, et légèrement donnée, il est inutile de la continuer pendant l'exécution du mouvement chez le cheval bien dressé. Nous voulons tourner à droite, je suppose. Si le cheval a été dressé à toujours se porter en avant, ainsi que nous l'avons expliqué ailleurs, une indication momentanée de la rêne suffira et il sera inutile de continuer à tirer sur elle pendant toute l'exécution du mouvement. De même pour un contre changement de main sur deux pistes. Une indication de la rêne et de la jambe suffiront quand elles auront été données correctement. Il suffit que l'impulsion soit continuée pour que le mouvement soit exécuté dans le sens indiqué et de la façon indiquée. De même encore pour l'arrêt. Il suffit d'indiquer au cheval ce qu'on désire par un léger mouvement de traction sans prolonger cette traction. Si on la prolonge, ce n'est pas l'arrêt seulement qu'on obtiendra mais l'arrêt suivi d'un mouvement de recul. Ce ne sont pas là seulement des nuances mais des indications fondamentales, indications qu'un cheval bien dressé peut seul enseigner. Grâce à la parfaite obéissance de l'animal, l'action du cavalier doit toujours tendre vers un minimum. Quand l'animal a reçu un ordre, c'est à lui à exécuter cet ordre et non plus au cavalier à le guider pendant son exécution. C'est ainsi comme nous l'avons vu qu'on développe et qu'on entretient l'initiative et l'habileté du cheval.

Les indications qui précèdent sont assurément sommaires mais cependant suffisantes pour l'enseignement. Pour tout ce qui concerne la conduite du cavalier dans les diverses circonstances qui peuvent se présenter, je n'ai qu'à renvoyer aux précédents chapitres.

CHAPITRE II.

L'ENSEIGNEMENT PRATIQUE DE L'ÉQUITATION.

§ 1. *Acquisition de l'assiette.* Exercices qui conduisent à l'acquisition de l'assiette. Gymnastique intensive, permettant d'arriver à des résultats rapides. — § 2. *Domination des réflexes.* Série d'exercices amenant le cavalier à donner ses impulsions et à acquérir du sang-froid. — § 3. *Maniement du cheval par la combinaison des aides.* Impossibilité pour l'élève de réaliser aucun progrès avec des chevaux insuffisamment dressés. Nécessité de commencer l'équitation par les exercices dits de haute école. — § 4. *Connaissances à exiger du professeur d'équitation.* Insuffisance des professeurs et des chevaux qu'on rencontre dans la plupart des manèges. Réformes à introduire. Connaissances à exiger des professeurs.

Il y a quatre choses fondamentales à acquérir en équitation : la première est l'assiette, c'est-à-dire la solidité ; la seconde est la domination des réflexes, c'est-à-dire l'habitude du sang-froid ; la troisième est le maniement correct du cheval par la combinaison des aides ; la quatrième est la théorie de l'équitation d'où les règles pratiques dérivent. Nous avons consacré le dernier chapitre à cette théorie, il ne nous reste plus qu'à étudier les trois premiers points.

§ 1. — Acquisition de l'assiette.

Quelques heures d'équitation sans étriers chaque jour, pendant plusieurs mois, comme on le fait dans les manèges militaires, constituent assurément, le meilleur moyen d'acquérir une assiette inébranlable. Avec cet exercice le cavalier apprend l'équilibre, comme l'enfant apprend à marcher, comme le bateleur apprend à danser sur une corde, c'est-à-dire d'une façon tout à fait inconsciente, sans aucune intervention du raisonnement ou de l'intelligence. Ce n'est que dans la plus simple et la plus facile des allures, le trot enlevé, que le raisonnement peut intervenir pour modifier l'équilibre.

Mais l'exercice journalier du trot sans étriers, pendant des mois, est impraticable pour les cavaliers qui n'ont qu'un petit nombre d'heures par semaine à leur disposition ; il faut donc le remplacer par autre chose. Le trot enlevé et le petit galop étant des allures qu'on apprend aisément, on devra d'abord s'en tenir à leur étude, effectuée comme je l'ai indiqué, et aussitôt qu'on les possède, apprendre sur un cheval finement dressé le maniement de l'animal par l'association des aides, ce qui est le meilleur moyen d'être maître du cheval et de prévenir toutes ses défenses.

Les leçons préliminaires — sauf naturellement les premières — se prendront au dehors, l'élève étant toujours accompagné. Après une douzaine de promenades de deux heures, il pourra commencer au manège l'étude du maniement du cheval par l'emploi judicieux des aides.

Je m'empresse d'ajouter que je considère l'enseignement ainsi donné comme un simple pis-aller destiné uniquement aux personnes n'ayant pas l'énergie suffisante pour se soumettre à des exercices que j'indiquerai plus loin. Le cavalier qui se bornera à l'étude que je viens d'exposer aura toujours une solidité bien faible, suffisante sans doute avec des chevaux très doux, mais tout à fait insuffisante avec des chevaux un peu vifs. Au premier arrêt brusque ou tête-à-queue, il est parfaitement sûr d'être projeté à terre.

Pour arriver en peu de temps à une solidité suffisante, jointe à une certaine habileté dans le maniement du cheval, il faut procéder d'une façon différente. Voici, suivant moi, comment devrait être conduit un cours sérieux d'équitation réduit à un minimum de trente leçons. J'entends, bien entendu, de leçons individuelles, car s'il s'agissait de leçons collectives, leur nombre devrait être beaucoup plus considérable (1).

La première chose à acquérir, avons-nous dit, est la solidité : nous y consacrerons exclusivement les quinze premières leçons. Étant donné le temps limité dont on dispose, il ne sera possible d'obtenir le résultat cherché qu'avec une gymnastique intensive spéciale. Elle aura pour but de dissocier certains mouvements naturels et de créer d'autres associations musculaires indispensables pour l'équilibre, afin de permettre au cavalier de lutter contre les déplacements qui se produisent non seulement

(1) A moins cependant que le groupe d'élèves ne fut dirigé par un de ces professeurs d'une habileté supérieure à peu près entièrement disparus aujourd'hui. En 1869, un des plus habiles écuyers de ce siècle, M. de Lancosme-Brèves, prouva, par des expériences faites dans plusieurs régiments et constatées par une Commission d'officiers, ayant à sa tête le général président le comité de cavalerie, qu'en deux mois environ, des recrues montant des chevaux entièrement neufs, pouvaient être dressées et dresser leurs chevaux de façon à faire exécuter à ces derniers les airs les plus difficiles de la haute école, les contre-changements de main et les serpentines notamment. C'est uniquement à l'habileté exceptionnelle du professeur qu'était dû un tel résultat.

dans des plans verticaux (ruades, cabrades, etc.), mais encore et surtout dans des plans obliques (écarts, tête-à-queue, etc.).

Cette gymnastique comprendra pour chaque leçon les exercices suivants dont nous n'indiquons naturellement que les lignes fondamentales :

Le cheval étant au pas, le professeur fera pratiquer à l'élève des flexions dissociées des membres, des jambes notamment. Il l'invitera à incliner fréquemment le corps à droite et à gauche, puis en arrière. Après un quart d'heure de ces exercices, l'élève fera dix minutes environ de petit trot, sans étriers, les bras croisés. Il chaussera ensuite les étriers et fera un quart d'heure de très petit trot assis, les membres continuant de temps en temps à opérer des flexions. Tant que l'élève sera au trot, le professeur évitera absolument de faire tourner le cheval en cercle, ce qui donnerait à l'élève un équilibre artificiel détestable : l'animal conduit par le professeur monté décrira sans cesse des huit de chiffre ou des figures analogues qui obligeront l'élève aux mouvements de buste nécessaires pour combattre les déplacements produits par les changements de direction.

Il est d'autant plus nécessaire de posséder des principes fondamentaux d'équilibre en équitation, que l'assiette se perd très vite quand l'équitation n'est pas pratiquée fréquemment. Il suffit de rester trois mois sans monter, pour être obligé de raccourcir ses étriers, sentir ses genoux remonter et ne plus posséder d'adhérence à la selle. Si le cavalier sait comment il doit s'y prendre pour corriger ces défauts, il arrivera très rapidement à reprendre son ancien équilibre (1).

(1) Il ne faut pas se dissimuler cependant que la solidité, au moins chez le cavalier qui ne monte pas tous les jours, se perd très vite avec l'âge ; c'est pourquoi, chez les cavaliers militaires on peut dire qu'elle est en raison inverse du grade. Très grande chez le lieutenant, presque égale chez le capitaine, déjà amoindrie chez le commandant, elle commence à baisser sensiblement chez le colonel et atteint sa limite minima chez le général. On peut acheter les yeux fermés un cheval de général, on est certain que c'est une bête bien sage ; mais ce n'est qu'avec une grande circonspection qu'on peut acheter un cheval de sous-lieutenant : on a des chances nombreuses pour qu'il ne soit pas sage du tout. Il faut ajouter d'ailleurs que si la solidité du cavalier décroit avec l'âge, son habileté dans le maniement du cheval croit généralement d'une façon correspondante. Le cavalier tend alors à remplacer l'équitation brutale, chère aux jeunes sous-lieutenants, par l'équitation raffinée, au grand bénéfice d'ailleurs du cavalier et du cheval. Dans ces conditions l'équitation reste possible à tout âge. Un des meilleurs cavaliers que l'on rencontre au Bois est un illustre maréchal âgé de plus de 80 ans. Un de nos meilleurs cavaliers civils, mort récemment, avait sensiblement dépassé cet âge.

§ 2. — Domination des réflexes.

Après la dixième leçon, le dernier quart d'heure sera consacré aux exercices spéciaux destinés à acquérir la seconde chose fondamentale de l'équitation : l'art de dominer ses réflexes, c'est-à-dire de conserver son sang-froid et par conséquent d'éviter les trois quarts des accidents qui peuvent arriver au cavalier monté. Les moyens qui y conduisent se trouvent être en même temps d'ailleurs ceux qui contribuent le plus à assurer la solidité.

Je n'ai pas besoin de faire remarquer que l'art de dominer ses réflexes est fort utile même en dehors de l'équitation. C'est parce que peu de cavaliers le possèdent que les accidents à cheval sont si fréquents. Un cavalier qui ne sait pas dominer ses réflexes se raccrochera aux rênes, et cherchera à prendre un point d'appui avec ses mollets à la moindre défense du cheval, ce qui ne fait qu'exciter l'animal au lieu de le calmer. Le seul moyen d'apprendre à l'élève à dominer les impulsions inconscientes de ses nerfs est de provoquer artificiellement au manège, à l'improviste, et en graduant leur intensité, les accidents les plus fréquents : tête-à-queue, écarts, arrêts brusques, bonds, cabrades, etc. Rien n'est plus facile avec un cheval dressé dans ce but. Le sauteur entre les piliers ne répond en aucune façon à cet objet, attendu qu'il ne produit guère qu'une seule espèce de défense, et que cette défense n'a rien d'inopiné. Les accidents que j'ai énumérés plus haut doivent être produits à l'improviste, c'est-à-dire précisément comme ils se produisent toujours dans la pratique. Avec des chevaux spécialement dressés, le professeur peut, par de très légères indications de la chambrière, graduer toutes les défenses, depuis le plus simple tête-à-queue au pas jusqu'aux mouvements les plus déplaçants. En quelques jours de leçons, un professeur habile aura fait naître pour l'élève tous les hasards imprévus que celui-ci pourrait ne pas rencontrer en dix ans d'équitation et en même temps a accru sa solidité dans des proportions énormes. Il lui a appris ainsi, non pas à dominer entièrement ses réflexes, mais au moins à les maîtriser un peu; et, de toutes les choses que l'éducation peut enseigner à l'homme, celle-là est peut-être la plus utile dans les temps où nous sommes.

Après une quinzaine de leçons ainsi données,

l'élève a acquis un peu de solidité et de sang-froid, mais ne sait encore absolument rien du maniement du cheval. Le professeur, en dehors des choses tout à fait élémentaires, a eu soin de ne lui en rien dire. Il va pouvoir entreprendre maintenant l'étude de l'un des points les plus fondamentaux de l'équitation : le maniement du cheval par la combinaison des aides. Par aides, nous entendons non seulement les mains et les jambes comme on le fait habituellement, mais encore le buste. Les déplacements judicieux du corps constituent en effet comme nous l'avons plusieurs fois expliqué non seulement un des meilleurs agents de conduite du cheval, mais encore le plus sûr moyen de lutter contre les déplacements produits par ses défenses.

§ 3. — Maniement du cheval par la combinaison des aides.

La dureté de la main, et le défaut d'accord entre les mains et les jambes, sont les défauts capitaux des cavaliers inexpérimentés. A vrai dire, leur éducation sur ces points, pourtant si essentiels, n'est même pas ébauchée dans les manèges. Les moyens d'enseignement font, d'ail leurs, entièrement défaut. Comment un cavalier apprendrait-il la légèreté de la main avec de lamentables rosses, sur la bouche desquelles des générations d'élèves ont épuisé leurs forces? Et comment apprendrait-il les effets des jambes sur des chevaux auxquels on n'a jamais appris à obéir à leur action? S'il arrive qu'un manège possède un ou deux chevaux un peu dressés, et ils ne se rencontrent guère que dans des établissements tout à fait de premier ordre, l'élève n'est autorisé à les monter qu'après un long stage, qu'il ne se donne pas le plus souvent, et avec raison d'ailleurs, la peine de franchir.

Or, contrairement à ce qui se fait dans tous les manèges, sans exception, c'est sur le cheval dressé et par les exercices de haute école, consistant principalement, suivant la définition précédemment donnée, dans le travail des deux pistes, que l'élève doit commencer l'équitation pour acquérir le maniement des aides. Le lecteur du précédent chapitre doit être convaincu, je pense, de cette nécessité. L'élève débutera donc par l'étude de la mise en main et du travail sur deux pistes au pas et au très petit trot, travail qui n'est nullement déplaçant pour le cavalier. C'est en voyant s'il obtient du cheval ce qu'il lui demande, que le cavalier comprendra l'action des aides associées ou dissociées, et les effets de chacune d'elles. Le cheval dressé est un bien meilleur éducateur que le plus excellent professeur. Quinze jours d'équitation sur un cheval bien mis apprennent beaucoup plus de choses que quinze mois de promenades sur les lourdes rosses de nos manèges.

Le conseil de commencer l'équitation par ce qu'on appelle vulgairement les finesses, au lieu de finir par là, comme on le fait toujours, paraîtra naturellement un énorme paradoxe aux professeurs actuels. Mais ce n'est pas pour eux qu'est publié ce travail. Je présume que le lecteur tant soit peu cavalier saisit parfaitement, après les explications contenues dans cet ouvrage l'utilité du conseil que je viens de donner.

L'idée générale des professeurs qu'un cheval lourd et mal dressé est suffisant pour le commençant, alors que le cheval fin doit être réservé pour le cavalier exercé, représente exactement le contraire de ce qui serait rationnel. C'est aux mauvais cavaliers qu'il faut donner les chevaux bien dressés, et aux bons cavaliers les chevaux mal dressés. On est presque honteux d'avoir à défendre une vérité si évidente par elle-même ; et pourtant, je n'ai pu trouver qu'un seul ouvrage français d'équitation (1) — encore n'est-il pas rédigé par un civil — où cette théorie évidente soit enseignée. Voici comment s'exprime à ce sujet le rédacteur des leçons de l'ex-écuyer en chef de Saumur, le commandant Dutilh :

« C'est en faisant monter aux jeunes cavaliers des chevaux bien dressés, et en employant au dressage des jeunes chevaux des hommes déjà instruits, qu'on se mettra dans les meilleures conditions de réussite. Le vieux cheval apprendra au jeune cavalier à bien parler ; l'homme instruit apprendra au jeune cheval à bien écouter. C'est en montant un animal dont la bouche est légère que l'élève se rend le plus facilement compte de la façon dont les rênes doivent agir. »

(1) Lorsque j'ai publié ces lignes dans la *Revue scientifique*, je ne connaissais pas les détails de l'enseignement de Lancosme Brèves. Un de ses élèves m'a fait remarquer que lui aussi commençait l'enseignement de l'équitation par les airs de haute école et que c'est en partie pour cette raison qu'il arrivait à amener en deux mois de simples recrues à un degré d'habileté que bien peu de cavaliers possèdent aujourd'hui. L'extrait suivant du rapport officiel signé par un général de cavalerie auquel j'ai fait allusion plus haut, indique clairement la série d'exercices auxquels cet éminent écuyer soumettait ses recrues :
« Les mouvements choisis pour le travail ont été dans le com-
« mencement des changements de main, contrechangements de
« main, voltes, demi-voltes ordinaires et renversées pour arriver
« ensuite à la spirale, à la serpentine et aux figures les plus ser-
« rées du manège ». Avec cinquante professeurs comme Lancosme Brèves, notre cavalerie eût été entièrement transformée.

Je n'ai pas besoin de dire que ces principes sont scrupuleusement suivis en Allemagne. Les chevaux les mieux dressés de l'escadron sont toujours donnés aux recrues, et, suivant les conseils du général V. Schmidt dans ses instructions, on commence de très bonne heure à enseigner aux recrues le travail de deux pistes. « De même que le cavalier dresse le cheval, écrit « le général de Hohenlohe, le cheval dresse le « cavalier. Sur un vieux carcan raide, le débu- « tant ne saurait acquérir le sentiment du « cheval ».

Aussitôt donc que l'élève aura acquis quelque assiette, soit par des promenades au dehors, soit surtout par la gymnastique intensive dont j'ai parlé, on le mettra immédiatement aux exercices de haute école destinés à lui apprendre le maniement du cheval. Ces exercices de haute école ne seront nullement perdus, d'ailleurs, pour l'apprentissage de l'assiette ; car, à mesure que l'élève progressera, il arrivera aux exercices tels que les huit de chiffre au galop, et les contre-changements de main de deux pistes aux allures rapides, qui déplacent sérieusement et obligent à se servir convenablement des jambes. Je considère d'ailleurs ce dernier exercice comme résumant toutes les difficultés de l'équitation au double point de vue de l'assiette et du maniement du cheval.

Au bout d'une trentaine de leçons ainsi conduites, l'élève ne sera pas assurément un cavalier accompli, mais il aura acquis pour la vie des principes solides qu'il n'aura plus ensuite qu'à appliquer, quand il trouvera l'occasion de monter.

§ 4. — Connaissances à exiger des professeurs d'équitation.

C'est en vain, assurément, qu'on chercherait aujourd'hui en France des manèges où les leçons soient données suivant les principes qui précèdent (1). Évidemment, les directeurs de ces éta-

---

(1) Malgré les critiques contenues dans mes articles de la « *Revue scientifique* » sur l'enseignement dans les manèges de Paris, j'ai reçu de plusieurs directeurs de ces établissements des lettres fort aimables approuvant entièrement mes idées, et justifiant l'insuffisance reconnue de leur enseignement, par les exigences des élèves qui, au bout de cinq ou six leçons, renoncent au manège et ne demandent des chevaux que pour la promenade. Dans des conditions semblables, à quoi serviraient des professeurs habiles; et, des chevaux fins ne seraient-ils pas plus dangereux qu'utiles dans les mains de cavaliers totalement inexpérimentés, livrés à leurs propres forces? Je reconnais en partie la justesse de ces observations, et ne puis que répondre

blissements ont beaucoup plus d'intérêt à faire monter à leurs élèves les vieux chevaux délabrés ou vicieux qu'ils se procurent aujourd'hui, pour 3 à 400 francs, dans un établissement bien connu, que de se pourvoir de chevaux dressés — qu'ils pourraient se procurer économiquement cependant, en achetant de vieux chevaux d'officiers; — mais, du jour où les élèves sauront comment doit s'apprendre l'équitation, et à quels dangers ils s'exposent en sortant seuls sur les chevaux qu'on leur donne, ils exigeront des animaux dressés (1), et nos manèges civils seront bien obligés, sous peine de perdre leurs clients, de renouveler leur cavalerie.

qu'il faut tâcher de remonter un pareil courant, afin de sortir l'équitation française du triste état de décadence où elle s'enfonce de plus en plus aujourd'hui. J'ajouterai que le directeur de l'un de ces établissements, écuyer fort expérimenté et dresseur très habile, M. Perrodin, 53, rue de Passy, a bien voulu m'écrire qu'il adoptait entièrement la méthode résultant de mes recherches, et l'enseignerait désormais à tous les élèves qui voudraient lui consacrer le nombre de leçons nécessaire.

(1) Il n'est pas besoin d'être cavalier soi-même pour savoir en deux minutes si le cheval qu'on vous présente est convenablement dressé. Il suffit de prier l'écuyer qui vous l'offre de le monter, et d'exécuter du trot et du galop sur deux pistes, du très petit galop rassemblé et quelques contre-changements de main sur deux pistes. Si le cheval exécute convenablement ces exercices, il est suffisamment dressé et sera pour l'élève un excellent professeur.

Ce que malheureusement nos manèges civils ne peuvent renouveler aujourd'hui, ce sont leurs professeurs, dont l'insuffisance ne saurait être contestée. Anciens sous-officiers pour la plupart, ils ne savent naturellement que le peu de choses apprises au régiment et nous avons montré ailleurs à quel minimum se réduit ce peu de choses. Il n'y a plus guère aujourd'hui en France que les officiers de cavalerie qui connaissent l'équitation raffinée, et, bien qu'il s'agisse d'un intérêt national — l'éducation équestre de nos officiers d'infanterie montés et celle de toute l'armée de réserve — on ne peut songer à demander au Gouvernement de détacher des officiers comme instructeurs dans les manèges civils. Il faut donc s'adresser à l'initiative privée pour fonder une école de professeurs d'équitation et de dressage. Quelques riches particuliers, qui sont eux-mêmes des maîtres d'une autorité incontestée, tels que M. Molier par exemple, possèdent pour leur usage personnel des écoles de dressage. Ils rendraient un véritable service à leur pays, en consacrant une partie de leur temps à former des professeurs. Avec quelques mois d'enseignement, d'anciens sous-officiers de cavalerie intelligents feraient certainement de bons professeurs et des dresseurs suffisants. Ils pourraient être considérés comme possédant une instruction suffisante lorsqu'ils auraient passé un examen théorique et pratique devant un jury d'écuyers.

Voici d'ailleurs quels seraient, suivant moi, les exercices et les questions qui permettraient de juger le mieux de la valeur du candidat professeur :

Exécution correcte du travail sur deux pistes aux trois allures. — Petit galop rassemblé. — Changements de pied. — Contre-changements de mains sur deux pistes au galop ou au moins au trot.

Monter une série de chevaux, et indiquer les qualités et défauts de chacun d'eux, leur degré de dressage, et comment il faudrait s'y prendre pour remédier aux défauts signalés.

Examiner quelques cavaliers choisis au hasard, doser la force de chacun d'eux, indiquer leurs défauts et les exercices capables d'y remédier.

Donner une théorie complète du dressage du cheval et des méthodes d'enseignement de l'équitation. Indiquer comment le dressage doit varier suivant la structure du cheval, son âge et son caractère.

Si on voulait procéder à un examen plus complet portant sur l'habileté pratique du candidat au point de vue du dressage, il faudrait alors, après lui avoir fait exécuter au manège les exercices que je viens d'indiquer, l'examiner au dehors sur un cheval dressé par lui. Je me déclarerais fort satisfait si l'écuyer après avoir amené son cheval à monter *sans hésitation* sur un tas de pierres ou descendre dans un fossé pouvait ensuite passer graduellement du pas au trot lent, du trot lent au trot rapide, et revenir graduellement, par extinction très progressive de l'allure, au pas primitif; puis répéter les mêmes variations d'allure au galop. Le cheval ainsi dressé aurait montré à la fois de l'obéissance et du perçant. Eût-il l'aspect d'un cheval de charrue, on pourrait le considérer comme un animal de haute valeur, et de haute valeur aussi l'écuyer qui l'aurait dressé; mais de tels chevaux et de tels écuyers sont infiniment rares en France aujourd'hui. Un des buts de cet ouvrage serait rempli si les méthodes scientifiques qu'il expose pouvaient en créer quelques-uns.

FIN.

TABLE DES GRAVURES.

Pages.

Fig. 1 et 2. — Allures comparées au trot du cheval non dressé et du cheval dressé.................... 44 et 45

Fig. 3. — Schéma démontrant la possibilité de la fixité de la main malgré les mouvements de la tête du cheval......... 82

Fig. 4. — Tenue réglementaire des rênes et position de la jambe dans la cavalerie allemande..................... 107

Fig. 5. — Schéma destiné à rechercher l'influence de l'élévation et l'abaissement des mains............................ 115

Fig. 6 à 11. — Graphique des divers équilibres que peut prendre le cheval en station.............................. 162

Fig. 12. — Rapports du squelette du cheval avec ses formes extérieures....................................... 164

Fig. 13. — Le cheval en avant de la main (photogravure)..... 186

Fig. 14. — Le cheval en arrière de la main (photogravure)... 187

Fig. 15. — Étude de mise en main pendant la marche (photogravure).. 205

Fig. 16 et 17. — Photographies instantanées de cavaliers dont les chevaux présentent divers degrés de mise en main (photogravures)...................................... 206 et 207

Fig. 18 et 19. — Étude de mise en main le cheval étant au galop (photogravures)...................................... 209

Fig. 20. — Schéma du contre-changement de main de deux pistes.. 211

Fig. 21 à 28. — Série de huit photographies instantanées destinées à montrer les modifications successives d'allures données à un cheval par le dressage............... 228 et 229

Fig. 29 à 31. — Les trois temps classiques du galop tels qu'ils sont enseignés dans les ouvrages les plus récents.... 256 et 257

Fig. 32 à 38. — Les divers temps du galop tels que les révèlent l'étude de nos photographies instantanées............ 264 et 265

Fig. 39 et 40. — Le trot à l'anglaise incorrect et le trot correct... 286 et 287

Fig. 41 à 43. — Schémas démontrant l'influence de la position de la cuisse sur l'adhérence du cavalier pendant le trot enlevé.. 299

Fig. 44 à 47. — Schémas indiquant les diverses positions du corps que le cavalier peut prendre dans le trot enlevé et comment il peut ne pas se pencher en avant............... 301

Fig. 48. — Schéma indiquant les variations de l'angle α et les conséquences sur l'équilibre du cavalier................... 303

Fig. 49. — Position du cavalier hindou à cheval (photogravure). 305

FIN DE LA TABLE DES GRAVURES.

TABLE DES MATIÈRES.

LIVRE PREMIER. — LA MÉTHODE.

Pages.

INTRODUCTION. — **L'étude scientifique de l'équitation**.................................... 1

But de cet ouvrage. Recherches nouvelles auxquelles il est consacré. Nécessité de donner des bases scientifiques à l'équitation. Résultats auxquels les méthodes scientifiques conduisent.

CHAPITRE PREMIER. — **Méthodes et instruments**. 12

Nécessité des mesures précises dans les choses équestres. — Instruments à employer. — Chronographe enregistreur. — Roulette métrique. — Dynamomètres inscripteurs des pressions et des tractions. — Appareils photographiques. — Leur emploi pour l'étude des allures et des transformations que fait subir au cheval le dressage. — Monographie du cheval effectuée avec ces instruments.

LIVRE II. — LES THÉORIES ACTUELLES DE L'ÉQUITATION.

CHAPITRE PREMIER. — **Principes d'équitation adoptés dans diverses cavaleries de l'Europe**.................................... 23

L'Équitation militaire en Angleterre, en Allemagne et en France. Les méthodes d'équitation actuelles se ramènent à deux systèmes tout à fait opposés. L'enseignement du cavalier allemand. L'Enseignement du cavalier français. Divergences fondamentales qui séparent l'équitation française de l'équitation anglaise et allemande.

Chapitre II. — **Valeur comparative du cheval dressé suivant les divers systèmes d'équitation**.. 38

§ 1. *Le cheval sommairement dressé.* Son défaut d'équilibre. Dangers qu'il présente pour le cavalier. Rapide usure de l'animal sommairement dressé. — § 2. *Le cheval bien dressé.* Modifications de l'équilibre produites par le dressage. Transformation complète des allures. Souplesse et obéissance de l'animal. Accroissement de la durée du cheval. Dressage du cheval en Allemagne, en Angleterre et en France.

LIVRE III. — LE CHEVAL.

Chapitre premier. — **Constitution mentale du cheval**.. 53

Caractères généraux du cheval. Variétés de caractères d'un cheval à l'autre. Mémoire du cheval. En quoi elle rend fort dangereuses les erreurs du dressage. Douceur des chevaux quand ils ne sont pas maltraités. Amitiés qu'ils contractent. Émulation et amour-propre. Caractère craintif du cheval. Degré d'intelligence du cheval. Ruses variées dont il est susceptible. Côtés vindicatifs de son caractère. Ses tendances à l'imitation. Sa sensibilité aux bons traitements. Ses sentiments à l'égard de son cavalier. Le cheval reflète toujours l'intelligence et le caractère du cavalier.

TABLE DES MATIÈRES.

Pages.

CHAPITRE II. — **Rôle et maniement des aides chez le cheval bien dressé**.............. 63

§ 1. *Principes fondamentaux du rôle des aides dans la conduite du cheval.* Les jambes donnent l'impulsion, les mains règlent la forme sous laquelle est dépensée cette impulsion. Comment la même action des jambes peut produire l'accélération ou le ralentissement de l'allure. Rôle des jambes dans l'équitation ancienne et dans l'équitation moderne. — § 2. *Du degré de traction à exercer sur les rênes suivant les allures. Prétendu soutien que le cavalier peut donner au cheval.* Opinion des écuyers les plus éminents sur la tension constante et énergique qu'il faut exercer sur les rênes. En quoi cette opinion est erronée. Impossibilité de soutenir le cheval. Limites précises auxquelles la tension des rênes doit être réduite. Énumération des inconvénients qui résultent pour le cheval de la tension habituelle des rênes. Loin de prévenir les chutes, cette tension les provoque. Les maladresses du cheval tiennent surtout à la gêne que lui imposent les mains du cavalier. — § 3. *Recherches sur le degré de mobilité ou de fixité que doit avoir la main.* Importance donnée en Allemagne à la fixité de la main. Limites dans lesquelles cette fixité est possible. Démonstrations géométriques.

CHAPITRE III. — **Rôle et maniement des aides chez le cheval sommairement dressé**...... 87

§ 1. *Variations produites dans la puissance du cavalier par la position du mors et le plus ou moins d'obliquité des rênes.* Influence du mors et de la gourmette. Expériences dynamométriques. Force nécessaire pour arrêter le cheval aux diverses allures. — § 2. *Influence de l'angle sous lequel se fait la traction des rênes.* Recherches géométriques. Expériences dynamo-

24

métriques. Influence de la position des bras sur la force dont dispose le cavalier sur la bouche du cheval. — § 3. *Influence de la tenue des rênes et de la façon de les manier.* Tenues diverses des rênes. Centres des mouvements du cavalier. Expériences sur le raccourcissement des rênes obtenu par rotation du poignet. — § 4. *Influence de l'élévation et de l'abaissement des mains sur le mors.* Erreurs des opinions généralement professées sur ce point. Démonstrations géométriques.

Chapitre IV. — **De la durée du cheval suivant le degré de dressage de l'animal et de son cavalier**... 118

Durée du cheval dans diverses cavaleries de l'Europe. — Documents statistiques. — Importance des économies budgétaires réalisées par le dressage. — Tableau des causes d'usure prématurée du cheval.

LIVRE IV. — LE DRESSAGE DU CHEVAL.

Chapitre premier. — **Bases psychologiques du dressage**... 127

§ 1. *Application de la loi des associations par contiguïté au dressage.* Établissement d'un langage conventionnel entre le cheval et le cavalier. Le dressage du cheval est une opération de psychologie. Exemples divers. Sentiments artificiels que peut créer le dressage chez l'animal. — § 2. *Théorie psychologique de l'obéissance.* Les châtiments, la récompense, la répétition. Comment se produisent les domptages instantanés. — § 3. *Influences de la répétition et de l'intensité des impressions associées.* Substitution de l'intensité à la répétition dans les associations. Exemples divers. — § 4. *Transformation des associations conscientes en associations inconscientes.* L'éducation du cheval ou d'un animal quelconque n'est complète que quand les associations sont devenues automatiques.

Chapitre II. — **Buts du dressage. — Origines des méthodes actuelles**.................. 145

§ 1. *Nécessité du dressage.* — Complication des méthodes de dressage enseignées jusqu'ici. Inconvénients du cheval trop finement dressé. — § 2. *Buts à atteindre dans le dressage.* Modifications de l'équilibre. Légèreté et obéissance du cheval. Signes extérieurs indiquant le degré du dressage. La mise en main et le rassemblé. Expériences sur les variations de poids de l'avant-main et de l'arrière-main. — § 3. *Des modifications de l'équilibre obtenues par le dressage.* Nécessité de modifier l'équilibre du cheval suivant l'allure. Inconvénients d'un mauvais équilibre. — § 4. *Origines des méthodes actuelles de dressage.* Difficultés de trouver des explications théoriques à des pratiques inconscientes. Progrès réalisés par Baucher et ses successeurs. Les méthodes de Raabe et du colonel Bonnal. Possibilité de les simplifier et de mettre le dressage à la portée de tous les cavaliers.

Chapitre III. — **Technique du dressage à pied et à la cravache**...................... 173

§ 1. *Exercices auxquels doit être soumis le cheval dans le dressage à pied et à la cravache.* Facilité et avantages du dressage à pied. Rassemblé et mise en main. Marche et trot dans la mise en main. Appuyés et pirouettes. Passage et piaffer. — § 2. *Écueils du dressage à la cravache.* Nécessité d'obtenir les flexions au sommet de l'encolure et non au niveau du garrot. Comment il faut placer la tête pour avoir le cheval très légèrement sur la main. Position de l'encolure et de la tête du cheval bien dressé. Le vrai dressage et la simulation du dressage. Mauvaise position de la tête et de l'encolure des meilleurs chevaux de manège. Le cheval en avant de la main et le cheval en arrière de la main. — § 3. *Chevaux qui peuvent être soumis au dressage.* Influence de l'âge. Le cheval de course. Influence des courses sur la qualité des chevaux de selle. Nécessité de substituer les courses de fond aux courses de vitesse. Qualités artificielles des pur-sang.

Chapitre IV. — **Technique du dressage à cheval**.................................... 193

§ 1. *Dressage à cheval.* Son analogie avec le dressage à pied et à la cravache. Langage conventionnel des jambes. Comment on peut le simplifier. Supériorité du dressage à l'éperon. Ses difficultés. Série des exercices auxquels doit être soumis le cheval. — § 2. *Exercices gymnastiques complémentaires du dressage.* L'exercice du trot moyen en main. Comment on doit le pratiquer. Variation progressive des allures. Le galop en cercle. Les contre-changements de main. — § 3. *Solution des cas particuliers qui peuvent se présenter dans le dressage.* Mise en main des chevaux qui portent le nez au vent. Cas divers. — § 4. *Exercices destinés à développer l'initiative du cheval et son habileté.* Comment on apprend au cheval à se tirer des mauvais pas et à avoir du perçant. Liberté à lui donner. Obéissance qu'il faut exiger.

Chapitre V. — **Monographie d'un dressage**... 224

Histoire d'un dressage. — Défauts de l'animal. — Ses défenses. — Irrégularités de ses allures. — Comment on a modifié son caractère et transformé ses allures. — Comment l'animal a été conduit aux exercices de haute école. — Variations de vitesse et modifications des allures obtenues par le dressage. — Principe psychologique fondamental qui a dirigé toutes les opérations. — Photographies indiquant les résultats obtenus.

Chapitre VI. — **Recherches théoriques et pratiques sur le mécanisme du pas et du trot.** 237

§ 1. *Importance de l'étude théorique des allures.* — Cette étude est destinée à former un jour la base des principes hippiques. Insuffisance de nos connaissances actuelles. Les allures dites naturelles du cheval. Raisons pour lesquelles chez le cheval monté aucune allure ne peut rester naturelle. — § 2. *Mécanisme du pas.* Complication de cette allure. Limites considérables dans lesquelles elle peut être modifiée par le cavalier. Comment on peut accroître considérablement la vitesse du pas d'un cheval. Recherches sur les modifications de l'encolure. Le pas est de toutes les allures celle où l'encolure exécute le plus de mouvements et le trot celle où elle en exécute le moins. Conséquences pratiques. — § 3. *Mécanisme du trot.* Ses variations. Règles déduites de l'étude des mouvements de l'encolure. Pourquoi il faut demander au pas le maximum de vitesse et ne pas dépasser au trot une vitesse moyenne. Inconvénients du trot abandonné tel qu'il est pratiqué par la majorité des cavaliers.

Chapitre VII. — **Recherches théoriques et pratiques sur le mécanisme du galop**.......... 254

§ 1. *Les diverses variétés de galop.* Complication des formes du galop révélée par les appareils enregistreurs et la photographie. La description classique du galop en trois temps. Formule permettant de relier toutes les formes possibles du galop. Deux membres ne se posent jamais simultanément dans aucune forme de galop. Comment on peut passer du galop en trois temps au petit galop en quatre temps, au galop de course ou à une forme quelconque de galop. Recherches sur la durée des appuis, de la suspension, etc. — § 2. *Recherches sur les mouvements oscillatoires du cheval au galop et sur les variations de son équilibre.* Description des divers mouvements que le cheval exécute pendant les diverses périodes du galop. Mesure des mouvements relatifs de la croupe et de la tête. Pourquoi la période dite de projection n'est qu'une période de suspension. Phases du galop auxquelles la croupe et l'avant-main présentent les positions les plus élevées et les plus basses. Variations d'équilibre dont est susceptible le cheval au galop. Influence d'une surcharge de l'avant-main ou de l'arrière-main. Possibilité de trouver une forme de galop qui pourrait être fixée par le dressage et dans laquelle le travail du cheval serait réduit à un minimum.

LIVRE V. — LE CAVALIER.

Chapitre premier. — **Recherches sur les conditions d'équilibre du cavalier aux diverses allures**........................... 283

§ 1. *Le pas et le trot.* Idées erronées des écuyers sur la position que doit avoir le cavalier au trot enlevé. Position correcte du cavalier. — § 2. *Influence de la position de la cuisse sur l'équilibre du cavalier.* Comment le cavalier peut combattre la réaction expulsive produite par la pression des genoux. Figures schématiques prouvant la nécessité d'avoir le corps vertical pendant le trot enlevé. L'inclinaison de la cuisse sur la verticale permet de mesurer le degré de solidité du cavalier. Tableau de mensurations. Influence de l'inclinaison de la cuisse sur la puissance d'adhérence des genoux. Influence de la position de la cuisse sur la pression exercée par le pied sur l'étrier.

TABLE DES MATIÈRES.

Pages.

Chapitre II. — Recherches sur les conditions d'équilibre du cavalier aux diverses allures (suite).................... 285

§ 1. *Influence de la position du pied dans l'étrier sur l'équilibre du cavalier.* La prescription du pied en dedans est tout à fait erronée. Erreurs anatomiques d'où dérive cette prescription. Position que doit occuper le pied déduit de sa conformation anatomique. Cette position modifie entièrement l'équilibre du cavalier. Expériences sur les limites angulaires de la rotation du pied. — § 2. *Influence de la position de la jambe.* — § 3. *Conditions d'équilibre du cavalier au galop.* Nécessité d'expériences nouvelles.

Chapitre III. — De la conduite habituelle du cheval suivant les diverses circonstances qui peuvent se présenter.................. 325

§ 1. *De la conduite du cheval pendant les longues étapes et dans les chemins difficiles.* Liberté à donner au cheval. L'intervention de son cavalier ne fait le plus souvent que le gêner. Comment on réduit la fatigue du cheval au trot en l'équilibrant convenablement. — § 2. *De la conduite du cavalier avec les chevaux qui buttent.* Erreurs enseignées sur la possibilité pour le cavalier de retenir le cheval qui butte. Faits physiologiques démontrant les dangers de son intervention. — § 3. *De la conduite du cheval pendant les sauts d'obstacles.* Dangers de l'intervention du cavalier. A quoi doit se limiter son rôle. Dans toutes les circonstances précédemment examinées, le rôle du cavalier a été de laisser à l'animal toute liberté en se bornant à lui indiquer la direction à suivre et l'allure à observer — § 4. *De la conduite habituelle du cheval lorsque l'animal n'est pas connu du cavalier.* Cas divers qui peuvent se présenter : chevaux de propriétaires, chevaux militaires, chevaux de manège. — Dangers des chevaux de manège et parti qu'on peut en tirer. Dressage partiel qu'on peut leur faire subir.

Chapitre IV. — **Des moyens à employer pour combattre les principales défenses du cheval**.. 355

§ 1. *De la conduite du cavalier avec les chevaux peureux.* Les moyens généralement employés pour corriger les chevaux peureux ne font que les rendre plus craintifs. Règles à suivre pour les habituer facilement aux choses qui les effraient. — § 2. *Des principales défenses du cheval. Principes généraux des moyens à employer pour les combattre.* La mobilisation latérale du cheval annihile immédiatement toutes les défenses : ruades, sauts de moutons, etc. — § 3. *De la conduite du cavalier sur le cheval emporté.* Classification de l'emballement. Deux divisions fondamentales. Règles générales à suivre. Rareté de l'emballement chez le cheval dressé.

LIVRE VI. — L'ENSEIGNEMENT DE L'ÉQUITATION.

Chapitre premier. — **Bases théoriques de l'enseignement de l'équitation**.............. 371

§ 1. *L'Enseignement actuel de l'équitation.* Insuffisance extrême de cet enseignement. Cause de l'abandon général des manèges malgré l'augmentation croissante des cavaliers. — § 2. *Degré d'utilité d'un enseignement théorique.* Comment certains cavaliers peuvent arriver à se passer de cet enseignement. Le rôle de l'enseignement est de remplacer une longue expérience. Dangers auxquels sont exposés les cavaliers dépourvus de notions théoriques.—§ 3. *Principes fondamentaux de l'équitation.* L'association des aides. Le cheval dressé peut seul apprendre à l'élève à associer convenablement ses aides. Variations d'équilibre produites sur l'allure du cheval par l'association des aides. Le cheval bien dressé est seul en état de faire comprendre à l'élève ces variations d'équilibre et leurs conséquences. Pratique de la mise en main. Ses écueils. Théorie et exemples. Comment la maladresse du cavalier fait perdre rapidement au cheval son dressage. Rôle général des mains du cavalier. Pourquoi l'action des aides ne doit jamais être continue. L'intervention du cavalier doit être toujours réduite à son minimum.

CHAPITRE II. — **L'enseignement pratique de l'équitation** 399

§ 1. *Acquisition de l'assiette.* Exercices qui conduisent à l'acquisition de l'assiette. Gymnastique intensive permettant d'arriver à des résultats rapides. — § 2. *Domination des réflexes.* Exercices amenant le cavalier à dominer ses impulsions et à acquérir du sang froid.— § 3. *Maniement du cheval par la combinaison des aides.* Impossibilité pour l'élève de réaliser aucun progrès avec des chevaux insuffisamment dressés. Nécessité de commencer l'équitation par les exercices dits de haute école. — § 4. *Connaissances à exiger du professeur d'équitation.* Insuffisance des professeurs et des chevaux qu'on rencontre dans la plupart des manèges. — Réformes à introduire. — Connaissance à exiger des professeurs.

TABLE DES GRAVURES.......................... 417

FIN DE LA TABLE DES MATIÈRES.

Librairie FIRMIN-DIDOT et Cⁱᵉ. — Paris, 56, rue Jacob.

OUVRAGES DE CHASSE
Viennent de paraître :

LE FUSIL DE CHASSE
SES MUNITIONS ET SON TIR
Par le général FAURE-BIGUET
Un vol. in-18 jésus...... 3 fr. 50

LA CHASSE du CHEVREUIL et du CERF
avec l'historique
des races les plus célèbres de chiens courants
Par le comte de CHABOT
Un vol. illust. de nombr. grav. 10 fr.

LES LAPINS
Les Dommages aux Champs,
la Responsabilité.
Par MM. JULLEMIER et BEUILLER
(Lucien) (Paul)
Un vol. in-18 jésus...... 3 fr. 50

CHASSES DES VOSGES
Souvenirs d'un Louvetier
Par E. GRIDEL
Un volume in-8° illustré..... 6 fr.

La Chasse illustrée, 22 années qui se vendent séparément. Chaque année forme 1 vol. petit in-fol. illustré de gr. grav. Broché. 30 fr.
Cart. percaline, tr. dorées. 35 fr.

Album de la Chasse illustrée, 1 vol. petit in-folio, relié percaline, ornements dorés sur plats. 20 fr.

Almanach de la Chasse illustrée, 1890-1891. Carnet du chasseur. Broch. in-4° de 64 pp. paraissant chaque année. 1 vol. papier fort. 1 fr.

Bellecroix (Ernest). *Chasse pratique (la).* 1 vol. in-18 jésus, avec illustrations de l'auteur.
Broché. 3 fr.
— *Chasses françaises (les).* 1 vol. in-18 jésus. 3 fr.
— *« Down! » Dressage à l'anglaise complété par le rapport.* 1 vol. in-18 jésus avec 24 illustrations de l'auteur. 3 fr.
— *Dressage du chien d'arrêt (le).* 1 vol. in-18 jésus. 3 fr.
— *Guide pratique du Garde-chasse*, suivi de notions élémentaires sur l'exploitation des bois, par de La Rue. 1 vol. in-18. 3 fr.

Caillard (Paul). *Chiens (des) anglais de chasse à tir, et de leur dressage à la portée de tous.* 1 vol. in-18. 5 fr.

Capron (F.), pharmacien. *Traité pratique des maladies des chiens.* 1 vol. in-18 jésus. 1 fr. 50.

Cherville (marquis de). *La Chasse aux souvenirs.* 1 vol. in-18 jésus, broché 3 fr.
— *Contes de chasse et de pêche.* 1 vol. in-18 jésus. 3 fr.
— *Histoire naturelle en action*, in-18 jésus, broché. 3 fr.
— *La Maison de chasse.* — *Montcharmont le braconnier.* — *L'Héritage de Diomède.* Édition nouvelle. 1 vol. in-18 jésus. 3 fr.

Jullemier (Lucien), avocat à la Cour d'appel de Paris, docteur en droit. *Traité des locations de chasse*, suivi d'un formulaire contenant les différents actes auxquels le droit de chasse peut donner lieu. 3ᵉ édition revue et augmentée. 1 vol. in-18 jésus. 2 fr.

La Rue (de), ancien inspecteur des forêts. *Le Lièvre, Chasse à tir et à courre.* 1 vol. in-18 jésus. 2 fr.
— *Les Animaux nuisibles, leur destruction, leurs mœurs ; recettes, appâts et pièges.* 1 vol. in-18, illustré de nombr. grav. 4 fr.
— *Les Chasses de second ordre.* 1 vol. in-18 jésus. 3 fr.
— *Le Lapin.* 1 vol. in-18 jésus. 1 fr.

La Rue (de), **Cherville** (de) et **Bellecroix** (Ernest). *Les Chiens d'arrêt français et anglais.* 1 vol. grand in-8° avec illustrations de Bellecroix. 15 fr.

Leroy (E.). *Aviculture, faisans, poules, oies, initiation à l'élevage*, avec illustrations de M. E. Bellecroix. 1 vol. in-18 jésus. 3 fr.
— *La Perruche ondulée, éducation pratique, acclimatation, reproduction.* 1 vol. in-18 jésus. 3 fr.
— *La Poule pratique, Choix des races pratiques. Exploitation pratique de la volaille.* 1 vol. in-18 jésus. 3 fr.

Percheron (Gaston). *Le Chat*; histoire naturelle, hygiène, maladies. 1 vol. in-18. 3 fr.
— *La Rage, et les expériences de M. Pasteur.* 1 vol. in-18 jésus. 1 fr. 50.

Reymond (L.). *La Chasse pratique de l'alouette.* 1 vol. in-18 jésus. 2 fr. 50.
— *La Pêche pratique en eau douce, à la ligne et au filet.* 1 vol. in-18 jésus, avec illustrations. 3 fr.

Riffaud (Camille). *Le Lièvre et le Renard au chien courant*, suivi d'un Dictionnaire des termes de chasse. 1 vol. in-18. 2 fr.

Voitellier. *L'Incubation artificielle et la basse-cour*, 5ᵉ édit. 1 vol. in-18 illustré avec couverture en chromolithographie. 3 fr. 50.

www.ingramcontent.com/pod-product-compliance
Lightning Source LLC
Chambersburg PA
CBHW071058230426
43666CB00009B/1749